中国民用航空工业年鉴
2021

工业和信息化部装备工业二司　编

航空工业出版社

北　京

内 容 提 要

《中国民用航空工业年鉴》是我国民用航空工业首部具有综合性、资料性、史册性的编年性工具书，集中全面地反映了我国民用航空工业年度发展状况，真实记载了我国民用航空工业发展进程。《中国民用航空工业年鉴 2021》内容包括中国民用航空工业发展综述、主要民用航空工业地区发展概况、主要集团和重点企业发展概况以及中国民用航空工业统计信息等几部分。

本书编撰秉承翔实、客观原则，旨在帮助国内外有关人士了解中国民用航空工业发展概况，并与之建立经济技术合作关系。

图书在版编目（CIP）数据

中国民用航空工业年鉴. 2021/ 工业和信息化部装备工业二司编. -- 北京：航空工业出版社，2021. 12

ISBN 978-7-5165-2855-6

Ⅰ. ①中… Ⅱ. ①工… Ⅲ. ①民用航空 - 航空航天工业 - 中国 - 2021 - 年鉴 Ⅳ. ①F426.5-54

中国版本图书馆 CIP 数据核字（2021）第 277782 号

中国民用航空工业年鉴 2021
Zhongguo Minyong Hangkong Gongye Nianjian 2021

航空工业出版社出版发行
（北京市朝阳区京顺路 5 号曙光大厦 C 座四层 100028）
发行部电话：010-85672666 010-85672683

北京富泰印刷有限责任公司印刷 全国各地新华书店经售
2021 年 12 月第 1 版 2021 年 12 月第 1 次印刷
开本：880×1230 1/16 字数：441 千字
印张：14.25 定价：160.00 元

《中国民用航空工业年鉴 2021》

前　言

根据《中华人民共和国统计法》和《中华人民共和国统计法实施条例》，为全面系统、客观真实地反映中国（未包括港、澳、台地区，下同）民用航空工业年度发展概况，原国防科学技术工业委员会于2007年启动《中国民用航空工业统计年鉴》编辑出版工作，2008年工业和信息化部成立后于2010年启动《中国民用航空工业年鉴》编辑出版工作。2013年，工业和信息化部将《中国民用航空工业统计年鉴》并入《中国民用航空工业年鉴》出版。合并后的《中国民用航空工业年鉴》是我国民用航空工业综合性、资料性的编年性工具书，目前已经连续出版8年。

《中国民用航空工业年鉴2021》(简称《年鉴2021》)内容包括年度发展综述、主要地区发展情况、企业发展概况、统计数据四个部分。第一部分主要从发展规模与产业分布、产品研发、产品订单与交付、国际合作与对外交流、产业促进与行业管理五个方面全面回顾2020年度我国民用航空工业的总体发展情况。第二部分主要反映我国涉及民用航空工业的25个省、自治区、直辖市的民用航空工业发展情况。第三部分记录了4家中央企业和49家民用航空工业重点企业的发展概况。第四部分是中国民用航空工业的统计数据，主要包括综合情况，生产交付、新增和储备订单及转包生产情况，生产销售总值和主要经济指标等数据。统计范围包括从事民用航空器（含无人机）、民用航空发动机、机载系统/设备和零部件等研发、制造和修理的规模以上法人单位，数据截至2020年12月31日。

《年鉴 2021》是在国家统计局统计设计管理司指导下，由工业和信息化部装备工业二司组织中国航空研究院和国家国防科技工业局信息中心，在有关省、自治区、直辖市民用航空工业管理部门和中国航空工业集团有限公司、中国商用飞机有限责任公司、中国航空发动机集团有限公司、中国航天科工集团有限公司、中国电子科技集团有限公司以及部分重点企业提供素材的基础上编辑而成。为了行文一致及体现年度新变化，《年鉴 2021》编委会对素材做了必要修改和删减。在此向所有参加《年鉴 2021》编制工作的单位和人员表示感谢。

《中国民用航空工业年鉴 2021》编委会

2021 年 10 月

目　　录

第一部分
综　　述

中国民用航空工业年度发展综述

2020 年，面对新冠肺炎疫情带来的严峻挑战，中国民用航空工业采取多种措施积极应对，产品研发有序推进，民用飞机（简称民机）新增订单实现大幅增长，飞机交付量稳步提升，国际合作稳步拓展，行业管理持续优化。

一、发展规模与产业分布

（一）发展规模

依据《民用航空工业统计报表制度》，2020 年纳入全国民用航空工业统计调查单位共计 167 家，主要分布在 25 个省、自治区、直辖市，年末从业人员 34.1 万人。按地域划分，东部地区 72 家，中部地区 43 家，西部地区 52 家；按内外资企业类型分，内资企业 148 家，港澳台商投资企业 6 家，外商投资企业 13 家；按人员规模分，2000 人以上单位 39 家，1000 ~ 2000 人（含 2000 人）单位 26 家，300 ~ 1000 人（含 1000 人）单位 39 家，300 人及以下单位 63 家。

2020 年，中国民用航空产品产值 765 亿元，同比减少 11.6%。其中，民用飞机（不含无人机）整机产值 121.7 亿元，占比为 15.9%；民用飞机零部件、发动机整机及零部件、机载系统和设备及零部件等航空产品产值 168.3 亿元，占比 22.0%；民用飞机、发动机、机载设备和其他民用航空产品的修理产值 260.9 亿元，占比 34.1%；无人机产品产值 214.0 亿元，占比 28.0%。产值构成如图 1 所示。

从各省、自治区、直辖市情况看，民用航空产品产值排名前三位的是广东、上海和北京，分别占全国的 43.5%、12.2% 和 11.9%；排名第 4 到第 10 位的分别是四川、陕西、辽宁、山东、湖北、黑龙江和天津，如图 2 所示。

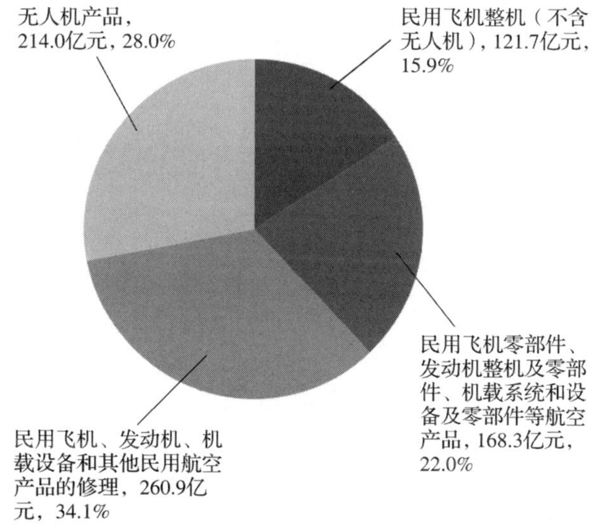

图 1　2020 年中国民用航空产品产值构成

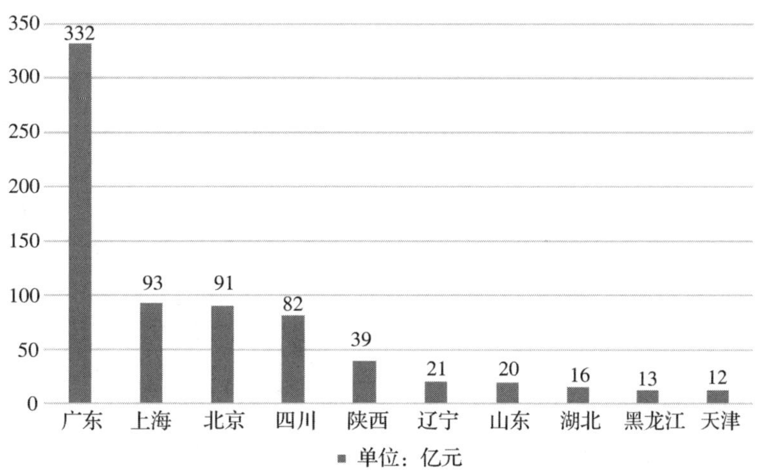

图 2　2020 年民用航空产品产值居前 10 位的省、自治区、直辖市

（二）产业分布

在纳入 2020 年全国民用航空工业统计调查范围的 167 家企事业单位中，79 家隶属于中央企业，88 家是地方及民营企业。央企下属企业的民用航空产品产值为 235.2 亿元，地方及民营企业的民用航空产品产值为 529.8 亿元。

2020 年民用飞机（不含无人机）产品产值为 121.7 亿元。其中，央企下属企业产品产值为 116.1 亿元，占比为 95.4%；地方及民营企业产品产值为 5.6 亿元，占比为 4.6%，如图 3 所示。2020 年民用飞机（不含无人机）产品产值前 5 位的企业是：上海飞机制造有限公司、中航通飞华南飞机工业有限公司、沈阳飞机工业（集团）有限公司、中航西飞民用飞机有限责任公司和空中客车（天津）总装有限公司，这 5 家企业共占全国的 90.2%。

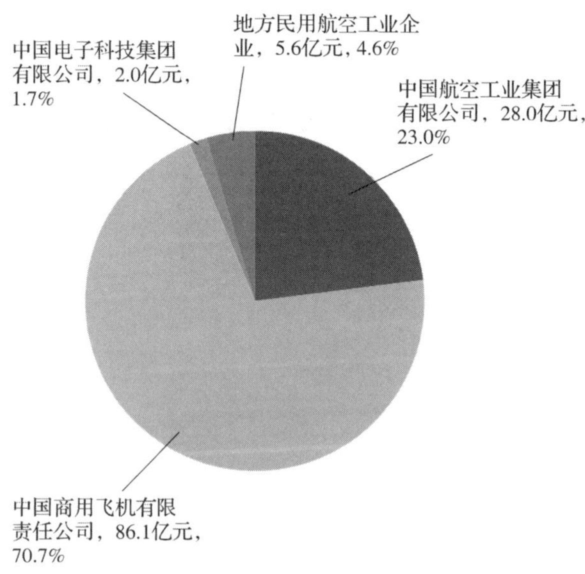

图 3　2020 年民用飞机（不含无人机）产品产值构成

2020 年民用飞机零部件、发动机整机及零部件、机载系统和设备及零部件等航空产品产值为 168.3 亿元。其中，央企下属企业产品产值为 117.6 亿元，占比 69.9%；地方及民营企业产品产值为 50.7 亿元，占比 30.1%，如图 4 所示。2020 年民用飞机零部件、发动机整机及零部件、机载系统和设备及零部件等航空产品产值前 5 位的企业是：中航西安飞机工业集团股份有限公司、成都飞机工业（集团）有限责任公司、深圳中集天达空港设备有限公司、威海广泰空港设备股份有限公司和成飞民用飞机有限责任公司，这 5 家企业共占全国的 42.2%。

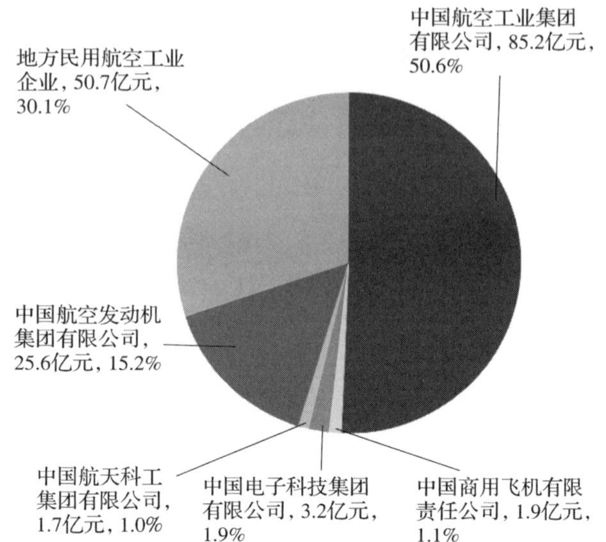

图 4　2020 年民用飞机零部件、发动机整机及零部件、机载系统和设备及零部件等航空产品产值构成

2020 年民用飞机、发动机、机载设备和其他民用航空产品的修理产值为 260.9 亿元。其中，央企下属企业修理产值为 1.0 亿元，占比 0.4%；地方及民营企业修理产值为 259.9 亿元，占比 99.6%，如图 5 所示。2020 年民用飞机、发动机、机载设备和其他民用航空产品的修理产值前 5 位的企业是：北京飞机维修工程有限公司、珠海保税区摩天宇航空发动机维修有限公司、四川国际航空发动机维修有限公司、广州飞机维修工程有限公司和武汉航达航空科技发展有限公司，这 5 家企业共占全国的 86.9%。

2020 年无人机产品产值为 214.0 亿元。其中，中央企业产品产值为 0.5 亿元，占比 0.2%；地方及民营企业产品产值为 213.5 亿元，占比 99.8%，如图 6 所示。2020 年无人机产品产值前 5 位的企业是：深圳市大疆创新科技有限公司、天津航天中为数据系统科技有限公司、四川腾盾科技有限公司、中电科航空电子有限公司、湖南精飞智能科技有限公司，这五家企业共占全国的 99.6%。其中，大疆创新科技有限公司占据全球消费级无人机市场七成以上的份额，在全球民用无人机企业中排名第一。

在地域分布方面，上海和陕西主要依托现有骨干央企发展民用干、支线飞机；天津和浙江分别依托与空客和波音合资的公司总装和交付干线飞机，其中天津拥有空客 A320 总装线、A350 完成和交付中心，浙江舟山拥有波音 737 完工和交付中心；黑龙江哈尔滨、河北石家庄和广东珠海等地的优势企业主要发展各类通用飞机和特种飞行器；江西景德镇和黑龙江哈尔滨等地的优势企业主要发展各类直升机；其他部分省市也开展了轻小型通用飞机、直升机和其他飞行器的研发制造工作。民用航空工业主要在研和批产的产品地域分布如表 1 所示。

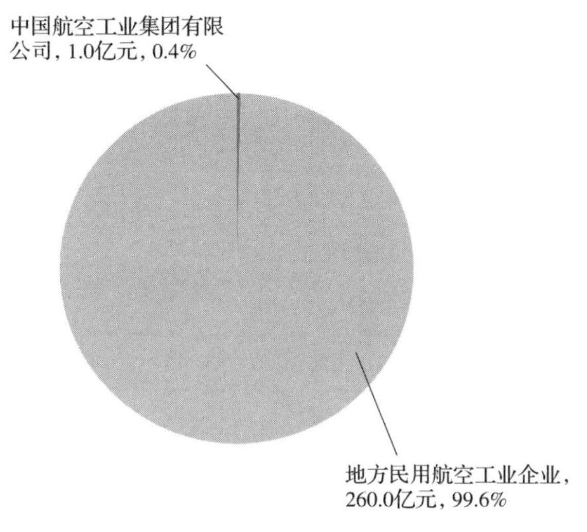

图 5　2020 年民用飞机、发动机、机载设备和其他民用航空产品的修理产值构成

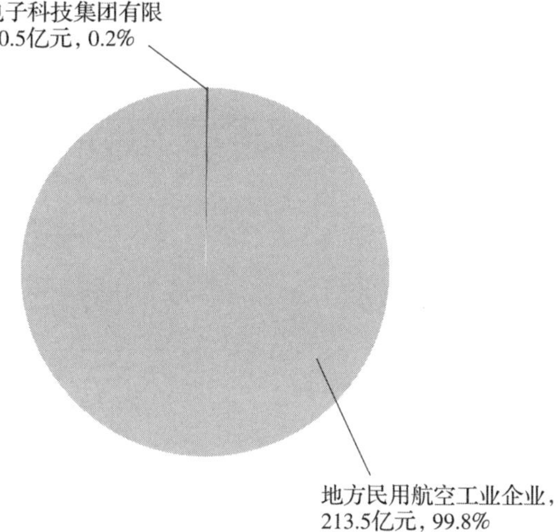

图 6　2020 年无人机产品产值构成

表 1　在研和批产的主要民用航空产品地域分布

产品种类	地域	代表机型
干线飞机	上海市	C919 单通道干线客机
		CR929 远程宽体客机
	天津市	空客天津 A320（总装线）
		空客 A350（完成和交付中心）
	浙江省	波音 737（完工和交付中心）
支线飞机	上海市	ARJ21-700 涡扇支线客机
	陕西省	新舟 60/600 系列涡桨支线客机
		新舟 700 涡桨支线客机
通用飞机	广东省	AG600 大型灭火 / 水上救援水陆两栖飞机
		AG300 单发涡桨轻型公务机
		赛斯纳“奖状”XLS+ 公务机
		SR20 小型活塞式螺旋桨飞机
		SR22 高性能单发 4 座复合型飞机
	黑龙江省	运 12E/F 双发涡桨通用飞机

表 1（续）

产品种类	地域	代表机型
通用飞机	河北省	“小鹰”500 轻型多用途飞机
		运 5B 轻型多用途飞机
		赛斯纳 208B 单发涡桨轻型飞机
		“国王”350 双发涡桨轻型飞机
		“奖状”M2 公务机
	辽宁省	锐翔（RX1E）双座电动轻型飞机
		锐翔（RX4E）四座电动轻型飞机
		泰克南 P2006T、P2010 四座通用飞机
		CC18-180 顶级“小熊”越野飞机
	湖北省	A2C 超轻型水上飞机
		AG50 轻型运动飞机
		“海王”水陆两栖轻型运动飞机
		卓尔“领航者”SL600 单发双座飞机
		“领航者”JA600 轻型飞机
		“晨龙天使”AL8 八座双发固定翼飞机
	陕西省	“小鹰”700 轻型多用途飞机
	湖南省	“山河”SA60L 轻型运动飞机
	四川省	SL600 轻型运动飞机
	福建省	“野马”600/610 轻型运动飞机
	北京市	P750 单发涡桨多用途飞机
	浙江省	AG100 轻型飞机
	安徽省	DA42 双发四座轻型飞机
	甘肃省	瓦尔辛轻型载人飞机
直升机	江西省	AC313 大型直升机
		AC311A 轻型直升机
		CA109 轻型直升机
		JH-2 轻型有人农林植保机
	黑龙江省	AC312 系列中型直升机
		AC352 中型直升机
		H425 中型直升机
	山东省	H135 轻型直升机
其他飞行器	甘肃省	SLA-852 轮式动力伞

表 1（续）

产品种类	地域	代表机型
发动机	上海市	长江（CJ）1000A 大涵道比商用航空发动机
	湖南省	WZ16 中等功率涡轴发动机（设计）
		WJ6 系列涡桨发动机
		WZ8 系列涡轴发动机
	黑龙江省	WZ16 中等功率涡轴发动机（制造）
	安徽省	YLWZ130/190 系列涡轴发动机
	甘肃省	无人机发动机

二、产品研发

2020 年，民用航空工业产品研发有序推进，形成了单通道干线飞机、双通道干线客机、涡扇支线飞机、涡桨支线飞机、直升机、多种通用飞机，以及航空发动机等自主产品系列发展格局。

在民机整机方面，C919 大型客机获得中国民用航空局（简称民航局，CAAC）型号检查核准书（TIA），并开展首个审定试飞科目，正式进入局方审定试飞阶段；ARJ21 新支线飞机完成高高原试验试飞；新舟 700 新型涡桨支线飞机的静力试验机完成制造，并完成首飞前 67% 设计载荷全机静力试验；AC352 中型多用途直升机完成高温环境试飞；AC312E 直升机取得中国民用航空局生产许可证（PC）。

在航空发动机方面，大型客机发动机原型机长江（CJ）1000A 核心机和整机试验工作稳步推进；1000kW 级民用涡轴发动机（AES100）完成首飞前地面试验，型号合格证（TC）申请获得中国民航局受理；5000kW 级民用涡桨发动机工程验证机（AEP500）实现整机转速达标。

三、产品订单与交付

（一）产品订单

2020 年，国产民机整机（不含无人机、天津空客、舟山波音合作项目产品、轮式动力伞等其他飞行器，下同）新增订单 245 架。其中，确认订单 221 架，意向订单 24 架。截至 2020 年 12 月 31 日，国产民机整机储备订单 1598 架，其中，确认储备订单 833 架，意向储备订单 765 架。无人机新增订单 532.8 万架，其中，新增确认订单 409.8 万架，新增意向订单 123.0 万架；无人机储备订单 213.1 万架，其中，确认储备订单 163.9 万架，意向储备订单 49.2 万架。新增国产民机订单情况详见图 7。

从确认储备订单情况看，干线飞机确认储备订单为 349 架，支线飞机确认储备订单为 398 架，通用飞机和直升机储备订单为 86 架，干支线飞机占比为 89.7%；从订单变化看，与 2019 年相比，干线飞机确认储备订单数量持平，支线飞机确认储备订单数量大幅增加，通用飞机和直升机确认储备订单数量有所减少，见图 8。

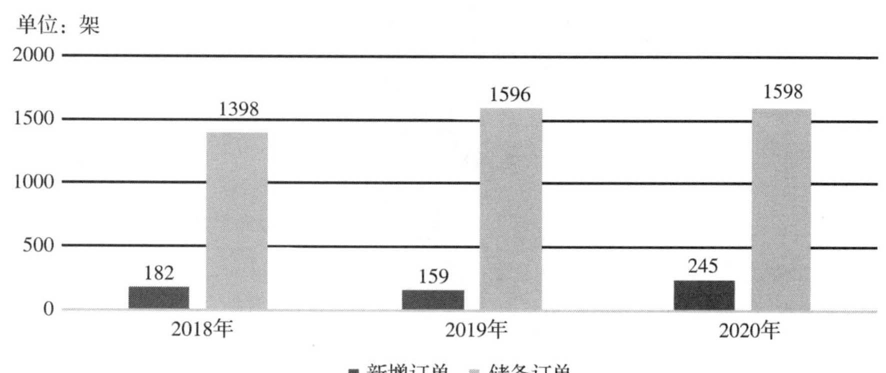

图 7　近 3 年国产民机整机订单数量

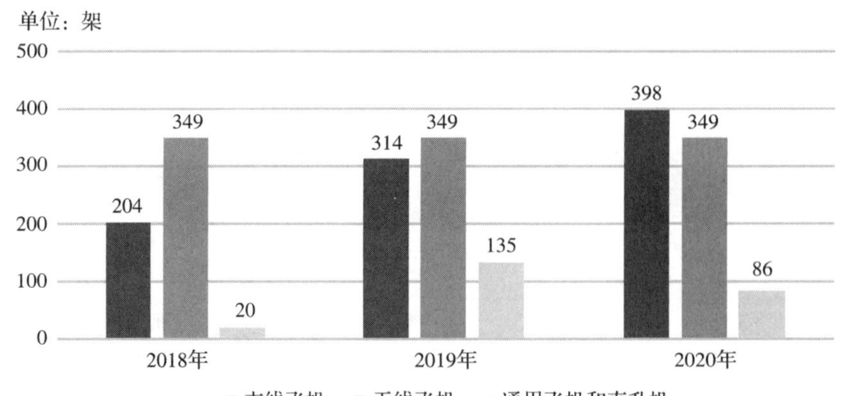

图 8 近 3 年国产民机整机确认储备订单情况

（二）产品交付

2020 年，中国民用航空产品交付金额总计 551.0 亿元。其中，民机整机（不含无人机）58.3 亿元，占比 10.6%；民用飞机零部件、发动机整机及零部件、机载系统和设备及零部件 183.5 亿元，占比 33.3%；民用飞机、航空发动机、机载设备、其他民用航空产品及零部件修理 220.9 亿元，占比 40.1%；无人机 88.3 亿元，占比 16.0%。2020 年民用航空产品交付金额构成见图 9。

2020 年交付国产民机整机 147 架（不包括引进总装的 A320、A350、民用无人机及轮式动力伞等其他飞行器），比 2019 年大幅上升。其中，支线客机交付 25 架，通用飞机交付 115 架，直升机交付 7 架。实现交付的机型主要包括：ARJ21-700 涡扇支线客机、新舟 60/600 涡桨支线客机、新舟 60 增雨飞机、AC311/AC312E 直升机、DA42 双发四座轻型飞机、“小鹰”500 轻型多用途飞机、运 5B 轻型多用途飞机、SA60L 轻型飞机、锐翔（RX1E）双座电动飞机等。据不完全统计，无人机交付约 109.9 万架。近 3 年国产民机整机交付数量见图 10。

（三）转包生产

2020 年，受新冠肺炎疫情导致全球民用飞机产量大幅下降影响，中国民用航空产品转包生产交付金额同比减少 40.0%，为 15.4 亿美元，见图 11。其中飞机零部件 7.9 亿美元，同比减少 45.0%；发动机零部件 3.9 亿美元，同比减少 44.6%；民用航空机载系统和设备及零部件 0.5 亿美元，同比减少 52.5%；其他民用航空产品及零部件 3.1 亿美元，同比减少 3.6%。转包生产新增订单 10.4 亿美元，同比减少 53.6%。储备订单为 39.9 亿美元，同比减少 14.9%。

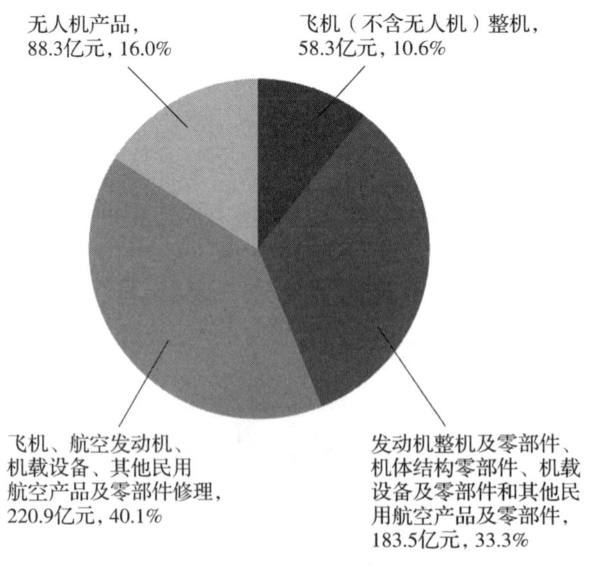

图 9 2020 年民用航空产品交付金额构成

从各省、自治区、直辖市情况看，民用航空产品转包生产交付金额排名前三位的是四川、陕西和辽宁，分别占全国的20.7%、19.6%和19.3%。前十位的省、自治区、直辖市见图12。

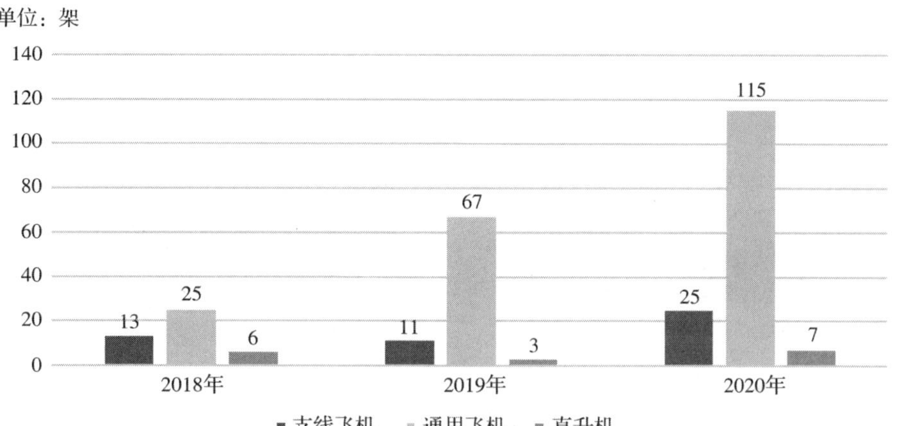

图10　近3年国产民机整机交付情况（不包括无人机）

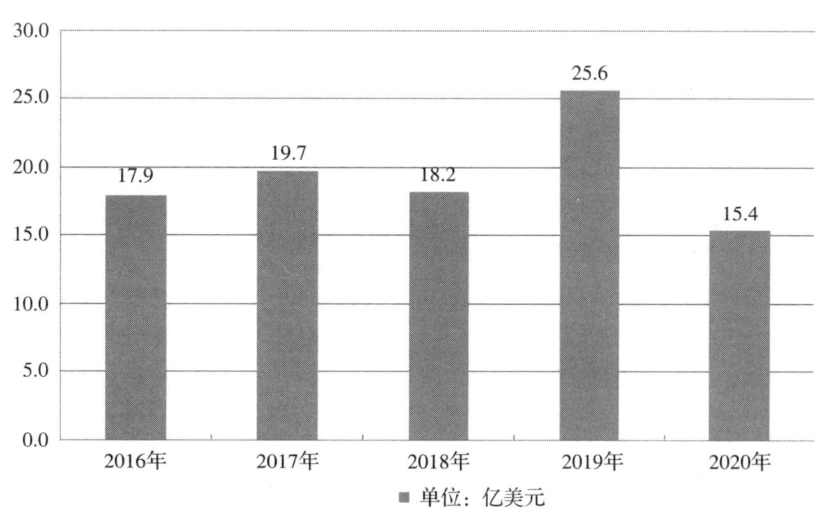

图11　近5年民用航空产品转包生产交付金额

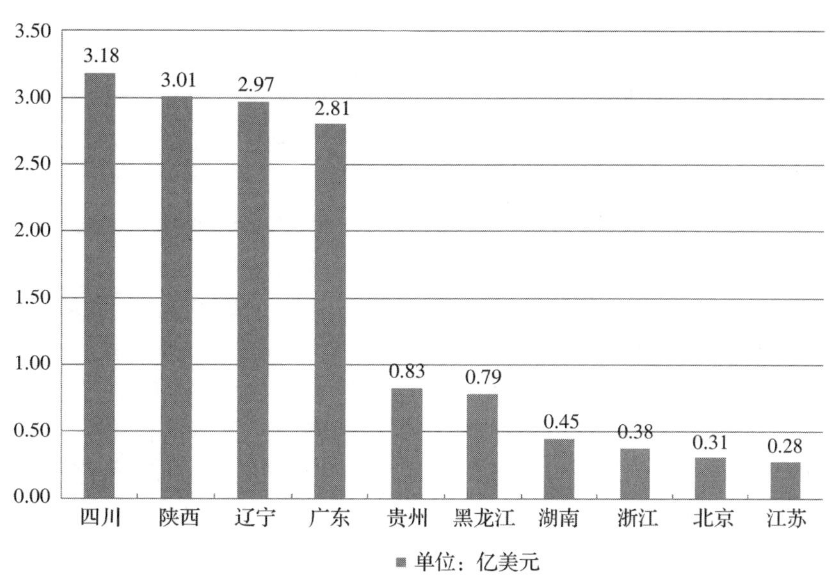

图12　2020年转包生产交付金额前十位的省、自治区、直辖市

四、国际合作与对外交流

2020 年，受全球新冠肺炎疫情影响，中国民用航空工业领域的国际合作与对外交流工作方式发生了较大变化，线上视频会议、线上 + 线下联动会议成为主要交流方式。通过政府推动引导、企业合作、机构合作和广大科研人员广泛参与等方式，中国民用航空工业国际交流合作持续推进。中国与俄罗斯、法国等多个国家和地区保持着稳定通畅的政府间对话与合作机制，企业与机构间的国际合作与交流不断深化。

（一）政府间对话与合作机制

中国和俄罗斯：2020 年 9 月 8 日，工业和信息化部与俄罗斯联邦工业和贸易部以视频形式，举行了中俄总理定期会晤委员会工业合作分委会民用航空工作组第十五次会议。双方国家协调中心（茹科夫斯基国家研究中心和中国航空研究院）克服新冠疫情影响，积极推进中俄航空科技合作新机制试点项目。中方国家协调中心与俄方合作伙伴联合举行了多场专题技术研讨会和试点项目技术协调会。2020 年，在中俄民用航空工作组科技小组标准专题组积极推动下，中俄双方启动联合制定民机标准工作，完成了《运输类飞机舱内声学设计要求》标准大纲、标准草案编制；与俄罗斯联合提出 1 项国际标准提案并成功立项，中俄民机标准合作已被确立为标准化领域国际合作的典范。

中国和法国：2020 年，在政府间合作机制的推动下，中法先进中型多用途直升机（AC352）和 LCA-60T 等重点型号合作进展顺利，同时面向 CR929 等型号研制和市场需求，在航空电子、飞行控制、空地互联等领域稳步推进技术合作和联合竞标。

（二）企业、机构间国际交流与合作

中国航空研究院（CAE）与德国航空航天研究院（DLR）、法国航空航天研究院（ONERA）、荷兰皇家航空航天研究院（NLR）、俄罗斯中央空气流体动力学研究院（TsAGI）、德国 - 荷兰风洞（DNW）、意大利航空航天研究中心（CIRA）、韩国航空航天研究院（KARI）等世界航空领域的著名科研、试验机构建立并保持着长期稳定的战略合作关系。同时作为国际航空研究理事会（IFAR）和国际航空疲劳委员会（ICAF）等航空科技界知名国际学术组织的唯一中国会员代表，积极参与多边交流活动。

2020 年，中国航空研究院通过线上方式与国外航空科研机构积极开展科技合作与学术交流，开展了人工智能和电动 / 混电飞机项目，交流了气动、结构、材料以及无人机等领域的合作进展，围绕“绿色航空”和“先进气弹及气动设计”主题开展专题技术培训讲座和交流。

在 2020 柏林航空峰会上，中国航空研究院、德国航空航天院、法国航空航天研究院、俄罗斯中央空气流体动力学研究院等 13 个国家航空研究机构联合起草、署名并向全球发布了《零排放航空（ZEMA）宣言》。

中国航空工业集团有限公司（简称航空工业集团）与全球航空企业合作更加稳固。在全球航空业低迷、商用飞机生产交付速率放缓的情况下，航空工业集团组织相关单位克服疫情影响，保障合作伙伴在华供应链稳定，空客、赛峰专门发来函件，就航空工业集团支持 A320、A350、A220 等重点项目保持稳定交付表示感谢；与空客合资成立的哈飞空客复材制造中心作为 A350XWB 飞机方向舵、升降舵、机腹整流罩等部件的全球唯一供应商，同时稳步推进 A350XWB 完工中心项目建设。

中国航空发动机集团有限公司（简称中国航发）以“谋发展、促合作、图共赢”为原则，持续推动开展国际合作交流，邀请外国专家来华开展涡轴 16、长江 1000AX、长江 2000 等重点型号试验试飞和培训等工作；积极利用线上交流渠道，与赛峰公司、霍尼韦尔公司等战略合作伙伴召开高层会议，维护和畅通双边合作交流。

北京飞机维修工程有限公司加强与重点客户、战略客户的沟通，寻求更多合作机会，实现了 IAE V2500 发动机大修项目、韩亚航空 V2500 发动机大修项目、汉莎航空波音 747-8 定检项目、DHL RB211 发动机大修项目等多家国际客户项目的顺利实施。

成都富凯飞机工程服务有限公司推动的波音 737NG 飞机海事卫星改装项目成为中美双边互认的第一个中国民用航空局批准的“补充型号合格证”（STC）。

五、产业促进与行业管理

2020 年，中央和地方政府编制、发布了一系列推动我国民用航空产业发展的政策文件，促进民用航空产业的健康发展。具体文件及相关摘要见表 2。

表 2　2020 年中央和地方政府出台的关于促进民用航空产业发展的文件

序号	发布部门	文件名称	摘　　要
1	中国民航局	《低空飞行服务体系飞行动态数据传输规范（试行）》	规定了通用航空飞行计划、飞行动态数据的传输格式及数据格式
2		《航空器机型维修培训和签署规范》	明确航空器机型维修培训以及执照机型签署的相关规范
3	天津	《天津市航空航天产业链工作方案》	巩固天津航空航天“星、箭、机、站”研发制造优势，进一步提升产业链核心竞争力，建设具有国际水平的航空航天产业基地
4	江苏	《江苏省“产业强链”三年行动计划》	将航空发动机和燃气轮机列入省领导挂钩联系的 30 条优势产业链，推动民用航空产业链链主企业做大做强、关键共性技术研发攻关、重大装备研制和示范应用
5	河南	《河南省智能装备产业链现代化提升方案》	将无人机产业作为新兴智能装备重点发展领域，支持郑州、安阳、周口等地市，积极引进国内外优势企业，打造集研发设计、生产制造、集成应用等于一体的无人机产业基地
6		《郑州市智能装备产业链现代化提升方案》	明确支持无人机等新兴装备产业发展，突出发展植保、物流等无人机产品，加快突破智能避障、自动巡航、群体作业、飞行控制等关键技术，促进产业发展壮大
7	湖南	《湖南省航空航天（含北斗）产业链三年行动计划（2020—2022 年）》	着力打造世界一流的中小航空发动机产业集群和全国一流的航空航天配套及集成产业基地、民用飞机配套产业基地、北斗导航系统应用示范区、通用航空产业运营中心等发展目标
8	广东	《广东省培育高端装备制造战略性新兴产业集群行动计划（2021—2025 年）》	推动政策措施向产业集群倾斜、资源要素向产业集群汇聚、工作力量向产业集群加强，抓好骨干企业培育、重点项目落地
9	四川	《2020 年度航空与燃机产业发展工作要点》	发挥省领导联系指导航空与燃机产业机制作用，定期召开联系会议推进工作，加快打造航空整机、航空发动机、无人机三个航空产业集群

第二部分

主要地区发展情况

北京市

一、本地区基本情况

2020年，北京市民用航空工业行业规模以上企业19家。中国航空工业集团有限公司在京企事业单位7家，中国航空发动机集团有限公司在京企事业单位4家，中国商用飞机有限责任公司在京事业单位1家。

二、生产经营情况

2020年，北京市纳入民用航空工业调查统计口径的民营企业有9家，分别是北京飞机维修工程有限公司、北京力威尔航空精密机械有限公司、北京安达泰克科技有限公司、北京北摩高科摩擦材料股份有限公司、北京安达维尔科技股份有限公司、国机集团北京飞机强度研究所有限公司等，实现工业产值共计100.72亿元。

三、主要产品

民用飞机主要包括：航天九院、中航智、航景创新、清航紫荆等制造的大中型无人直升机，中国商飞北研中心、美团制造的5G智能网联无人机等。

航空发动机核心部件主要包括：航空发动机单晶叶片、高温合金涡轮叶片、复合材料机匣、钛合金铸件、民用直升机发动机燃油调节系统等。

其他民用航空产品主要包括：钢制、粉末冶金及碳/碳复合材料刹车产品，各种异形、薄壁支板、轴承支承座、飞机机身肋板等钛合金铸件，空域管理和机场调度平台、机场塔台辅助指挥信息系统等。

四、产品开发与技术进步

1. 中国商飞北研中心与国家电投联合开发的新能源验证机——氢燃料垂直起降无人飞行器，缩比例样机试飞成功，拟开拓城际支线无人物流市场。

2. 航天科技第十一研究院开展太阳能无人机研制，开发可长期驻留在临近空间且可返回的空中站点，完成百余架次飞行试验，标志我国成为继美英之后第三个掌握该技术的国家。

3. 航景创新、北京理工大学牵头，恒天云端、星际导控、煋邦数码等产业链上下游企业协同合作的无人灭火联合项目——森林灭火无人机系统通过消防装备质量监督检验中心性能认证。

4. 中国商飞北研中心自主开发机载北斗导航系统，完成国产化和适航取证，与中国移动联合开展机载5G宽带通信设备研制。

5. 中国商飞增材制造技术研究中心，推进增材制造结构件的制造、适航和装机使用；同时，面向风机叶片、新能源汽车制造，开展复合材料（简称复材）自动铺丝、高压水切割、新型复材液体成形等制造工艺推广。

五、行业管理

1. 大兴临空经济区以航空公司总部为核心，培育航空维修、航材供应、航空培训等关联环节为保障的产业生态，依托临空经济区空间和空域资源，加强与机场和航空公司（简称航司）的协调，以机场商业、航空培训等本场增值服务为突破，向航空维修、公务机等高值细分领域过渡。引进更多航线、航权和时刻，做强航空维修，发展运输机、公务机一站式维修、航后维修和机身维修、发动机和核心部件维修。保障航材供应，充分利用大兴机场综保区政策优势，引进大型航材供应商，建设华北航材供应中心和航材备件库。

2. 顺义临空经济区强化与民航局、海关、首都机场及园区企业间的信息互通，推动航空领域创新制度落地。探索飞机维修企业航空器材包修转包修理业务口岸便利化措施。维修企业通过综合保税区流转完成航空发动机、起落架及其他航空零部件等包修转包修理退税，减少运费和维修周期。优化航材保税监管，实施航材共享平台，将通关时间压缩到30h内，实现5个口岸间航材统筹和实时调拨。鼓励中外航空公司运营国际航线，多家航司执飞第五航权航线。

3. 延庆区为加快无人机产业集聚，紧抓世园冬奥赛会窗口期，重点围绕工业级无人机产业，打造具备国际影响力的无人机产业前沿科技创新成果转化基地。中关村延庆园与中国航空综合技术研究所合作设立延庆无人机创新基地，盘活承载空间，建设检验检测中心，开展无人机科技成果转移转化、科技服务、招商运营。创新基地集聚美团、清航紫荆、远度互联、集展通航、冠鹰、正唐科技、大工科技等众多无人机企业，涵盖各类无人机研发生产、通信链路、传感设备、检验检测、教育培训、飞行反制等领域。

4. 房山区围绕航空智能应急装备产业，引进正信宏业、帆美航空、道信科技、数字绿土、拓疆者、航天奥祥等无人机相关企业，初步构建智能应急装备产业体系生态。园区规划布局“一园三中心”，协同创新中心重点位于良乡大学城，依托北京理工大学等高校资源和新型研发中心等创新载体，承载智能应急装备研发、设计、孵化、小试等环节，结合企业需求进行协同创新；产业转化中心在北京高端制造业基地，依托中关村前沿技术研究院和标准厂房等产业载体，承载智能应急装备检测、中试、产业化环节；测评测试中心重点布局在青龙湖镇、韩村河镇、周口店镇等浅山区，依托浅山区多样的应用场景资源，构建应急救援、城市安全、空地协同等测试测评场所。

天津市

一、本地区基本情况

2020 年，天津市规模以上民用航空工业企事业单位有 14 家，分别是空中客车（天津）总装有限公司、西飞国际航空制造（天津）有限责任公司、古德里奇航空结构服务中国有限公司、庞巴迪宇航集团公务机维修公司、PPG 航空材料（天津）有限公司、中航国际物流（天津）股份有限公司、天津波音复合材料有限责任公司、天津航天中为数据系统科技有限公司、天津全华时代航天科技发展有限公司、天津华翼蓝天科技股份有限公司、天津航空机电有限公司、航天精工股份有限公司、天津海特飞机工程有限公司等；拥有国家级技术中心 1 个，省级技术中心 4 个。

二、生产经营情况

2020 年，天津市民用航空工业受全球疫情持续冲击影响增长乏力，同比降幅较大，全年民用航空工业总产值占全市工业总产值 0.1%。全年完成 41 架空客 A320 飞机总装，交付“彩虹”大型无人机 35 架，中小型无人机突破 3500 架（套），滨海新区获批国家民航局无人驾驶航空试验区。

三、主要产品

（一）民用飞机

空客系列飞机：主要包括 A320 和 A330 系列飞机，具备月总装 4 架 A320 系列飞机和交付 2 架 A330 飞机的能力，已累计交付 A320 飞机 506 架、A330 飞机 18 架，约占空中客车公司生产总量 8%。

无人机：天津市有各类无人机企业近 40 家，2020 年实现产值近 11 亿元。主要产品及服务包括“蜂群”集群无人机及其表演服务、无人机飞控系统、各工业级无人机定制方案；“虎鲸”“虎穴”和“虎视”全自主工业无人机系统；用于地图测绘、农业植保、物流运输、线路巡检的“柳莺”无人机、“鸾凤”无人机、“双头鹰”无人机、“蝠鲼”无人机、“信天翁”无人机、“雷鸟”无人机等特种无人机；用于山区、林区、海岛物资补给和紧急救援的双旋翼 TR-7B“泰坦”、CUBIC 等大载重货运无人机，以及其他飞控与地面站、全型谱无人机数据链、小型光电吊舱等产品。

（二）航空设备与系统

主要有飞机配电系统、环控系统、点火系统、防火系统、防除冰系统，产品包括各种电磁继电器、温度继电器、高能点火装置、火警探测器、温度控制盒、力臂自动调节器、无人机数据链系统等，广泛应用于国产 C919、AG600 和“新舟”系列等飞机。

（三）航空配套产品

主要有空客飞机机翼和机身系统总成、钛合金紧固件、飞机用涂料、密封胶、风挡玻璃、客舱玻璃、座椅、复合材料、结构件和内装饰件等产品，以及飞行模拟训练设备、工程仿真平台等配套装备。

（四）航空维修改装及服务

依托中航锦江、古德里奇、庞巴迪、海特等重点企业，重点发展飞机整机维修、部附件维修、客改货等领域，提供飞机维护、维修、整修和机队技术管理等服务；为空客飞机提供短舱组装及维修服务；为空客 A320 飞机提供深度检测；为其他飞机提供深度大修服务；为飞机租赁提供服务等。

四、产品开发与技术进步

空客 A320 机身段装配线建设项目厂房完成主体施工，A330 拓展至 A350 项目顺利推动，正在进行厂房改造、生产工装夹具的采购和安装。天津津航计算技术研究所民用产业高端装备及智能制造中心项目签约落地。天津直升机有限责任公司 AC312E 型直升机开工生产并首飞成功，多款型号直升机完成立项或设计交付，AC332、AC352 直升机研发进度加快，形成了从 1 ~ 13t 级完整的产品谱系。

五、对外贸易与合作

持续推进空客公司第二条生产线落户天津工作，已完成 A320 第二条生产线及机身结构组装项目选址问卷调查工作。加快滨海新区无人机产业聚集区建设，以优质试飞条件吸引无人机企业加速聚集。组织重点单位和协作配套单位、相关中介机构、金融机构等进行对接，进一步完善产业链协作配套体系。积极开展国际合作，大力引进相关的配套项目，吸引鼓励相关配套企业入驻。鼓励国外企业在通用飞机、发动机部件、机载设备等领域合资合作。

2020 年共引进新项目 98 个，包括世界 500 强松下航电天津公司、青岛直升机飞机租赁、中航惠阳螺旋桨研发项目、中安航机场保障服务、戴克航空科技、中飞航空产业发展等一批航空项目。实现内资到位 18.8 亿元，国内 500 强内资到位 17.85 亿元；完成外资项目 6 个，外资到位 1547 万美元。

六、行业管理

一是进一步完善组织机构：先后成立航空航天创新创业人才联盟、无人机和新材料创新创业人才联盟两大创新创业人才联盟，进一步发挥人才工作对区域经济高质量发展的支撑作用，服务航空航天产业发展和上下游企业产业链衔接，为天津市航空航天产业健康发展提供了有力保障。

二是进一步加强顶层设计：全面落实党的十九届五中全会精神和市委市政府关于“坚持制造业立市、打造制造强市”的决策部署，编制了《天津市航空航天产业链工作方案》，延伸布局薄弱环节，进一步提升航空航天产业链核心竞争力。

三是进一步夯实基础管理：持续开展民用航空统计年报和民用航空工业年鉴编撰工作，进一步加强行业统计管理和经济运行监测。同时，加强招商引资工作，积极协调有关部门，加强项目建设和科研生产中土地、资金等协调保障，进一步优化营商环境，为企业发展提供优质服务。

河北省

一、本地区基本情况

河北省规模以上航空企业3家，分别是中航通飞华北飞机工业有限公司（简称华北公司）、航空工业保定向阳航空精密机械有限公司和惠阳航空螺旋桨有限责任公司。2020年，河北省航空企业坚持深化改革，创新工作机制，探索发展新模式；坚持强化管理，加强执行力度，提升质量效益；坚持开拓市场，打造新理念，保障企业发展。努力完成全年科研生产经营任务，全力实现通用航空产业持续发展的目标。

二、生产经营情况

2020年，航空产业主营业务收入13.17亿元。其中，中航通飞华北飞机工业有限公司实现营业收入4.21亿元；航空工业保定向阳航空精密机械有限公司销售收入7.51亿元，利润157.3万元；惠阳航空螺旋桨有限责任公司实现营业收入1.45亿元，利润3020万元。

三、主要产品

（一）民用飞机

1. 运5B飞机与运5B无人机。运5B飞机是国内生产量、销售量、市场保有量以及年飞行作业量最大的通用机型。运5B飞机符合中国民航局CCAR-23部适航标准，广泛应用于农林作业、飞行员培训、空中游览、航拍航测、空投伞降、客货运输、勤务用机等多个通航领域。运5B飞机实施了换装涡轮螺旋桨（简称涡桨）发动机项目，换发完成后，运5B飞机的性能及技术水平将在同级别机型中处于先进水平；公司将持续实施运5B飞机改型改进，根据客户实际需求，适时推进加装综合航电、改善座舱环境等项目。同时，以现有运5B飞机为平台，进行运5B系列无人机型号的研发，重点目标市场为吨位级无人机物流货运。目前，以活塞式发动机为动力的运5B无人机已成功实现首飞，正在积极开展后续工作。下一步，运5B换装涡桨发动机项目成功实施后，华北公司将联合各方主导研发以涡桨发动机为动力的运5B无人机，拓展应用领域，实现商业成功。

2. “小鹰”500飞机与“小鹰”500无人机。“小鹰”500飞机是我国严格按CCAR-23部适航标准进行设计、生产、试验试飞、取证的具备完全自主知识产权的4～5座轻型飞机。“小鹰”500飞机可广泛应用于飞行培训、私人飞行、旅游观光、农林作业、航拍航测等通用航空领域。“小鹰”500飞机平台正在进行无人机研发，目前与合作方共同开发的“小鹰”500无人机已完成首飞，正在进行改进优化工作。未来，华北公司将主导实施“小鹰”500无人机系列化发展项目，拓展应用领域，以自身技术及型号优势，开拓安防、航空物流运输与航拍航测等民用领域。

3. 赛斯纳208B飞机。赛斯纳208B飞机是一种单发涡桨多用途飞机，具有飞行速度快、商载大、可在未铺筑的跑道上起降、经济性好、可靠性高、维护简便等特点。受到短途客货运输公司、包机公司、航空快运公司，以及从事航空旅游、高空跳伞、航拍、人工降雨、应急医疗救援等业务的不同用户的青睐。

4. “国王”350飞机。“国王”350涡桨飞机具有出色的短距起降性能，具备高品质的客舱管理系统，可以满足客户各式各样的长途或高技术任务需要。

（二）配套设备

JL-4A/1螺旋桨是首次针对民用飞机开发和研制的复合材料螺旋桨，为大型灭火/水上救援水陆两栖飞机配套。项目研发成功不仅可取得国内民航适航证，符合进入国内民机市场的要求，而且随着JL-4A/1螺旋桨在中国市场的成熟应用，将申请国际民航适航证，为进入国际市场打下基础，提升我国航空螺旋桨研发及生产能力，推动我国螺旋桨产业的发展。

完成了中国商发复合材料OGV项目、FWS20发动机复合材料静子叶片试制工作，实现了航空产品新领域的拓展，为扩展新的产品序列打下了良好的基础。后续将进一步扩展研发方向，开拓新产品。

设计能力取得新突破。在螺旋桨系统设计技术方面，突破了电调控制螺旋桨控制规律仿真、螺旋桨噪声评估，以及共轴对转螺旋桨变距机构设计等关键技术，提高了在电调控制螺旋桨、螺旋桨气动噪声预测，以及共轴对转螺旋桨结构设计等方面的正向设计能力，自主开发了多型螺旋桨产品，优化了产品谱系，提升了公司产品竞争力。

结合中国飞机强度研究所先进低噪声螺旋桨设计与制造项目，推动为“彩虹”系列无人机配套螺旋桨研制工作。结合“翼龙”Ⅱ无人机动力提升需求，配合上海尚实开展JL-17C螺旋桨系统研制。

四、产品开发与技术进步

为满足市场多元化需求，提升产品的竞争力，根据细分市场情况，加快实施现有产品改进改型，实现系列化发展。2020年重点科研、协作、配套项目有序推进，筑牢产品发展基础。

AG600项目完成了投水舱门试验件、防冰除雨试验件、中机身灭火系统制造，完成了紧急订货交付，并启动了03架零件制造；“小鹰”500飞机换装CD-155发动机项目完成型号合格审定试飞，适航符合性报告获得局方批准；“海鸥”300轻型水陆两栖飞机项目取得陆上和水上型号检查核准书（TIA）；Y5B飞机换装涡桨发动机项目完成总装一架份；机电公司取得轻型乳化液马达、煤矿用单轨吊轨道构件等发明专利，形成小批量销售，无人机产品在煤矿系统实现销售，无人机操手培训取得了不错的效果。

五、对外贸易与合作

与美国德事隆共同出资组建的合资公司——石家庄中航赛斯纳公司，增加了“国王”350飞机的“十四五”能力建设并获得中国民用航空局（CAAC）批准。

山西省

一、本地区基本情况

2020年，山西省从事民用航空工业的规模以上企业只有1家，是隶属于中国航空工业集团有限公司的太原航空仪表有限公司。

太原航空仪表有限公司下设电子系统研究所、显示技术研究所、敏感元件研究所、传感器技术研究所、民机工程部、工程试验中心和理化计量中心，以及5个航空产品配套生产厂。2020年公司荣获“山西省两化融合管理体系标杆企业”和“工信部工业企业知识产权运用试点企业”称号；通过国家级企业技术中心、山西省航空仪表工程应用中心认定；通过国军标（GJB）5000A三级体系评定。

二、生产经营情况

2020年，山西航空产业主营业务收入83138万元，同比增长20%，实现利润总额6699万元，同比增长30%。

三、主要产品

山西省民用航空工业主要产品为各类航空仪表，主要产品包括：座舱飞行仪表、大气数据传感器、弹性敏感元件及管路补偿器、智能振动筒压力传感器系列、振动筒气压仪系列及热控领域系列产品等。

四、产品开发与技术进步

2020年，太原航空仪表有限公司紧跟国际民机转包生产、国内民机研制国产化需求，调整内部组织模式，成立民机工程部，应对民机市场发展机遇的窗口期，主动对接用户需求，持续开拓民机配套业务。已完成适航取证的或正在进行适航取证的项目45项，成熟配套了AC系列直升机、“新舟”系列支线客机、AG系列通用飞机等多型国产通用飞机。产品配套方面，商用航空业务立足原有民机配套市场，积极拓展配套业务，扩大市场份额，提高产品影响力；通用航空市场领域大力拓展外贸仪表业务，依托通用航空精益单元，持续提高现有膜盒仪表产能。积极拓展与系统外其他主机厂业务联系的同时，加大科技研发力度，失速告警系统及防撞地告警系统获得山西省科技厅科研经费支持；自研通用飞机航空电子系统，打破国外公司对我国通用飞机航电系统的垄断。体系建设方面，通过现有航空传统优势技术的不断延展，积极走访调研民机配套领域，不断完善民机设计保证体系及生产制造体系，持续推进民机产业发展，构建与地方产业发展政策相契合的新业务格局，实现产业结构转型和高质量发展。

五、重大设施建设

2020年，太原航空仪表有限公司全年完成固定资产投资总额6468万元，其中，批产项目设备基本全部投入使用；平台项目除风洞等大型设备外均已交付使用；募投项目正在实施中。201综合生产厂房整体工程已完成，正在办理验收工作。203试验验证厂房已完成主体结构建设，平台项目按节点正常推进。

内蒙古自治区

一、本地区基本情况

航空工业是战略性高技术产业，发展民用航空工业，对本地区的工业基础、人才培训、技术支撑、发展环境等都有很高的要求，内蒙古的航空工业发展基础基本属于空白，目前刚刚起步，只能开展一些基础建设。现只有部分盟市正在开展小型飞机及无人机项目建设，大多属于组装项目，产品技术含量不高，具有自主知识产权的产品不多，投产达产项目较少。据统计，全区有 3 家投入试生产的企业：内蒙古神鹰飞机制造有限公司、内蒙古中科世源生态科技有限公司和内蒙古易飞航空科技有限公司；另外还有 3 个拟建项目，主要生产小型飞机和临近空间飞行器（飞艇）。

二、生产经营情况

2020 年，内蒙古神鹰飞机制造有限公司，主要生产神鹰植保无人机与神鹰火情监测无人机，用于农林病虫害防治和火情监测，年销售 22 架。

内蒙古中科世源生态科技有限公司，主要生产 CQ8-JY、CQ8-SF 和 CQ16-NY 无人机，用于农业遥感测量和草原病虫害防治。

内蒙古易飞航空科技有限公司，主要生产植保无人机、火情监测无人机和农田测绘无人机，用于农林灭虫、火情监测、农田测绘、农作物实时监测，年销售 10 架。

三、主要产品

主要生产轻型飞机、无人机和临近空间飞行器（飞艇）。

四、重大基础设施建设

包头众翔通用航空有限公司飞机制造及飞行驾驶员培训中心项目。一期建成可容纳 3000 名飞行驾驶员的培训中心；二期建成可年产 150 架水陆两用飞机的设施，总投资 64096 万元。

中科大型飞行机器人项目。年产垂直升降机器人 100 台、手抛式燃料电池飞行机器人 500 台、小型长航时飞行机器人 300 台。

阿拉善空天飞行器科技有限公司“临近空间飞行器基地”建设项目。建设平流层飞艇相关各类部件和其他关联产品。

五、行业管理

内蒙古自治区积极推动本地区航空工业的发展，将加强同民用航空工业发达地区的合作，引进高技术人才，以包头宇通博辉、中科大型飞行机器人、鄂尔多斯海明堡小型直升机、阿拉善飞艇项目建设，力争在通用航空制造领域实现突破。计划到 2022 年，小型无人机产量达到 1000 架、飞艇 200 架。

辽宁省

一、本地区基本情况

截至2020年底，辽宁省共有各类从事航空器及零部件生产、设计开发的企事业单位近百家，其中，规模以上民用航空工业企业23家；行业企业现有国家级企业技术中心3个，省级企业技术中心13个，国家级重点实验室2个，省级重点实验室9个，省级工程技术研究中心12个；全省形成了沈阳、大连等重点地区的航空产业基地，其中沈阳民用航空产业国家高技术产业基地获国家发改委批准建设，沈阳法库通航基地获批为全国首批无人驾驶航空器飞行试验基地。

沈阳市航空产业园，分布在浑南区、沈北新区和法库县3个重点区域。浑南区：围绕龙头企业沈飞民机公司，培育一批民用航空零部件配套供应商，目前园区一期签约企业45家；沈北新区：推进沈北航空零部件产业园建设，该项目将建成国内最大的航空结构件智能化综合应用示范中心；法库县：推进法库通航产业基地完成标准化机库等综合配套设施建设，完成17.8km环财湖公路等综合路网、管网等设施配套建设。目前，已入驻通用航空类企业50余家。

大连航空产业区：在登沙河产业区建设的“大连航空产业区”将作为大连市发展通用航空核心区和重要产业基地，规划以航空工业为基础，以航空服务业为主导的航空之城。重点发展航空器研发与设计、零部件生产制造、组装与维修、航空物流与保税、航空商务与运营为核心内容的航空产业集群。

营口航空产业园：位于鲅鱼圈鹊鸣湖科技产业园，规划面积6km^2。园区项目有民用旋飞无人机项目、无人机试飞基地和无人机驾驶员培训基地项目，以及增材制造（3D打印）项目等。

盘锦无人机产业园：位于盘锦辽东湾新区无人机园区，依托辽宁猎鹰、辽宁昊一、盘锦丰瑞等无人机企业，重点发展农林牧渔作业、工业应用、运动娱乐无人机，重点发展轻型飞行器整机组装及发动机、机载设备、机电产品等航材生产。

朝阳通航产业园：重点发展飞行员、机务人员等人才培训，发展成在国内领先的飞行培训主基地，发展航空物流、旅游度假、商务和通勤运营等。

二、生产经营情况

2020年，全省规模以上民用航空工业实现营业收入53.6亿元，同比增长3.5%；完成出口交货值1.96亿美元。其中沈飞民机实现主营收入9.5亿元，沈飞国际6.3亿元。

三、主要产品

（一）民用干、支线飞机大部件

辽宁骨干民用飞机制造企业与波音、空客、庞巴迪、中国商飞等知名航空制造企业均建立了稳定的合作关系，现有主要产品包括A320机翼前缘/电源箱、波音737尾段、波音777复材壁板/翼尖、波音787垂尾前缘及翼尖、ARJ21尾段/发动机吊挂/电源中心/无线电架/机身电缆、C919发动机吊挂/后机身前段/垂尾/APU门、新舟700后机身前段/舱门、A220飞机前机身/中机身/后桶段/尾锥/舱门等工作包。

（二）航空发动机

主要开展航空发动机及关键零部件研发制造和国际转包生产，主要产品有机匣组件、轴类零件、环形件、槽形件、钣金件整流罩和静子壳体等。

（三）航改燃气轮机

主导产品主要包括QD70、QD185、QD280

和 R0110 等“三轻一重”燃气轮机。其中，QD185 燃机性能指标达到了国际先进水平。该型燃机是在性能先进、技术成熟的航空涡扇发动机基础上，派生发展的 3 轴 18MW 级中档功率轻型燃机，并重新设计了高效率、大裕度的压气机和高性能的动力涡轮，具有完全自主知识产权，设备整体性能优异。

（四）通用飞机

固定翼通用飞机产品主要有泰克南 P2006、泰克南 P2010 两款产品。该型号飞机为 4 座飞机，主要可作为飞行培训中的初教机，同时也可用于短途运输、空中游览、自驾游玩等。固定翼新能源通用飞机主要产品为锐翔系列飞机。其中锐翔电动飞机（RX1E）是国内自主研发首款电动飞机，锐翔增程型飞机 RX1E-A 获得生产许可证（PC）。

（五）无人机

主要产品：在油动旋翼无人机方面，知名产品有辽宁壮龙生产的“大壮”系列无人机，“大壮”系列无人机是油动直驱多旋翼无人机，主要用于农林植保。在电动旋翼无人机方面，知名产品有沈阳无距研制的“辽”系列矢量多旋翼无人机，“辽”系列矢量多旋翼无人机利用倾转技术，凭借 X 形独立旋转旋翼结构，可任意改变飞行模态并保持精准悬停，可应用于全向巡检，警用追踪，现场取证等场景。配套大疆无人机生产航空航天设备，如喊话器、投放器、喷火器等，实现巡检、巡查、防火、抓捕等功能。

（六）航空机载设备

凌海金城航空器材有限公司和锦州华兴航空器材有限公司是从事民航客机内饰件生产企业，两家公司均获得中国民用航空局颁发的零部件制造人批准书、技术标准规定项目批准书、重要改装设计批准书、国内主要航空公司供应商认可证书、ISO9001 质量体系认证。企业具有模具设计制造、机械加工、金属压铸、非金属注塑、挤出、吸塑等设计加工能力，产品涉及波音、空客系列及各类支线飞机、通用飞机、公务机等 40 多种机型，分为塑料制品、金属件、纺织品、隔离棉、货舱地板壁板五大类，可提供航空复合材料、航空紧固件和配线材料、航空数字化制孔压铆系统、柔性装配系统、AGV 智能输送系统和飞机数字化装配生产线、液压控制系统、飞机话音告警系统、航空地面保障设备，以及机场管理、飞机销售、通航维修、航材引进、航校培训、融资租赁、航空俱乐部和通航运营等产品与服务。

（七）航空维修服务

中国南方航空股份有限公司沈阳维修基地，主要承担民航客机维修安全保障任务，基地先后取得 MD-90、A300 和 A320 系列飞机的全级别检修能力以及整机喷漆能力，获得了美国联邦航空局（FAA）机体维修资质，民用航空器改装设计委任单位代表（DMDOR）授权资质，为民航东北地区首家进口航空器授权单位。新成立了锦州华兴航空维修工程有限公司，取得了 CCAR-145 部维修许可证（MP）。

四、产品开发与技术进步

在干、支线客机大型结构件领域，获得了中国商飞 CR929 项目垂尾工作包初选供应商资格。与以色列宇航公司签订了波音 777-300 客改货合同，与赛鹏紫玄公司签订 A321-200 客改货合作框架协议。A220 项目启动了系统安装转回可行性评估，完成了航电门首架份研制并顺利交付客户。沈飞民机采购了 LS-DYNA 软件并投入使用，可以解决飞机、发动机的鸟撞分析、机身坠撞分析、钣金成形分析、碰撞结构破损和乘员安全性分析等冲击动力学问题。

在燃气轮机领域，沈阳市先后研制了具有自主知识产权的 QD70、QD128、QD185 等燃机，在国内率先形成了自主知识产权燃机系列化发展。其中，QD70 和 QD185 热效率接近世界先进水平，QD128 已经在国内外实现销售。国内首套具有完全自主知识产权的重型工业燃气轮机 AGT-110 在沈阳总装下线，标志着我国燃气轮机自主创新又迈出坚实的一步。此次下线的 AGT-110 重型燃气轮机，由中国航发燃气轮机有限公司研制总装，是一种单轴、双支承、前输出的工业燃气轮机，发电功率 110MW，主要用于工业发电。

五、对外贸易与合作

1. 推动沈阳沈飞国际商用飞机有限公司与以色列宇航公司签订了波音 777-300 客改货合

同，与赛鹏紫玄公司签订了A321-200客改货合作框架协议。

2. 推动辽宁壮龙与“一带一路”国家沙特的企业合作，出口“大壮”系列六旋翼油动无人机到沙特开展农业植保飞行。

六、重大基础设施建设

1. 沈北航空产业园项目：该项目已初步形成园区开发建设合资合作方案，对可先期启动的3.3km^{2}起步区进行了规划，围绕航空零部件加工、航空发动机制造、航空共享中心、航空职业教育、航空科研孵化等五大主导产业方向，初步策划27个项目，预计总投资约45亿元。

2. 航空航天零部件全工艺智能制造生产基地项目。沈阳富创精密设备有限公司按照产业先导性、土地集约性的要求，新开航空航天零部件精密加工中心、航空航天管路加工中心和仓储中心，形成批量生产能力，满足航空航天零部件国产化需求。本项目计划建设一栋高等级大型工业厂房、相关仓储、电力供应等配套附属设施，购置生产、检测设备等。项目建设总投资2.5亿元，建设周期为2020—2023年。

3. 航空工业空气动力研究院实施的项目位于沈北新区沈北新城203国道东侧，占地594亩（约39.6万m^2），总建筑面积20万m^2，主要建设跨声速风洞、低温高速连续式风洞、航空气动力试验技术研究中心、科协研作服务中心、航空产业发展中心等。项目计划总投资30亿元，建设周期2015—2021年。

4. 沈阳沈飞国际商用飞机有限公司实施的A220系列飞机机身工作包装配生产能力建设项目。占地面积约7.46万m^2，主要建设厂房及配套设施，新增工艺设备353台（套），进行A220系列飞机机身工作包装配生产线建设。项目计划总投资25.8亿元，建设周期2015—2022年。

七、行业管理

一是编制先进装备制造业“十四五”规划，将民用航空作为地区战略性产业重点发展，重点发展干支线飞机结构件、新能源通用飞机、无人机、航空零部件与航空材料等，建成相对完善的产业体系，推进市场开发、生产运营、服务网络，形成产业链协调发展的产业格局。

二是组织开展民机在研项目管理，目前辽宁省在研民机项目有锐翔4座电动飞机、锐翔两座水上飞机两个项目，按照项目管理规定，提交年度项目进展情况工作报告和项目经费申请报告等材料。

三是组织东北五省（区）高新技术成果联展暨辽沈第二届高新技术成果展览会，期间以沈飞、黎明等重点航空企业开展了产业链技术、产品需求对接。

四是保障航空产业链供应链稳定。受新冠疫情影响，部分飞机总装企业的配套产品供应链出现问题，在严格落实疫情防控要求的基础上，及时协调解决配套企业的人员复工复产，协调防疫物资供应保障，畅通交通物流等供应环节，落实工信部《关于提供国际航空物流运输运力供需对接机制航空公司名单的函》，确保航空产业链供应链安全稳定。

吉林省

一、本地区基本情况

吉林省民用航空工业规模较小，到 2020 年底，全省民用航空企业 10 余家，无规模以上企业，从事航空工业人员 500 余人，其中高级工程师 56 人，工程师 77 人，助理工程师 80 人，技术员 103 人，专业技术人员占员工总数的比例达 53.7%。长春金海麒航空科技有限公司，主要从事超轻型飞机设计生产。长春蓝天焦点科技有限公司、吉林省羽麦科技有限公司、吉林省翼启飞科技有限公司，主要从事无人机设计生产及基于无人机的远距离宽带数据传输服务。吉林省全星航空技术有限公司、长春通视光电技术有限公司、长春希迈科技股份有限公司、长春长光睿视光电技术有限责任公司、吉林省福航航空学院、吉林航空工程职业技术学院等企事业单位主要从事航空服务及航空配套设备生产。

二、生产经营情况

2020 年，吉林省民用航空工业企业实现产值 1.6 亿元，主营业务收入为 1.5 亿元，净利润为 2605.32 万元。

三、主要产品

（一）超轻型飞机

主要以整机设计、制造，零部件生产为主，主要用于农业、林业、应急、广播电视等领域，以及提供给飞行运动爱好者使用。新产品有：

1. “战士”系列超轻型飞机：特点是结构简单、安全可靠、价格低廉。分双座和单座型，空机重量[①]分别为 230kg 和 170kg，最大起飞重量分别为 450kg 和 300kg，续航时间 4h，巡航速度 120km/h，海拔升限 2500m，抗风能力 5 级。

2. “麦萌”系列超轻型飞机：特点是单座、双翼。安全可靠。空机重量为 170kg，最大起飞重量为 300kg，续航时间 4h，巡航速度 160km/h，海拔升限 2500m，抗风能力 5 级。

（二）无人机

主要以整机制造、飞控系统研发、零部件生产为主，产品涵盖多旋翼无人机、共轴反桨无人直升机、固定翼无人机、固定翼结合多旋翼的复合翼无人机，型号涵盖微型、轻型、小型、中型、大型，主要用于农业、林业、国土、规划、应急、安防、电力、能源、广播电视等领域，已初步形成了包括基础研究、研发制造、行业应用、产品销售和检测试飞的无人机全产业链条。主要新产品有：

1. 智能化物探专用无人直升机。针对航空高效率地球磁场勘探需求，研制服务于地球物理磁场探测需求的重载荷、旋翼驱动、联合挂载、智能化自主飞行和地面远程遥测遥控无人直升机系统，具备三维精确导航与自主避障能力；具备航磁总场、航磁全轴梯度和航磁全张量传感器搭载能力，具备垂直起降、快速平移、大半径、长航时、低磁、低静电特点，适应地形复杂的山区、峡谷等区域作业。目前已完成无人机的挂载飞行测试。主要性能指标：空机重量 438kg，最大起飞重量 715kg，最大任务载荷 210kg，最大续航时间 3.1h（挂副油箱），巡航速度 160km/h，抗风能力 6 级，航线偏航距 < ±3m，测控半径（视距）> 30km。

2. 垂直起降固定翼无人机。该机具有操作简单、使用方便、留空时间长、不受场地限制

① 本书“重量”按规范称为“质量”（mass），其法定计量单位为千克（kg）。

等优点。空机重量 7.8kg、最大起飞重量 12kg、续航时间 2.5h，巡航速度 90km/h，海拔升限 4000m，抗风能力 6 级。

3. 手抛式单兵无人机。该机采用凯芙拉复合材料加工制作、结构设计科学合理，可由单兵背负使用。整机采用无工具快拆设计，30s 即可完成组装升空准备。采用手抛式起飞、深失速降落方式，降低场地需求，空机重量 1.5kg、最大起飞重量 2.5kg。续航时间 1.5h，巡航速度 70km/h，海拔升限 2000m，抗风能力 5 级。

4. T30 植保无人机。含垂直起降、滑行起降无人机，每小时作业效率 240 亩（约 16 万 m^2）、搭载高精度球形全向避障雷达系统、具备一机多控等特点。将植保无人飞机的最大载重提升至 40kg，大田植保效率达到新高度；革命性的“变形”机身，果树植保喷洒效果好；配合数字农业解决方案，科学指导减肥增产。空机重量 26.3kg、最大起飞重量 66.5kg、续航时间 2h，巡航速度 70km/h，海拔升限 4500m，抗风能力 8 级。

5. 羽麦航测无人机。特点是超长续航飞行，精准定位系统，配合后期成图软件，可呈现厘米级飞行，用于航空摄影测绘，开启测绘新时代。空机重量 11kg，最大起飞重量 25kg。续航时间 4h，巡航速度 125km/h，海拔升限 5400m，抗风能力 7 级。

（三）其他民用航空产品及服务

1. 轻型大面阵航摄系统。轻型大面阵航摄系统是专为轻小型无人机研制开发的航空侦察设备，可获取高分辨率、低几何畸变的航拍图像，并通过图传链路将图像传输至地面，实时获取目标区域图像，可实时快速拼接成图，也可事后高精度成图。

2. 多光谱成像系统。多光谱成像系统将光谱技术和光学成像技术有机地结合在一起，使成像器件在获取目标景象的同时，还可对景物的不同谱段成像，把不同谱段的图像合成各种假彩色照片，使得目标与背景的差别显示出来，多光谱相机由于其特有的技术优势，在各方面的应用已越来越广泛。

3. 多任务载荷集成系统。包括大面阵可见光相机 IXU–RS1900、高光谱相机 VNIR–1800、高光谱相机 SWIR–384 以及定位定姿系统等，多任务载荷集成方案的优势在于可以一次作业获得多种任务载荷影像数据，提高作业效率，减低任务成本，同时也可以进行多谱段遥感数据融合，为用户提供更多更高质量的数据产品。

4. MOES–188X 小型光电吊舱。主要以飞机、车辆或行人目标为主要侦察监控对象，通过可见光摄像机和红外成像侦察，实现对重点区域重要目标的远距离、大范围和长时间侦察监视，主要应用于灾害评估预警、环境监测、电力巡线、防控处突、海关缉私等场合。可以完成目标成像侦察任务，具有可见光成像和红外成像能力，能够全天时对战场目标搜索、发现和跟踪。

5. MOES–350 机载光电吊舱。是针对固定翼飞机、直升机等载人飞机设计的一款多载荷光电侦察平台，采用 1080P 高清可见光摄像机，通过光学变焦监测目标，640×512 大靶面制冷红外热像仪可在所有环境下最大限度地提高监测范围，伺服稳定控制确保长焦距下的稳像输出，跟踪功能帮助用户对目标实时准确跟踪及定位。该款光电平台体积小、性价比极高。在反恐演练、安防监控、海关缉私等领域均有着优异的表现。光电平台内部安装有高精度 IMU 组件，能够自行判断载机姿态和光电稳定吊舱姿态，并可以实现对于目标的精确定位和 GEO 地理跟踪功能，极大提高稳定吊舱的使用范围。

6. MOES–410 搜救型光电探测设备。为执行陆海环境人体目标搜救而设计、研制的两轴四框架陀螺稳定平台。平台内装有高清可见光摄像机、中波制冷红外热像仪、激光测距机、激光照明器、视频跟踪器、高精度陀螺、POS 等组件，可实现对目标的昼夜侦察、识别，具备扫描、搜索、跟踪、测距、辅助瞄准、GEO 引导及目标定位等功能。挂载于有人搜救飞机平台上，用于复杂陆、海域条件下人体目标的搜索、探测、识别和跟踪。

7. 民用航空服务。吉林市通航职业技术学院获教育部和吉林省政府批复开始正式招生；吉林省吉航服务有限公司获批成为东北地区唯一的全科目维修考训机构；吉林化工学院航空工程学院办学规模达到 2500 人。

四、产品开发与技术进步

1. 便携式应急救援智能助航设备系列项目。针对传统设备进行智能化物联网改进改型，使其集成测距、风压、噪声等多种传感器，结合便携式气象站等设备，可将停机坪本地的位置、气象风力、净空情况等信息实时传输至物联网后台，并通过甚高频通话上报飞行员，给直升机起降管理提供便利。同时具备感知距离，自动调整亮度，防止对飞行员造成眩光影响。日常仓储和后勤管理中，设备能够定期自检，上报设备故障信息和电量信息。

2. 自取电型高压导体障碍灯项目。适用于电力铁塔上高压架空线或电缆上，通过产品间隔阵列布置，可明确标记标识高压架空导线走向、方位及基本高度，为飞行员提供明确的障碍警示，预防飞行器碰撞高压导线。无须外部供电或太阳能供电，只需要高压导线通电即可通过电磁感应从线路取电发光。

3. 通用机场跑道系列太阳能助航灯具项目。包含跑道警示灯、通用机场滑行道边灯和跑道边灯等，用于飞机在夜航或能见度不好的情况下进行起降时，指示跑道位置和范围，为飞行员在判断前进方向、横向位移和滑跑距离等提供帮助。产品采用太阳能供电，无线遥控，无须预埋线缆，部署灵活，更换方便。能有效地降低通用机场部署成本，缩短建设工期。

五、对外贸易与合作

MOES–188X 完成 10 套出口，为无人机配套设备，交付金额为 380 万元。

六、行业管理

2020 年，吉林省积极落实《支持通用航空产业发展的若干政策》(吉政办发〔2019〕1 号)，加快推进《吉林省通用航空产业发展规划》(吉发改航空〔2019〕59 号)。

黑龙江省

一、本地区基本情况

黑龙江省民用航空工业起源于“一五”时期，经过多年发展，现已发展成为我国直升机、通用飞机、航空发动机、传动系统重要的研发和生产基地。以哈南航空产业园为中心，黑龙江省在航空研发制造领域集聚度较高，拥有航空工业哈尔滨飞机工业集团有限责任公司（简称航空工业哈飞）、中国航发哈尔滨东安发动机有限公司（简称中国航发东安）等龙头制造企业和90余家配套制造企业，拥有航空类国家级技术中心1个，省级重点实验室3个，省级工程技术研究中心2个，省级技术创新中心2个。省内航空研发制造企业主要有：航空工业哈飞、中国航发东安、哈尔滨哈飞工业有限责任公司（简称哈飞工业）、哈尔滨东安实业发展有限公司（简称东安实业）、广联航空工业股份有限公司（简称广联航空）、哈尔滨鑫华航空工业股份有限公司（简称鑫华航空）、哈尔滨哈飞空客复合材料制造中心有限公司（简称哈飞空客）、哈尔滨安宇迪航空工业有限公司（简称哈尔滨安宇迪）、哈尔滨实力航空工业有限公司（简称实力航空）等。省内现有航空科技人才2.5万人，产业技术工人8万多人。

黑龙江省是国内通用航空运营服务起步最早的地区之一，具有成熟的通航运营经验，通航运营业务领域广泛，公务航空、短途运输、空中游览等新兴业务多有探索。全省拥有北大荒通用航空有限公司、中国飞龙通用航空有限公司等经营性通用航空企业14家，在册各型通用航空器近170架，2020年飞行超过3万h、7万架次。

二、生产经营情况

按照省统计局数据，2020年，黑龙江省铁路、船舶、航空航天和其他运输设备制造业工业规模以上企业共39家，实现产值82.5亿元。重点监测的6家规模以上航空企业实现年工业总产值22.16亿元，同比增长4.7%。航空工业哈飞和中国航发东安不在统计范围内。

三、主要产品

（一）民用飞机

形成了AC312E、AC332、AC352民用直升机和运12E、运12F固定翼飞机为代表的产品体系，构建起直升机和固定翼飞机“一机多型、系列发展”的产品格局。无人机研发方兴未艾，拥有哈工大机器人集团、广联航空、哈尔滨腾迈等多家无人机企业，产品覆盖工业级专业无人机、高空高速固定翼无人机、植保无人机、物流无人机等领域。

（二）航空发动机及核心部件

中国航发东安是以研制生产轻型航空动力、航空机械传动系统、航空机电产品、铝镁合金铸造和高精管轴管材产品为主的航空制造企业。

（三）其他民用航空产品

哈飞空客为空客生产、交付空客A350宽体客机及空客A320系列复合材料飞机零部件。广联航空专业从事航空航天金属及复合材料零部件的制造、航空工艺装备（工装）设计制造、飞机零部件的制造和飞机设计制造业务。

（四）民用航空服务

中国飞龙主要从事包括应急救援、人工降雨、航空物探、海洋监测、支线运输等传统通航服务项目，同时积极开展警用托管、科学实验、航拍航摄、低空游览和医疗救护等新兴通航服务项目，开展包括直升机、飞机私照和商照培训，飞机仪表等级训练、警航初始及提高培训、民航驾驶员培训等在内的飞行培训业务，多种机型的地勤培训业务，以及运12、“国王”350等机型的航空器维修业务。

北大荒通用航空有限公司目前主营业务有农林业航空植保及护林防火作业，飞行员私照和商照培训，航拍航测，135 部短途运输，航空旅游和人工影响天气任务。年飞行能力超过 2 万 h，航空作业能力超过 2000 万亩（约 133.3×10^4 万 m^2）。

四、产品开发与技术进步

航空工业哈飞 4t 级双发轻型直升机 AC312E 于 2016 年首飞，2019 年取得 CAAC 型号合格证（TC），并于 2020 年取得生产许可证（PC）。中国航发东安 WZ16 发动机于 2016 年 12 月实现了首飞，于 2019 年 10 月完成了研制期内各项研制任务，取得了发动机型号合格证（TC），预计于 2021 年取得生产许可证（PC）。

五、对外贸易与合作

黑龙江省航空企业是国内开展对外合作最为成功的航空产业聚集区之一，具备丰富的国际合作经验。现有对外合作项目主要为航空工业哈飞与空直公司联合研制的先进中型多用途直升机 AC352 项目和中国航发东安与法国赛峰集团公司对等合作研发的中等功率级先进民用直升机用涡轴发动机项目。

六、重点基础设施建设

2020 年，本地区有大型基础设施建设项目 5 项，新开工项目 3 项，涉及 5 家企业，总投资 11 亿元，分别为黑龙江海航创通机械传动设备制造有限公司的高精度变速箱生产基地项目、鑫华航空的航空零部件加工及装试配套项目、哈尔滨安宇迪的飞机零部件铆接生产线及自动化生产线升级改造项目、东安实业的航空产品产能提升项目和广联航空的热固性预浸料生产建设项目。

七、行业管理

为推动黑龙江省通航产业高质量发展，根据国家对黑龙江省“五个安全”战略定位，结合落实国家关于通用航空产业发展的各项政策，黑龙江省已完成《黑龙江省通用航空产业“十四五”发展规划》的编制工作，并于 2020 年 12 月 16 日在北京通过评审。“十四五”期间，黑龙江省将围绕通航产业链制造、应用、运营服务关键环节，重点发展通航研发制造、消费、综合服务保障三大领域。

上海市

一、本地区基本情况

2020年底，上海市民用航空工业企事业单位共有40余家，其中规模以上企业25家，规模以上工业企业19家。拥有中国航空研究院上海分院、民用飞机模拟飞行国家重点实验室、国家商用飞机制造工程技术研究中心、民用航空先进检测技术实验室、商用航空发动机联合创新中心、国防科技重点实验室（航空电子）和航空科技重点实验室（故障诊断与健康管理技术）等一批科研平台。主要企事业单位有：中国商用飞机有限责任公司（简称中国商飞）及其所属上海飞机设计研究院、上海飞机制造有限公司、上海飞机客户服务有限公司、中国商用飞机有限责任公司民用飞机试飞中心、上海航空工业（集团）有限公司；中国航空发动机集团有限公司所属中航商用航空发动机有限责任公司（简称中国航发商发）、中航通用电气民用航电系统有限责任公司（简称昂际航电公司）、中国航空无线电电子研究所、航空工业上海航空测控技术研究所、上海航空电器有限公司；上海西科斯基飞机公司；零部件配套企业有：上海新华东光电技术研究所、氰特表面技术（上海）有限公司、蒂森克虏伯航空材料（上海）有限公司、上海上飞飞机装备制造有限公司等；维修保障企业有：东方航空技术有限公司、上海波音航空改装维修工程有限公司、上海普惠飞机发动机维修有限公司、上海科技宇航有限公司、上海东联航空机轮刹车大修工程有限公司、上海柯林斯航空维修服务有限公司、上海凯迪克航空工程技术有限公司、上海航新航宇机械技术有限公司、上海威克特航空地面设备有限公司、上海才才航空设备有限公司等；航空租赁企业有：中航国际租赁有限公司等。

上海是国家首批“国家新型工业化产业示范基地（航空产业·上海市）”，重点布局为：干支线飞机设计研发布局在浦东张江，飞机装配、大部件制造与试验试飞等布局在浦东祝桥东部，客户服务布局在闵行紫竹；商用航空发动机设计研发、客户服务布局在闵行紫竹，装配试车、单元体制造与试验验证布局在浦东临港；航空电子系统设计研发、集成验证、客户服务布局在闵行紫竹；航空机电设备研发制造与试验验证布局在浦东临港及相关产业园区；航空维修、飞机改装等以浦东、虹桥国际机场周边和青浦出口加工区等地域为主；航材物流以航空港、保税区等为主；航空营销和运营总部、融资租赁企业等以市及各区县专业化产业集聚区为主。

二、生产经营情况

上海地区民用航空产业2020年实现销售收入258.42亿元，同比增长5.73%；工业企业完成工业总产值241亿元，同比减少5.86%。

三、主要产品

（一）民用飞机

中国商飞：ARJ21-700新支线飞机、C919大型客机、CR929宽体客机。

（二）航空设备及系统

中国航发商发：长江1000A大涵道比商用航空发动机。

昂际航电公司：C919大型客机航电核心处理系统、综合显示系统、记载维护和飞行记录系统等。

中国航空无线电电子研究所：C919大型客机显示系统及核心处理系统，AG600飞机主航行系统、电子飞行仪表系统、空中交通防撞系统和飞行管理系统，运12F特种飞机T1级航电系统等。

航空工业上海航空测控技术研究所：C919

大型客机驾驶舱信息系统、视频监视系统与驾驶舱门监视系统、客舱核心系统之客舱管理接口子系统、客舱娱乐系统，ARJ21 驾驶舱门监视系统，新舟 700 驾驶舱门视频监视系统，AG600 OMS 中央维护系统等。

上海航空电器有限公司：C919 控制面板及调光控制系统和集成断路器板，新舟 700 控制面板及调光控制系统和二级配电等。

（三）其他民用航空产品

商用飞机机载液晶显示屏，碳纤维环氧树脂合成材料，航空电线、电缆，合金材料，复合材料，飞机装配工装、型架和模具，各类紧固件和标准件等。

四、产品开发与技术进步

中国商飞：2020 年 1 月 10 日，ARJ21 飞机荣获 2019 年度国家科学技术进步奖一等奖；2 月 23 日，C919 飞机 106 架机转场东营试飞；3 月 6 日，浦东生产线第一架 ARJ21 飞机 132 架机在浦东机场完成首次生产试飞；4 月 30 日，完成首次商业载货；7 月 20 日，ARJ21 飞机载客逾 100 万人次；7 月 30 日，ARJ21 飞机 103 架机在全球海拔最高民用机场稻城亚丁机场完成专项试验试飞，运行范围可覆盖所有高原机场；11 月 27 日，C919 飞机获得中国民航上海航空器适航审定中心签发的型号检查核准书（TIA），正式进入局方审定试飞阶段。

昂际航电公司：C919 大型客机航电核心处理系统、综合显示系统、记载维护和飞行记录系统顺利交付安装。

中国航空无线电电子研究所：C919 大型客机显示系统及核心处理系统 A664 网络交换机顺利交付安装；完成 AG600 飞机主航行系统 9 个分系统的集成验证，AG600 飞机电子飞行仪表系统、空中交通防撞系统和飞行管理系统顺利交付安装；完成运 12F 特种飞机 T1 级航电系统二阶段联试工作。

航空工业上海航空测控技术研究所：C919 大型客机驾驶舱信息系统、视频监视系统与驾驶舱门监视系统完成产品鉴定试验，鉴定试验报告获局方审批；C919 大型客机客舱核心系统之客舱管理接口子系统完成产品鉴定试验，鉴定试验报告获局方审批，顺利完成装机件交付；C919 大型客机客舱娱乐系统完成装机件交付；ARJ21 驾驶舱门监视系统完成系统批产交付；新舟 700 驾驶舱门视频监视系统完成地面联试件的交付；AG600 OMS 中央维护系统通过详细设计评审。

上海航空电器有限公司：C919 控制面板及调光控制系统和集成断路器板顺利交付安装；新舟 700 控制面板及调光控制系统正在进行第三轮原理样机详细设计；新舟 700 二级配电通过初步设计评审，正在进行原理样机设计优化。

五、重大基础设施建设

（一）中国商飞

在各方面的有力支持和推动下，中国商飞在沪的“一个总部和五大中心”建设顺利推进。

中国商飞总部基地完成建设并投入使用。

设计研发中心：规划用地 1060 亩（约 70.7 万 m^2），规划总建筑面积约 85 万 m^2，现已建成并投入使用 21 万 m^2。

总装制造中心：规划用地约 4000 亩（约 266.7 万 m^2），总建筑面积约 118 万 m^2，现已建成并投入使用约 38 万 m^2。

客户服务中心：规划用地 190 多亩（约 12.7 万 m^2），总建筑面积 10 多万 m^2，现已建成并投入使用。

民用飞机试飞中心：规划用地约 168 亩（约 11 万 m^2），总建筑面积近 10 万 m^2，一期 7 万 m^2 已建设完成，即将投入使用。

基础能力中心：规划用地 57 亩（约 3.8 万 m^2），总建筑面积 1.6 万 m^2，现已建成并投入使用。

（二）中国航发商发

研发基地位于闵行紫竹科学园区，占地 450 亩（约 30 万 m^2）。总部及研发中心大楼、人才公寓等一期建设已完成并投入使用。

装试基地位于临港重装备产业区，占地 1236 亩（约 82.4 万 m^2）。一期建设已完成并投入使用，二期建设正在实施中。

（三）民机航电产业园

中航民用航空电子产业园占地 186 亩（约 12.4 万 m^2），一期工程建设已完成并投入使用。

（四）浦东机场试飞跑道建设

按照中国商飞型号研制节点目标，浦东机场第四、第五跑道已全面建成。

六、行业管理

大力支持干支线飞机和商用航空发动机等的研制与产业化发展，促进上海民用航空产业的做大做强，逐步将上海建设成国家民用航空产业的重要基地。

一是落实产业发展规划。继续推进落实《上海市民用航空产业“十三五”发展规划（2016—2020 年）》和《上海市航空制造产业链建设三年行动计划（2018—2020 年）》。

二是开展产业发展课题研究。积极开展《上海民用航空产业中长期发展预研》和《上海民用航空无人机产业发展研究》等课题研究，启动《上海市民用航空产业“十四五”发展规划（2021—2025 年）》编制工作，深入探索上海发展民用航空产业的路径和方法，提出具有上海特色的政策措施和相关建议。

三是加强央地合作。落实上海市政府与中国航空工业集团有限公司签署的战略合作协议，以及上海市政府与中国商飞签署的战略合作框架协议，共同推动上海民用航空产业链建设。

四是支持科研平台建设。支持和鼓励核心企业、高等院校、科研机构承担国家和市级民用航空类研究中心、实验室等的建设任务。推动筹建国家民航发动机计量测试中心，树立发动机产业测量标准，代表国家争取发动机量值传递的国际话语权，建立直面产业需求的测量技术服务体系。推动建设大飞机创新谷科研平台，汇聚利勃海尔、北京航空航天大学等企业高校创新资源。

五是推进产业载体建设。针对产业高质量发展的需要，精心推进特色园区建设，实现产业集群化发展。加快推动华东无人机基地发展，推动华东无人机基地成功申报国家民用无人驾驶航空试验区，在民用无人机适航审定和海岛间低空无人机物流运行场景进行试点。加快推动临港新片区大飞机园建设，大飞机园于 2020 年 10 月正式挂牌成立，首批签约中国建材等 22 个重点项目；推动建立中国商飞、上海机场集团、临港集团三方共同参与的高层对接机制，协调解决园区发展的实际问题。

六是支持通用航空和无人机产业发展。通用航空领域，聚焦长三角一体化发展示范区，以“立足上海，延伸长三角”为战略导向，加强顶层设计，结合上海已有的产业基础，打造通用航空产业综合示范区。无人机领域，推动上海市无人机产业协会正式挂牌成立以及无人机产业工程技术研究院筹建，推进无人机飞行培训、资质审核、安全作业、管理运行等标准制定，以全产业链发展为目标，深化无人机在城市精细化管理中的应用示范。

江苏省

一、本地区基本情况

2020年，江苏航空装备制造业工业规模以上企业42家，涉及动力系统制造、机体制造、机载设备制造、航空材料制造、无人机等航空产业领域，南京、无锡、镇江、苏州等地以航空配套产业为重点形成了集聚区。截至2020年，江苏拥有民用航空工业领域国家级企业技术中心1家、专精特新“小巨人”和制造业单项冠军5家，以及中国航发控制系统研究所、中航机载共性技术工程中心、沈阳飞机设计研究所扬州协同创新研究院、华中科技大学无锡研究院、西北工业大学太仓长三角研究院等一批科研院所，具有良好的技术研发、试验验证能力。

二、生产经营情况

2020年江苏省航空装备制造业营业收入约68亿元，利润总额约2.7亿元，受新冠肺炎疫情等因素影响，2020年营业收入和利润总额与2019年同期相比有一定程度下降。

三、主要产品

（一）整机技术与产品

轻型飞机、公务飞机（简称公务机）、无人机。

（二）航空轻型动力技术与产品

100～500hp（74.6～373kW）活塞式发动机、800kN以下（重点是500kN以下）推力的涡喷/涡扇发动机、1MW级功率以下燃气轮机、航空动力辅助系统。

（三）航空电子系统技术与产品

航空通信系统、飞机座舱仪表显示系统、空管雷达、天气雷达、卫星云图接收设备、高空气象雷达、数字式电子探空仪等。

（四）航空机电系统技术与产品

航空发动机电子控制系统、航空惯性导航系统、航空发动机参数采集器、民用飞机和直升机飞控系统、液压传动系统、电源/电气系统、燃油系统、环境控制系统、装载及空投系统等。

（五）航空保障技术与产品

航空指挥调度系统、航空灯光电源系统（探冰灯、标志灯、翼尖保护罩、翼根保护罩）、航空检测设备、大型客机客户服务应用系统集成平台软件、市场与客户支援管理系统、飞机状态监控及健康管理系统、信息系统综合测试平台、便携式外场测试仿真系统、适航管理工作平台及登机廊桥、加油车、飞机维护等地面综合保障设备和系统。

（六）其他航空技术与产品

航空安全座椅、航空内饰件、航空新材料（以气凝胶、相变材料等新材料为代表的航空航天保温隔热材料、铝合金型材、航空发动机叶片用铸造母合金、高温合金、碳/碳复合材料、超级纤维、钛合金、镍合金、铜合金、精密不锈钢制品等）、航空精密轴承、飞机轮毂、航空发动机零部件（航空发动机叶片、整体叶盘、静叶片、导叶片、机匣，实心或带陶瓷型芯的涡轮动、导叶片及结构件等）。

四、产品开发与技术进步

江苏省民用航空装备企业持续加强产学研合作和产品研发，在航空材料、叶片等关键部件加工、机载系统等产品领域具有较强竞争力。“机载全天候智能感知系统关键技术及应用”“大型复杂结构高效、精准装配对接技术及应用”“大型机场复杂场面引导与控制系统关键技术及应用”三个项目获得2020年度江苏省科学技术奖；透平叶片研制的航空发动机标志性难加工高压涡轮导叶成功通过首件鉴定及质量评审会；汉和航空制造的植保无人机并获选为“2020中国无人机十大创新品牌（植保类）”；还有“高级场面活动引导与控制系统”“空域低慢小侦测管控一体化系统”两个产品被认定为2020年江苏省首台（套）重大装备。

五、行业管理

1. 推进产业补链固链强链。为着力提升产业链供应链稳定性、安全性和竞争力，加快推动制造强省建设，促进制造业高质量发展，2020年，江苏省委省政府制订印发《江苏省“产业强链”三年行动计划》，将航空发动机和燃气轮机列入省领导挂钩联系的30条优势产业链，江苏省工信厅牵头成立工作专班，推动民用航空产业链主企业做大做强、关键共性技术研发攻关、重大装备研制和示范应用。

2. 组织开展产业推进重要活动。江苏省各地积极开展与工信部、央企集团等部门单位的合作，推动项目、人才、资金等各类要素落地，促进产业集聚发展。积极承接工信部“两机”产业长三角发展对接会，推动江苏企业为大飞机项目做好相关配套服务。此外，南京举办了2020航空产业发展论坛、低空智联网建设与无人机系统创新高峰论坛，无锡承办了中国航发商发供应链建设院士专家座谈会，镇江举办了校企“链”接——助推航空航天产业延链补链等活动，积极营造了民用航空产业发展的良好氛围。

浙江省

一、本地区基本情况

自国家《民用航空工业中长期发展规划（2013—2020年）》发布以来，浙江省加强顶层设计，统筹布局，明确发展重点，推动民用航空产业有序健康发展。截至2020年底，全省拥有航空产业相关企业110余家，其中规模以上企业43家，从业人员近5000人，纳入中国民用航空工业统计企业15家，涉及航空器机载系统和设备、航空零部件、航空材料等领域。全省拥有国家重点实验室10个，国防重点实验室5个，国家级、省级企业技术中心分别为138家、1093家。全省在建和规划建设的航空产业园近20个，钱塘新区航空航天产业园、象山航天智慧城、海宁航空航天产业园等一批航空产业发展平台正在加快聚集航空项目。

二、生产经营情况

2020年浙江省纳入中国民用航空工业统计的企业实现工业总产值16.89亿元，同比增长18.94%；实现销售收入13.55亿元，同比减少21.49%；实现利润2006.7万元，同比减少80.77%；出口交货值3.38亿元，同比减少33.46%；转包生产交付金额3794.5万元。

三、主要产品

（一）民用飞机

主要为无人机。其中，杭州海康机器人技术有限公司研发生产的UAV-MX4060B、UAV-MX4080A、UAV-MX6150B无人机，用于巡逻侦察、设备巡检、应急救援；浙江华飞智能科技有限公司研发生产的DH-UAV-X650、DH-UAV-X820、DHI-UAV-X1100等多型号无人机，应用于应急指挥、警用安防、森林防火、电力巡线、道路巡检、环境监测等；杭州启飞智能科技有限公司生产的植保无人机，最大起飞重量分别为40.3kg和29.6kg；杭州迅蚁网络科技有限公司应对智能物流研发了专门的RA3、TR7S智能物流无人机。浙江科比特自主研发的六旋翼垂直起降类无人机，依托碳纤维一体成形、氢电混动系统等多项国际领先技术，连续斩获山东寿光智慧城市管理和中石化西北油田输油管道巡检近千万元订单。

（二）其他民用航空产品

1. 零部件生产加工：浙江西子势必锐航空工业有限公司定位民用飞机金属结构大部件装配，主要生产各类飞机舱门、起落架舱、机翼翼肋等飞机结构部件，拥有空客、波音、庞巴迪、中国商飞、航空工业集团等航空巨头的供应商资质，已累计获得287项特种工艺资质认证，是目前国内航空制造民营企业中唯一的一家符合国际标准、具有完整航空零部件制造体系的企业。杭州天扬机械有限公司主要从事航空发动机关键零部件和飞机结构件的制造，产品类型包括发动机压气机零部件、涡轮部分转子和定子零部件、飞机起落架零部件和其他航空精密零部件。星箭航空的特殊材料精密零部件已为中国商飞供货，是宁波市最早成为中国商飞一级供应商的企业，航空航天类机械设备、发动机零部件已配套中国航发湖南株洲动力机械研究所、中国航发无锡控制系统研究所。永灵航空从汽车零部件企业转型为航空零部件企业。宁波继峰汽车零部件企业成功切入航空内饰领域，现已成为C919和ARJ21座椅部件供应商。海宁红狮宝盛科技有限公司主要的民用航空产品为发动机及短舱零部件（主要用于空客A350）、航电飞控面板零部件（主要用于波音737）、氧气系统零部件（主要用于空客A350）、座椅支架、扶手等。

2. 航空新材料：浙江百合航太复合材料有限公司的复合材料液体成形树脂，碳纤维、玻璃纤维和芳纶纤维预浸料，高强结构型黏合剂胶膜，主要应用在航空航天、轨道交通、汽车、船舶、机器人及能源等高端工业领域。宁波天生密封件公司的高端密封垫片、密封板材、密封填料等已配套中国燃气涡轮研究院、中国电子科技集团公司第11研究所、中国航发集团、航天一院。永灵航空为航空部门配套各种聚四氟乙烯软管金属连接件等产品，先后参与C919、长江1000、长江2000等项目，与航空工业集团下属多家整机厂、中国商飞、中国商发等建立合作关系。沥高复合材料涉足碳纤维、玻璃纤维复合材料模具、飞机零部件以及航空航天用真空成形工艺用辅助材料。

3. 生产、检测设备：艾美依航空涉足飞机自动化调姿对接、机器人制孔、自动化钻铆、复合材料自动化铺丝等，2020年度开发了双机器人铺丝机、龙门铺带机等新产品。红狮宝盛主要从事航空航天器精密钣金件及机加工的制造、结构件组装、钣金结构件和电子器件组装与测试，业务覆盖航空内饰零部件、航空结构件、发动机及短舱零部件、航空管路管件、航空电子控制系统零部件。浙江中欣动力测控技术有限公司致力于先进光电测量技术自主研究与应用开发，建有电磁检测、光纤传感、测试仪表和激光光源等多条产品线，为航空、电力、通信、石化、能源、船舶等行业提供优质的传感监测系统及行业解决方案。

四、产品开发与技术进步

2020年，西子势必锐进一步与中国商飞加强合作，推进ARJ21和C919飞机国产化的相关工作，助力C919飞机型号取证相关试验件研制任务，完成了空客A320翼肋（大）工作包的首件转批产的开发工作，全年研发费用投入近2500万元。艾美依航空参与的科研项目包括AG600总装生产线整体规划（投入约1200万元；整条生产线已在现场安装调试）和CR929相关零部件铺放（投入约500万元；已完成相关零部件的铺放）。百合航太2020年度开发了多款新产品，重点开发的产品有：热熔通用航空主材中温固化环氧树脂、热熔高性能高温固化环氧树脂、模具用手糊环氧树脂等。中科院宁波研究所在大飞机镁合金防腐涂层与技术、大飞机用绿色复合材料、高温钛合金整体叶盘SLM制造技术、航空发动机部件、面向航空器的增材制造关键材料与成形技术、碳纤维复合材料设计制造与装备技术等领域展开研究。星箭航空、金鑫轴承、中欣动力、天生密封件等一批企业与国内外航空名校展开了联合技术攻关，在智能化装备、高转速轴承技术、发动机技术、压力容器密封关键技术等领域取得突破性进展。此外，2020年，宁波成立市航空航天学会，以集聚航空航天人才为甬服务，带动科技进步和产业融合，为航空产业创新提供动力。

五、对外贸易与合作

2020年，西子势必锐承接了美国势必锐公司转移的A320飞机机翼前缘后缘零组件工作包转包业务，开展了相关的技术改造及工艺准备工作，预计达产后将新增销售额超过1000万美元。红狮宝盛自2018年起与罗罗公司在KITE（风筝）项目开展合作，已成为其一级供应商，产品涉及航空钛合金、航空高温镍合金及十几种航空制造领域的特种加工工艺，签订了5年的长期合作协议，项目第一期总价将超过600万英镑。

六、重大基础设施建设

杭州市钱塘新区航空航天产业园（5.4km^2），重点打造大飞机配套、航空航天材料等产业和创新中心；2020年，西子势必锐的中方控股公司西子联合集团斥资超5亿元完成了其航空产业一期及二期厂房和土地的购置工作。杭州空港新城（73km^2），重点发展空港物流（保税物流）、临空制造、高新技术以及总部经济等。余杭区着力打造1km^{2}的中法航空大学以及航空产业园。

杭州湾通用机场项目总投资16.9亿元，一期包括一条800m×30m的跑道，约6万m^{2}的站坪（含800m×600m滑行道），站坪机位为9个小型固定翼和5个直升机；二期包括一条2200m的跑道，一条与跑道等长的滑行道，站坪面积约18万m^2，共有42个机位。为积极争取宁海机场项目纳入国家航空工业发展中长期规划而打造的宁海通用航空机场项目，占地面积487亩（约32.5万m^2），总投资6.4亿元，主要建设包括飞行跑道、航站楼、综合办公楼、飞机机库及维修区、后勤保障中心、生产辅助区和油料供应区等。

嘉兴市航空航天产业主要布局在港区、平湖、海宁三大板块，在建或即将建设的航空航天产业项目25个，总投资364亿元，2020年完成投资10.9亿元，2021年计划投资11.5亿元。嘉兴港区依托航空航天产业园，大力发展航空零部件、航空电子等产业；平湖市重点引进中意直升机生产项目和平湖实验室，重点发展航空发动机、航空电子系统、空间态势感知等产业；海宁正全力打造航空产业园，聚焦发展航材精密加工及装备制造、航电系统、航空新材料及航空核心零部件制造产业，红狮宝盛将入驻并全程参与该项目前期规划设计以及建设，计划形成年产1020万件高精密航空零部件产品的生产能力。

台州市台州湾通用机场（跑道1200m×30m）总投资5.3亿元，已正式开工建设，计划堆载时长150天，于2021年9月中旬完成跑道面浇筑。

七、行业管理

一是加强产业规划政策落实。积极推动落实《民用航空工业中长期发展规划（2013—2020年）》和《浙江省人民政府办公厅关于加快通用航空业发展的实施意见》，发挥浙江“波音公司+中国商飞”的战略区位优势，坚持“全球合作、政府引导、企业主体”的基本原则，推动浙江民营经济深度参与航空产业发展。

二是加强技术创新补链强链。鼓励浙江省国家重点实验室、国防重点实验室、之江实验室、南湖实验室等一批高能级研发平台整合航空资源，赋能航空产业发展。加强与浙江大学航空航天学院、北京航空航天大学、法国国立航空大学等院校的战略合作，推进产业创新、技术研发、人才培育和成果转化，为航空航天产业发展提供智力和产品支撑。围绕航空装备产业链短板弱项，组织相关企业研制赶超，开展关键技术攻关等，支持企业开展创新发展，稳步推进补链强链，提升产业链自主可控水平。

三是加强重大项目落地推进。重点推进落实中法航空大学以及航空产业园、杭州湾通用机场等一批重大项目。加强与航空工业集团、中国商飞、航天科技、航天科工、中国航发等央企的资源对接，建立长期合作机制，深化合作内容，支持浙江省优势企业与其开展合作，争取航空航天央企及项目在浙布局。培育壮大华瑞航空、德翼高科复合材料生产制造、通飞野马飞机、正阳直升机、瑞华泰聚酰亚胺薄膜、蓝箭航天中心等在浙落地的产业化重大项目。

四是加强骨干企业培育发展。支持省内企业联合开展国际并购，支持西子航空、万丰航空、日发航空等一批制造业区域龙头企业和红狮宝盛、天扬机械等航空制造领军企业通过科技创新、合资并购、产业链延伸等方式做大做强。引进和培育一批航空适航资格培训、航空发动机关键零部件制造、航空维修、航空专业服务等领域的特色服务型企业。

安徽省

一、本地区基本情况

安徽省认真贯彻国家《民用航空工业中长期发展规划（2013—2020年）》要求，制定了《安徽省民航业发展战略规划（2019—2035年）》，总体战略定位为打造安徽民航“一枢纽、两中心、两基地”，即长三角区域航空枢纽、国际航空货运集散中心、国际航空器维修保障中心、国家级临空产业示范基地、全国通用航空产业基地。聚焦发展通用航空研发制造链，重点布局通用航空、临空产业、空港物流和航空高端服务业，积极对接世界先进航空制造企业，合作发展整机产品、中高端无人机。已逐步形成整机生产、发动机生产、关键特种部件生产、飞机全生命周期修理、日常维护保障等完整的民用航空产业链，形成芜湖、合肥、六安集聚发展态势。主要企业有中电科芜湖钻石飞机公司、芜湖钻石航空发动机有限公司、安徽航瑞航空动力装备有限公司、应流集团、中国电子科技集团有限公司三十八研究所、合肥江航飞机装备有限公司、合肥赛为智能有限公司、安徽云翼航空技术有限公司、芜湖航天特种电缆厂股份有限公司、合肥航太电物理技术有限公司等。

二、生产经营情况

2020年全省民用航空工业实现主营业务收入约78亿元（全产业链统计），同比增长53%；实现利润约5.9亿元，同比增长26%。

三、主要产品

（一）民用飞机

主要包括：DA42双发4座轻型飞机、DV20和CA42单发两座（三座）轻型飞机和多用途教练机、MPP和CU42两款多用途飞机，UH-120超轻型通用无人直升机、多款单旋翼植保无人机、多旋翼植保无人机、工业级固定翼无人机等。

（二）航空发动机

钻石航发研制了AEC2.0航空发动机、AE300航空发动机、AEC180水平对置航空发动机等；卓尔航空研制了“长捷”系列小型航空发动机。

（三）其他民用航空产品

航空仪表、航空供氧系统、防雷系统、航空雷达、波纹管、航空结构件、航空电缆、航空钣金产品和航空复合材料等。

四、产品开发与技术进步

钻石飞机DA42机型在国内同类型通用飞机中出货量较多，CA42机型于2020年完成TC取证关键步骤；钻石航发AE300航空发动机搭载钻石飞机首飞成功；航瑞发动机荣获中国空天动力创新创业大赛一等奖；华明航电于2020年底获得华东民航局颁发的25项项目批准书，标志着国内首个综合航电系统取证成功；安徽华夏显示技术股份有限公司航空照明产品装备了70%以上国内现役飞机，市场占有率较高；华明航空CR9综合航电系统系国内第一个取证成功的高复杂度、多集成、高可靠性、高安全性的机载综合飞行显示系统；楚江科技是国产民航大飞机C919和支线飞机ARJ21碳刹车预制件的唯一供应商；卓尔航空拥有30个系列6000余款螺旋桨产品，年产量达到5万支，畅销全球74个国家和地区；鸠兹航空全自主研发的智能控制系统产品在农业无人机市场占有率较高。合肥江航作为航空氧气系统专业化研发制造企业，主要承担国内各机型航空氧气系统、机载油箱惰性化防护系统等航空装备的研发制造，机载制氧技术和机载油箱惰性化防护技术达到世界先进水平。赛为智能研发了全自主飞行自动驾驶仪，相继推出大载荷固定翼、系留多旋翼、直升机、水陆两用无人机等多款无人机高端机型，系留多旋翼无人机、大载荷无人直升机技术领先。合肥佳讯主要生产固定翼无人机飞控和研制飞行平台、无人机智能装备及系留无人机系列平台等前沿科技产品，已服务于交警、应急、勘测、侦察等多个行业。云翼航空主要产品有系留无人机、多旋翼机、自转旋翼机、固定翼无人机以及无人机上配套的电机等。合肥联合飞机研发了 2.9m 长度和 4.9m 长度的小型无轴承旋翼系统。合肥航太承担各类飞行器的雷电防护试验工作，开发飞机雷电防护试验技术。安徽应流集团发挥已有航空零部件制造优势，研发小型涡轮航空发动机、轻型直升机和特种装备动力并向下游产业延伸发展。

五、重大基础设施建设

重点打造“两基地一园区”，建设芜湖通航产业基地、合肥航空产业基地、六安航空产业园，重点推进航空装备轻量化研究，发展通用飞机、直升机、无人机、航空发动机及其关键零部件等，提升航空装备系统集成及维修保障能力。

（一）芜湖航空产业基地

芜湖航空产业基地重点发展通用航空、临空经济、空港物流三大板块，全力推进园区品牌提升、项目建设、招商引智、企业服务及基础设施建设等，初步实现了芜湖通航产业集聚发展。2020 年实现产值 227.4 亿元，同比增长 23%；完成税收 3.69 亿元；已吸引包括飞机整机、发动机、航电系统、航空部附件、航空维修、航空材料等 150 余个关联企业入驻。2020 年，新签约航空项目 31 个，协议总投资 152.09 亿元，签约数量同比增长 130.8%，协议总投资同比增长 276%，现已吸引包括飞机整机、发动机、螺旋桨、航电系统、航空部附件、航空维修、航空材料等 60 余个产业链核心及关联项目，总投资超 300 亿元。

（二）合肥航空产业基地

合肥航空产业基地致力于推动通航产业发展，建立完整的通用航空产业链，夯实综合保障体系，着力发展公益类运营、生产类作业、消费类运营三大通用航空市场运营业，培育壮大无人机、小型固定翼飞机整机、通用飞机关键零部件三大通用航空研发制造业。基地以合肥江航、合肥联飞、赛为智能、云翼航空等企业为主，积极培育壮大无人机、航空供氧装备、副油箱、飞机先进复合材料产品的开发、小型固定翼飞机整机、通用飞机关键零部件等航空装备制造产业。

（三）六安航空产业园

六安通用航空产业园由安徽应流集团全资子公司安徽应流航空科技有限公司投资兴建，占地面积为 5380 亩（约 358.7 万 m^2）。已成功开发产品包括：航空航天发动机单晶、定向、等轴晶和细晶涡轮叶片、导向叶片、结构件，燃气轮机涡轮叶片、导向叶片、结构件，航空大型结构件、飞机发动机机匣。与多个主机厂建立业务合作关系，产品涉及等轴晶、单晶涡轮叶片，研制生产重型燃气轮机叶片等，已成为航空发动机高温合金部件制造关键技术研发产业园。

（四）打造航空器维修保障中心

坚持自主创新与国际合作相结合，加强与全球知名飞机维修企业合作。围绕飞机整机、发动机、航电系统等核心部附件维修，全面建设航空器综合维修中心。聚焦航空研发制造产业链和创新链，强化补链延链强链，加快建设航空器研发制造中心，推进整机、无人机、发动机、特种显示、航空材料等自主化生产。紧紧围绕航空器综合维修配套需求，推进建设航空器维修保障中心，健全涵盖航空维修装备生产、航材保税交易、航空器试飞的维修保障体系。瞄准民用航空维修保障需求，积极建立创新研发和技术孵化平台，加快筹建安徽航空职业技术学院，培养航空维修专业人才，构建航空器综合服务中心。

六、行业管理

（一）民航发展协调联动机制持续推动

省民航发展工作领导小组统筹负责民航规划、体制改革、项目建设、运营调度、航线培育、空域协调、机场资源整合等重点工作，各单位协同发展，加强民航管理部门力量建设，持续推动全省民航产业发展。

（二）加强航空产业研发创新能力建设

发挥合肥综合性国家科学中心、北航合

肥创新研究院、芜湖通航产业集聚发展试验基地等重大创新平台功能，支持芜湖国家通用航空产业综合示范区建设，加快中电科芜湖钻石轻型通用飞机整机研发与集成应用国家地方联合工程研究中心建设。支持有条件的市与国内外知名企业、科研院所合作共建产业技术研究院，开展行业共性关键技术研究，构建“产、学、研、用”相结合的通用航空产业创新体系。

（三）加强民航运输安全监管和通用航空飞行监管

严格落实机场及各驻场单位的企业安全生产主体责任，落实市、县人民政府在航空应急救援、非法干扰活动处置、机场净空及电磁环境保护等方面的属地责任，将民航应急救援工作纳入市、县人民政府应急救援体系。落实监管主体责任，建立跨部门、跨领域的通用航空联合监管机制，规范民用无人机管理，严厉打击“黑飞”等行为，形成全过程、可追溯的安全监管体系，保障通用航空飞行安全。

（四）完善行业监管制度体系

适时修订了《安徽省民用机场净空环境保护条例》，健全完善安徽省民用机场电磁环境保护相关制度，并及时向社会公布，加强省内民用机场行业监督管理。

（五）打造通用航空产业基地

以芜湖、合肥和六安为龙头，整合全省资源，构建以研发制造、综合维修和特色运营三位一体、协同发展的通用航空产业体系，形成在长三角乃至全国独特的产业竞争力。大力发展通用航空发动机、机载设备、空管和地面设备、关键零部件和基础件等配套制造。鼓励航空特殊装备制造，支持阜阳航空应急救援装备制造等项目建设。加快推进芜湖、合肥、蚌埠、阜阳、六安、宿州、黄山等通用航空产业基地和产业园规划建设。

福建省

一、本地区基本情况

福建省民用航空工业目前主要以民用航空维修、零部件加工制造、水陆两用飞机和无人机制造为主，集中在厦门航空工业区、福清多功能航空产业园和泉州出口加工区。其中，以厦门太古飞机工程有限公司为龙头，在厦门航空工业区内已聚集了厦门太古发动机服务有限公司、厦门霍尼韦尔太古宇航有限公司、厦门豪富太古宇航有限公司、厦门汉胜秦岭宇航有限公司、通用电气发动机现场支援（厦门）有限公司、美捷特（厦门）传感器件有限公司、厦门太古起落架维修服务有限公司、厦门新科宇航科技有限公司、福莱帕特（厦门）航空部件服务有限公司、厦门臻探航空科技有限公司等企业，形成了全国最大的民航飞机维修基地，具备了飞机结构维修、老龄客机改货机、发动机维修、起落架维修、辅助动力系统、航电系统维修的能力，并且能为飞机发动机和零部件提供全方位的支援服务。

二、生产经营情况

截至 2020 年底，列入福建省统计局统计的 11 家规模以上飞机维修及制造企业拥有总资产 68.95 亿元。2020 年全行业实现主营业务收入 75.35 亿元；实现利润 3.78 亿元。

三、主要产品

（一）航空维修服务和改装

主要对飞机结构、发动机、起落架、辅助动力系统、航电系统的维修。大修及改装能力涵盖波音 737/747/757/767/777，空客 A320/A330/A340/A380 系列以及麦道 MD-11 机型。拥有最高级别（D 检）的大型检修 / 飞机结构改装 / 客舱内部翻新及改装 / 私人飞机设计与整装服务 / 航电系统升级 / 褪漆及喷漆 / 客机改货机能力等。

（二）航空零部件制造

福建野马飞机制造有限公司轻型运动飞机生产技术包括钣金件加工及成形、机加件加工、复合材料零件制造、机身框架焊接等飞机零部件制造。

（三）民用飞机

福建野马飞机制造有限公司的“野马”600 和“野马”610 轻型运动飞机。

（四）无人机制造

福建方圆翔飞航天科技“方圆”六旋翼、固定翼环保、警用、森林防火、防汛、国土监察等系列无人机，厦门航发“HF”系列无人机，厦门致睿智控“致睿”六旋翼系列无人机等。此外，福建清航装备科技有限公司、福建福莱航空科技有限公司、福建飞虎无人机有限公司等企业已具备研制中小型无人机的能力，正在组织规模化生产。

（五）支援服务

为飞机发动机和零部件提供全方位的支援服务。

（六）维修技术培训

为全球新机型飞机维修提供技术培训服务。

四、产品开发与技术进步

（一）整机维修和改装

厦门太古飞机工程有限公司是除波音外全球首家实施波音 747-400 客改货和国内第一家为空客 A380 飞机提供航线维修服务的飞机维修机构，建立了亚洲首个获得波音和空客批准的公务机及私人飞机客舱整装中心，除波音外全球首家波音 747-400 客改货项目的飞机维修机构。

（二）水陆两用飞机制造

福建通航航空产业有限公司旗下福建野

马飞机制造有限公司拥有“野马”600、“野马”610两款轻型运动飞机的知识产权，正积极推进4座“野马”空中巡洋舰飞机研发、“野马”610水陆两用型飞机改型设计等工作，拓展国内外2～6座通用飞机的市场。

（三）航空发动机制造

厦门林巴贺航空发动机股份有限公司是一家具有核心自主知识产权的航空活塞式发动机制造商。

（四）其他产品

厦门太古起落架维修服务有限公司是一家可提供飞机起落架全面性维修服务及相关经营业务的公司，从事波音737/747/757/767/777等系列起落架维修，并延伸至空客A320起落架维修。厦门中航秦岭宇航有限公司是一家同时具备整台发电机维修和发电机子部件深度维修能力的企业，主要从事波音和空客飞机上电源系统（EPGS）的维修服务。福莱帕特（厦门）航空部件服务有限公司是亚太市场航空部件维修及大修服务领域的标杆。

五、行业管理

一是加快引导新产品开发。依托省电子信息产业和先进制造产业优势，积极引导发展通用航空通信、导航、监视、机载设备、ADS–B、机场特种装备等产品的研发与制造。

二是加强新通航项目引进。支持企业和社会资本通过自主研发、对外合作、整体收购、合资合营等方式，进入通用航空研发、设计、制造、组装和维修等领域。积极引进国内外通航研发制造企业到福建省投资兴业，加快培育发展一批多用途固定翼通用飞机、水陆两栖飞机、民用直升机、轻型航空器、无人机等通用航空器的整机或零部件研发、制造和维修企业。

江西省

一、本地区基本情况

江西省是新中国航空工业的摇篮，新中国第一架飞机诞生于此，是中国同时拥有旋翼机和固定翼飞机研发生产能力的省份。截至2020年底，江西省拥有以洪都、昌飞、中国直升机研究所和南昌航空大学为代表的航空企事业单位101家（规模以上工业企业41家、过百亿元企业2家），其中航空制造整机及配套单位68家，航空运营及服务单位21家，航空科研及教育单位12家。江西省拥有2个飞机设计研究所，3所航空类大学和职业学院，2个国家级企业技术中心，12个省部级国家重点实验室和工程中心，3个航空专业博士后科研工作站、70个硕士点，基本形成了集科研、院校、制造、运营、审定、试飞为一体的较为完备的航空产业体系。航空产业聚集效应已显现，南昌航空城、景德镇航空小镇已基本建成，截至2020年底，按照“一枢纽、四中心、五基地”思路规划建设的50km^{2}的南昌航空城已落户中国商飞江西生产试飞中心、CR929复合材料研发、A321客改货等项目60个，在谈项目30多个；截至2020年底，以景德镇市高新技术开发区为主体，规划用地12km^{2}的景德镇直升机研发基地已落户航空结构件智能柔性生产线、KA-2HT型直升机制造等项目37个，在谈项目10个。江西省航空工业系统有职工3万余人，专业技术人员9000余人（技术领军人才300多名），高级经营管理人才200多名。

二、生产经营情况

江西省民用航空企业主要业务包括民用航空器研发制造、民用航空零部件生产和无人机研发制造。2020年江西民用航空产业实现营业总收入15.6亿元，同比增长30%，利润总额1.2亿元，同比增长25%。

三、主要产品

民用飞机方面：昌飞公司拥有1tS300型、2tAC311系列、6tS76D型、13tAC313型等多种民用直升机型号，洪都公司拥有N5B农林飞机、初教6飞机，直升机所AR-500无人直升机，北京通用航空江西直升机有限公司拥有JH-1小“青龙”无人直升机、JH-2系列小“朱雀”有人直升机、JH-5小“白虎”无人驾驶直升机。壮龙、科比特、新和莱特等无人机公司拥有植保、消防救援、侦察等多功能、多种型号的无人机。

民用航空产品方面：洪都公司参与国产大飞机C919机身段项目、CR929宽体客机后机身试验件的研制。昌飞公司承担C919项目前缘缝翼和后缘襟翼的研制。洪都公司与美国胜利集团沃特公司合作波音747-8飞机的48段隔框装配产品。

相关产品及服务：江西省积极开展国产民机试飞服务保障，以瑶湖机场和洪都公司为主要依托，参与国产民机试飞服务。2020年，中国商飞的C919飞机以及ARJ21-700飞机在瑶湖机场累计飞行93架次、滑行64架次。昌飞公司积极开展民机租赁业务，2020年底对外租赁AC系列直升机11架。

四、产品开发与技术进步

新产品开发情况：2020年，昌飞公司针对市场推进民机研制及客户化改装，完成AC311A研制项目验收，完成AC311加装国产搜索灯和国产农林喷洒设备的装机验证，完成AC311A直升机电力巡线加改装和低温拓展试飞，完成AC311A航遥机增型设备科研试飞。按照民航标准完成AC313直升机10年/1200FH定检，并进一步提升维修定检能力，积累了民机维护经验。北京通用航空江西直升机有限公司研制的JH-2甚轻型植保直升机于2020年取得型号合格证（TC），成为国内首款同类型取证机型。JH-2直升机是《轻型运动直升机技术标准》颁布以来，首款按照标准取证的直升机。江西壮龙无人机科技有限公司开发出世界首款工业级油动大载重多旋翼F50无人机，在国际上首次实现燃油发动机与多旋翼气动布局有机结合的全新结构布局，突破了发动机响应时间长、非线性程度高、振动幅值大、多台发动机性能一致性差等技术瓶颈。

承担及开展的民用航空科研项目情况：洪都公司先后开展了CR929宽体客机中后机身0.5m级、1m级以及3m×2m级单曲壁板及长桁等零部件的制造，为突破CR929项目中后机身工作包的核心技术积累了重要的工艺参数和经验。2020年6月，完成了8根3m级双曲长桁的试制。昌飞公司承担了中国商飞C919项目前缘缝翼和后缘襟翼的研制，2020年底前完成研究、试制、试验工作，2021年全面启动批产首架机的投产工作。同时，昌飞公司完成国产C919飞机5个项目（防冰试验件、测压试验件、鸟撞试验件、4架份1号缝翼、MOC4）配套任务交付。

重大技术进步情况：昌飞公司围绕产品品质提升、生产综合提效、型号攻关保障的关键技术研究取得新突破，刚性桨叶、D形梁轻量化桨叶、叠层构件自动钻铆、成品自主校验等成效显著。2020年，昌兴航空装备股份有限公司研制的航空复合材料共固化成形工艺成功申报国家“科技助力经济”专项。

五、对外贸易与合作

2020年，受疫情和中美贸易摩擦影响，民用航空工业对外贸易与合作锐减。

对外贸易情况：2020年，洪都集团完成波音747-8转包项目50个工作包的交付，实现交付总值153余万美元。2020年，昌飞公司完成了与美国西科斯基公司14架份S-92尾斜梁生产交付，完成波音767、波音737客改货项目生产和交付，完成与美国施韦策公司合作的S-300型机配套任务。

对外合作情况：北京通用航空江西直升机公司与乌克兰的合作进一步加强，2020年底正在商议成立合资公司。同时与法国马赛的亘柏公司继续开展重油直升机的引进、G2的代理、无人驾驶研发、全方位代理、合作生产等一系列合作项目。洪都公司与赛鹏紫玄公司合作A321客改货舱门项目和ACM-777X复合材料项目。

六、重大基础设施建设

2020年江西民用航空工业以南昌航空城和景德镇航空小镇为主要承载体，加大基础设施建设力度。占地面积50km^{2}的南昌航空城，基础设施计划总投资293.8亿元，到2020年底，已完成投资270亿元。其中航空城总部研发基地总投资65亿元，包括新建厂房约50万m^2，相关配套设施约13.5万m，在2020年底基本完工。投资18亿元的中国商飞江西生产试飞中心预计2021年3月底竣工交付；投资10亿元航空科创城标准厂房，预计2021年6月完成一期厂房建设，2022年6月完成人才公寓及研发楼等配套设施建设；投资4亿元宝航新材料项目一期厂房2020年底已竣工，并交付企业使用；投资约2.85亿元中发天信航空发动机项目2020年底已竣工，并交付企业使用。投资20亿元的航空科技园项目正在施工建设，预计2021年底完工。昌兴公司总投资4.5亿元在景德镇高新区占地142亩（约9.5万m^2）的航空零部件生产项目和整机研发项目于2020年底基本建成。昌飞公司投资5亿元的直升机旋翼系统关键动部件制造智能车间和工程中心大楼完成建设并交付使用。

七、行业管理

（一）抓复工复产，为企业帮难解困。根据新冠疫情防控需要，指导省内航空企业开展疫情防控，积极协调复工复产所需防疫物资，有力推动了企业恢复生产经营，全行业在2020年2月底就全面实现复工复产。积极推动涉外贸易活动，帮助洪都公司办理孟加拉外宾来华验收相关手续，帮助昌飞公司办理出国保障事项。

（二）抓补链延链，做强航空产业链。深入实施航空产业链链长制，持续梳理航空产业链“四图”“五清单”，完善国际、国内领军航空企业清单；建立产业链专家库。推动省委、省政府领导赴景德镇和南昌调研航空产业链情况，精准帮扶航空产业链发展，建立全省前 20 家航空重点单位月调度机制，及时掌握生产经营情况，了解存在问题并积极推动解决。

（三）抓项目建设，产业聚集效应凸显。航空工业集团明确将重型直升机项目总装布局景德镇。中国商飞江西生产试飞中心全面建成并启动 ARJ21 飞机的完工交付。江西航空公司接收了 4 架 ARJ21 飞机并实现商业化运营，积极探索国产民机运营的“江西模式”。南昌瑶湖机场作为国产民机重要试飞基地，已开展 C919、ARJ21 两型飞机的常态化试飞，CR929 中后机身复合材料合作取得积极进展。

（四）抓平台建设，平台载体日益完善。不断创新合作模式，与中国民航局共同建立民航江西适航审定中心，全面开展适航审定工作。建立全国首个低空空域管理暨通航飞行服务院士工作站，搭建起通航产业核心技术攻关的高层次创新平台。江西先进复合材料研发中心、北航江西研究院、江西航空研究院、上飞院江西机体设计中心等一批新型科技创新平台全面运营，进一步提升了江西省航空产业科技研发能力。华赣航空产业投融资平台积极参与中国商飞江西生产试飞中心等项目实施，发挥了应有的保障作用。

（五）抓合作开放，合作成效逐步显现。与国家应急部、中国民航局、中国商飞、航空工业集团等单位的战略合作不断深化和拓展，推动实现一系列重大合作成果。联合中国商飞开展研发、制造、试飞、运营等全面战略合作。联合应急部打造航空应急救援试点省，积极打造国家航空应急救援体系“江西模式”。联合航空工业集团、中国商飞等单位成功举办 2020 中国航空产业大会和南昌飞行大会，进一步扩大江西省航空产业的知名度和吸引力。

山东省

一、本地区基本情况

2020年，全省列入统计范围的重点民用航空生产及维修企业有5家，分别是山东太古飞机工程有限公司、山东翔宇航空技术服务有限责任公司、东方蓝天钛金科技有限公司、威海广泰空港设备股份有限公司和山东艾诺仪器有限公司，从业人员3380人，其中工程技术人员884人，研究与试验发展人员422人。

二、生产经营情况

2020年，全省民用航空工业列入统计范围的单位完成工业总产值23.96亿元，其中，民用航空产品及零部件产值12.65亿元，民用航空器修理产值（不含发动机）5.33亿元，民用航空器机载系统和设备修理产值1.11亿元，实现业务收入27.37亿元、利润4.07亿元。

三、主要产品

H135直升机、泊鹭水陆两栖轻型运动飞机、无人飞行器，航空铸锻件、航空铝型材，涡轮增压器、航空液压件、钛合金紧固件、各类合金铆钉，飞机轮胎、碳飞机刹车盘，各型空港地面设备、航空地面电源，民用飞机及航空器维修服务等。

四、产品开发与技术进步

（一）部分整机产品加快推进

整机产品包括H135直升机、泊鹭水陆两栖轻型运动飞机等，其中，H135直升机2020年交付7架。美国赛捷SJ30公务机、AS21“雏鸽”飞机等项目正在加快建设。

（二）材料配套优势进一步凸显

金属材料包括铝合金型材、特铜合金、钛合金等，其中，铝合金板材为波音、庞巴迪等供货；非金属材料主要包括树脂、碳纤维、特种陶瓷、芳纶纸产品等。

（三）部分零部件配套能力进一步增强

在结构件、液压、轮胎以及电子元器件等方面，代表性产品包括雷达天线罩、油气悬架减振系统、液压伺服作动器、航空子午胎等。部分企业具备较强的发动机叶片、结构件，以及燃烧室、尾喷组件等加工制造能力。

（四）中小型发动机制造基础进一步夯实

部分企业在无人机发动机、小型涡喷发动机、轻型航空发动机、中小型电机等方面达到国内领先乃至国际先进水平。

（五）无人机产业蓬勃发展

依托山东省在农业、石化、电力等方面的旺盛市场需求，以及多门类制造业基础，无人机产业得以迅速发展。在无人机发动机、遥感、倾斜摄影、云平台监管等软硬件方面具备制造优势，并拥有一批培训、检测等相关院所机构。

五、对外贸易与合作

山东省航空装备制造企业积极参与国际交流与合作，进一步提升国际市场竞争力。从列入统计范围企业相关情况看，山东太古飞机工程有限公司获得CAAC MA60机型维修能力批准，通过了FAA/CAAC/MOLIT/CASA年审，截至2020年底，维修许可证（MP）数量达到13个国家或地区；山东翔宇航空技术服务有限责任公司与德国汉莎、庞巴迪等外国公司建立了业务关系和技术合作交流；山东艾诺仪器有限公司参与埃塞俄比亚航空公司机库工程电源及配套设备项目，并为日本空客直升机制造公司提供飞机地面静变电源；东方蓝天钛金科技有限公司与波音、空客、GE等国际主要用户建立联系，建立欧洲业务联络点。

六、重大基础设施建设

（一）赛捷公务机航空制造基地项目

项目位于青岛莱西市店埠镇航空产业园，总投资20亿元，占地660亩（约44万m^2），规划建筑面积44万m^2。项目打造以赛捷SJ30系列喷气式公务机整机制造为核心，以零部件制造等其他业务为外延的国内唯一、国际一流垂直整合高端航空装备制造及服务产业基地，预计年产SJ30公务机45架以上，综合年产值超30亿元。该项目于2020年7月22日签约，10月启动建设。

（二）万丰莱西通航产业园

项目位于青岛莱西市店埠镇航空产业园，总投资20亿元，主要从事两款钻石飞机（DA50、HK36）的整机制造及飞机复合材料零部件制造，该项目于2020年12月开工建设。

（三）东营空港产业园

园区规划面积20.11km^2，其中起步区5km^2，按照与胜利机场一体化布局、融合发展的模式，重点发展航空制造业及临空高端服务业，着力打造山东北翼空港经济中心和全国最大的民机试飞基地。园区已引进中国商飞民机试飞中心东营基地、北京航空航天大学航空导航与飞行校验测试基地等重点项目，已落地山东南山飞行学院、青岛九天飞行学院、山东海若飞行学院等3家培训机构。

河南省

一、本地区基本情况

河南省高度重视民用航空产业的发展，目前产业主要以无人机制造为主，集中在安阳、郑州、周口等地市。其中，安阳涉航企业有45家，通航运营企业4家，无人机企业25家，通航制造和培训类单位13家（含3所高校）。安阳无人机企业产品已覆盖航空植保、巡检、消防（含高层建筑灭火），以及应急救援综合装备等多个领域。2020年底，“鸿雁”600双座固定翼飞机已试飞成功。此外，已建成安阳航校机场、林州通用机场、永和通用机场，共起降点4个，2020年完成通航飞行2503h。郑州主要有河南三和航空工业公司、河南翱翔航空科技有限公司2家企业，分布在上街区和登封市内，企业处于建设期和产品开发期，尚未形成产业规模。周口西华县无人机产业园入驻河南酷农、无锡汉和等17家无人机企业及孵化企业，已形成集无人机研发、生产、销售、推广应用、咨询、云服务、物流运输等于一体的综合性、现代化服务型产业园，被评定为河南省无人机公共技术研发设计中心。

截至2020年底，河南省民用航空工业规模以上企业共1家，为安阳全丰航空植保科技股份有限公司，是一家集农用无人直升机研发、生产、销售、飞手培训、推广应用、飞防服务于一体的现代化高科技装备制造企业。

二、生产经营情况

2020年，河南省民用航空工业调查中，纳入统计口径的民营企业安阳全丰航空植保科技股份有限公司，实现营业收入6302万元，同比下降33.6%，实现利润总额484.6万元。

三、主要产品

油动单旋翼智能悬浮植保机、电动多旋翼智能悬浮植保机、AX-5挂载型无人机、垂直起降无人机和警用无人机等多种无人机，植保无人机机型较为全面，数量高达12000余架。研发设计的无人机系统平台已广泛运用于国内外航拍测绘、人工降雨、海航巡线、管道巡检、电力巡查、培训教学等领域。同时，组建植保飞防服务队，培育“无人机+农业植保”产业模式，服务对接农业，培训飞防手23500多名，2020年飞防服务面积8000万亩（约533.4×10^4万m^2）次。以“远程监控、远程评估、作业许可、设备控制系统远程升级、智能化调度，智能化平台结算的新型航空植保飞防互联网平台”为目标，瞄准全国农业优势主产区，着力完成现代农业植保专业化服务全国布局。已经在黑龙江、吉林、辽宁、河南、安徽、湖北、山东、新疆等多个省优势农业产区成立3000余家乡镇服务站，已覆盖耕地1.5亿亩（约10000.5亿m^2）。植保作业区域覆盖河南、新疆、安徽、广西等22个省、市、自治区，取得了良好的经济效益和社会效益。

四、产品开发与技术进步

安阳全丰航空植保科技股份有限公司现有授权专利71项，其中发明专利8项，软件著作11项。公司每年研发投入均保持在销售收入的4%以上。在电动多旋翼智能悬浮植保机整机方面，已研制出3WQFTP-32、3WQFDP-18、3WQFZP-10等多款植保无人机。展开油动单旋翼植保无人机的研发，18kg和26kg的无人机已进入试产阶段，32kg无人机已进入设计与打样阶段，满足大面积作业的需求。植保无人机产业资源协同云平台研制，通过自主研发的行业应用系统及APP，为植保无人机行业提供信息化协同和创新应用服务。

五、对外贸易与合作

安阳航空运动文化旅游节已连续举办12届，承办世界杯赛、全国锦标赛、冠军赛等重大赛事35次，举办文化旅游活动70次，签约项目264个，展出通航装备3000余架，拉动游客近千万人次，已成为安阳人民不可或缺的盛大节日，成为世人了解安阳、牵手安阳、投资安阳的重要窗口，成为安阳走出河南、面向全国、融通世界的靓丽名片。2017—2020年，安阳航空运动文化旅游节连续4年荣获“国家体育旅游精品赛事”称号。河南翱翔航空科技有限公司的DB-3型长航时航拍无人机系统与非洲国家客户达成合作。西华县无人机企业加强与省内外大中专院校、科研院所建立产学研合作机制，先后与河南天腾测绘科技有限公司签订技术合作协议，研发“无人机农业遥感分析软件”。与郑州航空工业管理学院、西北工业大学、北京空间机电研究所、周口师范学院签订了协议，打造产学研基地。

六、重大基础设施建设

一是安阳豫东北机场。国家发改委已正式批复安阳机场可研报告，该项目总投资13.6587亿元，各项工作正在有序推进。二是安阳永和机场。该机场800m×30m跑道已成功申报通过民航局备案，并颁发B类通用机场备案确认书；启动了机场B类升级A类手续申报和机场相关手续完善，以及配套设施建设的工作。三是安阳国际航空运动城。通航制造中心一期14栋厂房已全部竣工验收结算完毕，部分企业入驻投入使用；通航产业研发孵化中心A、B、D座已建成投入使用，部分项目和企业已入驻。四是安阳无人机产业园。建成了“两基地三中心”（无人机生产制造基地、人才培育教育培训基地，产业发展中心、无人机飞行中心、检验检测中心），初步形成了无人机整机、发动机、飞控、零部件加工、专用药剂研发生产，以及飞手培训、飞防服务、检验检测、试飞等产业链完备的无人机产业发展集群，入驻企业20家。2020年安阳市获批成为河南省唯一一个国家级民用无人驾驶航空试验区。

七、行业管理

一是省工业和信息化厅联合省发改委、科技厅出台《河南省智能装备产业链现代化提升方案》等政策文件，将无人机产业作为新兴智能装备重点发展领域，支持郑州、安阳、周口等地市积极引进国内外优势企业，打造集研发设计、生产制造、集成应用于一体的无人机产业基地。

二是郑州市印发《郑州市智能装备产业链现代化提升方案》，明确支持无人机等新兴装备产业发展，重点发展植保、物流等无人机产品，加快突破智能避障、自动巡航、群体作业、飞行控制等关键技术，促进产业发展壮大。

三是安阳市开展航空类规划编制工作，在委托航空工业规划设计院完成汤阴航空产业园产业和概念规划的基础上，已启动《安阳航空经济“十四五”规划（初稿）》的编制工作。

湖北省

一、本地区基本情况

2020年底，湖北省民用航空工业企事业单位共计39家，涵盖特种飞行器、通用飞机、无人机、航空仪表、飞机座椅、复合材料、飞机维修等领域。特种飞行器、航空救生装备产品研发制造和总体航空维修能力全国领先。

二、生产经营情况

2020年，湖北省民用航空工业企事业单位实现工业总产值约120亿元。

三、主要产品

1. 民用飞行器

AG50轻型运动飞机、A2C系列超轻型水上飞机、LF910地效飞机、卓尔领航者Skyleader 600单发双座飞机、领航者JA600飞机、晨龙天使AL8飞机、“海王”水陆两栖轻型运动飞机，SZ300“云中漫步”观光系留气球，TF300/200空中单车，3500m^{3}民用载人飞艇、LCA-60T重载飞艇，涵道风扇动力系统，多旋翼、固定翼等系列无人机，热气球、滑翔伞、动力伞、软翼轮式飞行器、柔翼无人机等轻型民用航空器。

2. 航空设备及系统

各类民机座椅，防除冰系统，高功率起动发电系统，航空电动机系列，发电机及发电机组系列，以涡轮膨胀机与换热器为核心的环控系统系列，直升机加油及抛放装置，电动遥控飞机牵引车，新型塔台综合管理台、机载设备、辅助设备，无人机通信指挥车、无人机地面站、无人机地面防空车、无人机回收系统和无人机防控系统等。

3. 民用飞机零部件制造

起落架零件、舱门零件、干燥器组件、压力平衡阀、卡箍标准件的研制，发动机支架组成、飞行员及乘客座椅组成、飞控系统、机身结构件及钣金件等，C919风挡雨刷、干燥器、防冰伸缩管、C919风门组件机载产品，各类温度、结冰、角位移传感器等，ARJ21、新舟60、C919系列拉杆、制冷冲压风门、应急冲压风门等，各类航空紧固件，用新型材料芳纶蜂窝制造的整流罩、机翼前缘、襟翼、方向舵、尾锥、地板和座椅等。

4. 其他民用航空产品

个体防护救生装备、应急救生装置、弹射动力装置、降落伞、救生开伞器、航空运动产品、腐蚀防护产品、航空装饰件、客货舱地板、精密测绘仪器等系列产品。

5. 航空维修及服务

民航整机定检维修、喷涂及改装。波音系列、空客系列、CRJ、ERJ、俄制飞机等多个机型的液压、气动、电气、燃油、飞行操纵、机载应急设备、起落架、复合材料、直升机旋翼和旋翼传动部件、通航发动机、螺旋桨等附件的维修。航空器舱内设备、飞机内饰等，采用冷气动力喷涂、超声速喷涂，以及等离子喷涂等对飞机结构件的维修。

6. 相关产业的产品及服务

培训服务种类齐全，包括铝合金结构修理、机身门窗修理、防腐处理、复合材料修理、喷漆等航空部件修理培训，轻型飞机、无人机飞行及培训服务。卓尔宇航集团、晨龙公司、湖北电鹰科技公司等单位的轻型飞机、无人机驾驶培训业务稳步发展。

四、产品开发与技术进步

中国特种飞行器研究所正在加紧进行AG600大型灭火/水上救援水陆两栖飞机、AG50轻型运动飞机、LCA-60T重载飞艇等多个型号研制任务。开展浮空飞行器、水面飞行器、通用飞机、腐蚀防护与控制等特种飞行器领域关键技术研究。大型灭火 / 水上救援水陆两栖飞机 AG600 的试验科研工作于 2020 年 3 月底恢复，7 月 26 日，实现海上首飞。

卓尔宇航集团在轻型飞机、飞行模拟器，以及特技飞机等领域不断取得进步。产品类型涵盖轻型飞机、工业级无人机以及飞行模拟器等。

湖北超卓公司自主研发的冷喷涂移动增材制造平台，具备长途机动运输、野外及场站条件下大型装备结构损伤原位增材修复能力。公司与中国航发贵阳航空发动机研究所，共同研究开发了航空空气系统卡箍（航空紧箍件）性能综合试验平台，实现了航空卡箍多项功能、耐久性能测试，确保航空器的飞行安全。自主研发航空 T 形螺栓无余量精锻技术，基于超声测量的点焊质量检测方法，研究全套生产工艺，申报发明专利十余项。与四川大学、湖北文理学院、湖北工业大学建立产学研合作基地，与航空工业集团主机所联建实验室。

武汉航空仪表公司防除冰系统已形成系列产品，能够提供飞行器防除冰系统解决方案。公司成为国内防除冰系统产品主要供应商，承担国内大部分防除冰预先研究课题，拥有 132 项专利、16 项航空工业集团标准。

武汉航达公司目前正在开发波音 787 起落架的大修能力，预计 2022 年获批。公司已取得 CAAC 维修能力、AS9100 等资质认定，相关设施设备及部分工艺能力已获得中国商飞批准。公司拥有雷达罩透波率测试设备，是国内首家可以提供雷达罩一站式维修服务的单位；同时，航达公司还能提供 CFM56-5B/V2500 短舱部件、A320/ 波音 777 雷达罩等部件的交换服务。航达公司与武汉市多所高校建立长期合作关系，已研发成功并实现批量装机的救援绞车外罩壳体、引射消声器壳体、飞机加热地板、空调组件风门壳体、飞机舱内防弹面板等项目。航达公司已成功研制出驾驶舱门核心零件防弹板，该系统在国内市场上暂无相关研制技术及成熟供应商。

五、对外贸易与合作

卓尔宇航集团与欧洲多家知名飞机制造公司加强合作，与捷克领航者飞机公司、德国挑战者特技飞机公司联合开展有关电动飞机的研制。晨龙公司积极推动天使飞机打入亚非等发展中国家。

武汉航达公司和国际知名原始设备制造商（OEM）厂家合作，与 UTCS、霍尼韦尔、美捷特、赛峰、利勃海尔、优尼森、帕克、伊顿、波音等 OEM 厂商分别建立了备件供应与技术支持以及授权维修等全方位的合作关系，武汉航达公司为俄罗斯航空、冰岛航空、韩国济州航空、韩国德威航空、印度 Go Air、印度 Jet Airway、GMF、Sriwijaya Air 提供各种飞机维修服务。

六、重大基础设施建设

1. 凌云航空科技产业园项目

项目总投资 7 亿元，规划建设 25 万 m^2 研发楼宇和配套设施，包括航空复合材料维修工程技术研究中心、航空计量检测中心等。项目建设周期 2020—2025 年。

2. 航宇救生工业园项目

该项目位于襄阳航空航天产业园内，主要业务包括防护救生与空降空投产品研发制造、民机座椅研发制造等，规划占地 1222 亩（约 81.5 万 m^2），建筑面积约 25.73 万 m^2，新建 4 个研发中心、1 个工艺中心、4 个制造基地、21 条大型生产线，总投资 20 亿元。

3. 航空应急救援体系建设项目

依托荆门航空产业园、漳河机场等优势资源建设覆盖全省的航空应急救援服务，提供应急救援、维稳巡逻、医疗救援等服务，建设周期 2020—2021 年，第一期预算 5000 万元。

七、行业管理

1. 强化政策引领，优化产业环境

贯彻落实湖北省委、省政府《关于推进全省十大重点产业高质量发展的意见》要求。编制出台《湖北省航空航天产业“十四五”发展规划》，规划已经通过专家评审。

2. 规范行业管理，服务产业发展

从 2020 年 2 月中旬开始，积极稳妥有序推动有关行业复工复产，成立工作专班，解决企业在物流运输、人员返工、资质审批方面的问题；开展领导带队走访服务企业专项活动，开展具体帮扶。截至5月上旬，全省航空制造业企业全面复工复产。

组织省内企业填报民用航空行业经营数据，梳理民用航空行业2019年经济运行情况。先后完成全省民用航空产品及科研需求、两次民用无人机生产企业及产品信息等基础数据整理。联合湖北日报等主流媒体，多次报道复工复产、高质量发展等情况，营造良好的产业发展氛围。支持和指导卓尔宇航集团等联合省内相关企业、院所等共同发起组建“湖北省通用航空产业联盟”，共有70多家单位参加，促进产业合作，对接交流。

3. 建设重点项目，带动产业发展

支持湖北应急救援航空体系建设。多次对航空工业航宇救生、中国特种飞行器研究所的重点项目进行调研，组织中国特种飞行器研究所与省高投对接，支持大型货运无人机项目建设。支持重点产品型号建设。大型灭火/水上救援水陆两栖飞机AG600的试验试飞工作克服疫情影响，进展顺利。2020年8月26日，中国特种飞行器研究所研制的“领雁”AG50轻型运动飞机在荆门机场成功首飞，并与北京丝路通用航空有限公司等首批用户签订了100余架销售合同。卓尔宇航已经完成新款轻型飞机的初步设计和适航取证方案的制订；完成了一款工业级无人机的初步设计；2020年4月25日完成了第一架飞机的出厂试飞。

湖南省

一、本地区基本情况

湖南省是国家航空工业布局的重点省份。截至2020年底，全省航空工业企业超过200家，规模以上航空工业企事业单位约50家，从事航空关联产业人员约3万人。目前已建立航空相关科研机构89家、国家和省重点实验室106个、工程技术中心63个，“产学研用”融合不断深化。构建了以株洲、长沙为核心，岳阳、郴州、湘潭、娄底、常德为支撑的航空产业发展格局，产业布局不断优化，其中，株洲董家塅高科园形成中小航空发动机研制、零部件配套、通用航空器整机研制和通用航空运营服务等完整产业链条；长沙航空产业园飞机起降系统、直升机减速传动系统、航空材料、机载显示设备、航空维修保障等产业加快发展；长沙中电软件园、湖南城陵矶新港区成为国内北斗产业示范区和北斗导航应用示范城市的重点园区；岳阳浮空器、航空关键零部件生产园区、郴州通航运营服务文化园区等特色鲜明，有效地促进了航空产业集群集聚。

二、生产经营情况

2020年，湖南航空产业实现产值405亿元，同比增长11.3%，产业发展的质量效益不断提升。

三、主要产品

湖南省民用航空产业主要产品包括民用航空发动机及配套零部件、轻型运动飞机、航空材料、民用燃气轮机和民用无人机等。

航空发动机方面：正在研制的AES100（1000kW级民用涡轴发动机）、AEP500（5000kW级民用涡桨发动机）、1000daN推力级民用涡扇发动机、500kW级辅助动力系统进展顺利。中法合作的涡轴16发动机（1300kW级先进民用涡轴发动机，法方代号Ardiden 3C），中国航发湖南动力机械研究所为中方总设计师单位，已适航取证。已形成80kW级燃气轮机、75kW级燃气涡轮发电机组、60kW级燃气涡轮发电机组系列产品。航空发动机密封系列产品包括金属封严环、涨圈、石墨封严、指尖密封、刷丝密封、蜂窝密封等专业化产品的设计分析、工艺研究和试验验证等。

航空整机方面：具有自主知识产权的SA60L“阿若拉”两座轻型运动飞机、SA160L五座复合材料轻型飞机，SA70U固定翼无人机、SUH50“飞玥”无人直升机、“雷霆”多旋翼无人机等多款产品。M-2直升机无人化正在推进，多款多旋翼无人机、垂直起降固定翼无人机研制成功。

起落架系统方面：研制成功C919起落架系统，并已配套。形成了覆盖其他航空器的起落架系统集成、起落架零组件、起落架液压附件和航空产品结构件。

其他民用航空产品：“X波段阵列天气雷达”在国内首次创新提出相控阵天气雷达协同组网扫描探测；无人机检测设备，航空消防高压脉冲水射系统、航空消防灭火吊桶、直升机航空消毒设备均在行业内处于领先水平。

四、产品开发及技术进步

中国航发南方工业有限公司拥有国家企业技术中心、一级理化检测资质的理化检测中心、湖南省中小型航空发动机工程技术研发中心等，拥有高温合金复杂整体件精密铸造、复杂薄壁铝镁机匣铸件铸造、高能束焊接、异种材料钎焊与扩散焊、表面涂层制备、大深径比薄壁细长轴加工、整体叶轮叶盘精密加工、大型薄壁复杂机匣精密加工等关键技术。中航动力株洲航空零部件制造有限公司在航空发动机及燃气轮机零部件机械加工方面，有着较为成熟的加工技术。株洲六〇八所科技有限公司以自主研发为根本，开发了“高、中、低速磁悬浮一体化间隙传感器”“电涡流传感器”等各类型传感器；“某试验器进排气系统设备”“某发动机半物理仿真试验器”等航空发动机试验产品。株洲航飞翔数字系统有限责任公司研发出发动机电子控制器监控软件、发动机电子控制器控制软件、自动测试系统软件和支撑软件等19项具有自主知识产权的产品。湖南山河科技股份有限公司充分掌握了航空器数字化设计、复合材料成形制造、适航认证、较复杂的航空器系统集成等关键技术。湖南亚安智控设备有限公司与湖南工程学院、长沙矿山研究院等单位开展了深入“产学研”合作，生产的全自主北斗定位空中农业植保机器人挂载了亚安智控和江苏北斗研究院联合开发的亚安北斗机载平台，利用北斗卫星导航系统，与自建的基站，构建了亚安差分系统，实现了无人机的厘米级精准定位。湘潭大学的热障涂层检测评价技术国内领先，湖南科技大学拥有国内领先的镀膜技术和原子气室制备技术，用于生产高温高精度原子磁力仪 / 原子陀螺仪等核心器件。

五、重大基础设施建设

（一）重大基础设施建设情况：一是株洲规划建设58.1km^{2}的航空城，先后投入资金70余亿元，修建航空大道、南方中学新校区、凤凰山航空主题公园等；二是投资4.73亿元，建成湖南省首个通用机场——株洲芦淞通用机场，跑道长800m、宽30m，系湖南省通过民航审批的通用机场。2020年，机场成功晋升为A1类通用机场并颁证，可起降10座以上各型通用飞机，实现了我省A1类通用机场零的突破。

（二）重大项目建设情况：一是中国商飞长沙航空产业及研发基地项目投资额约10亿元，建成后将极大提升我国飞机起降系统研发、集成设计和验证能力，解决飞机起降系统研制核心技术难题；二是山河SA750多用途轻型运输机项目投资额约5亿元，是针对民用市场物资运输与通勤运输需求研制的多功能全天候运输飞机项目，其综合性能将达到同级别机型世界领先水平。

六、行业管理

（一）完善政策体系。2020年，湖南省印发了《湖南省航空航天（含北斗）产业链三年行动计划（2020—2022年）》，提出着力打造世界一流的中小航空发动机产业集群和全国一流的航空航天配套及集成产业基地、民用飞机配套产业基地、北斗导航系统应用示范区、通用航空产业运营中心等发展目标；株洲市编制了《株洲市航空产业发展规划（2019—2025）》，按照“一体两翼两合”总体构想，努力打造“两基地一中心”（世界一流的中小航空发动机研制基地，全国一流的通航整机制造基地，全国一流的通用航空运营中心）。

（二）深化对接合作。2020年11月，湖南省与中国商飞共同举办“2020走进中国商飞”合作对接会和2020中国商飞 - 湖南民机产业培育会，促成与中国商飞相关单位签订了10个合作项目，涉及起落架系统、机轮刹车系统、航空新材料、自主导航，以及实验室共建等多领域的合作与开发，有效地促进相关产业集群集聚。

广东省

一、本地区基本情况

广东省民用航空工业以广州、深圳、珠海等地市为中心，主要分布在无人机、通用飞机制造及维修、机载设备、航空材料领域。截至2020年底，广东省共有7家企事业单位（不含中央在粤企业）纳入全国民用航空工业统计管理信息系统，分别是：广州飞机维修工程有限公司、广州航新航空科技股份有限公司（简称航新科技）、深圳市大疆创新科技有限公司（简称大疆创新）、深圳市多尼卡电子技术有限公司、深圳中集天达空港设备有限公司（简称中集天达）、珠海保税区摩天宇航空发动机维修有限公司、广东西北航空科技股份有限公司。以上7家企业从业人员共19326人，其中工程技术人员7888人、研究与试验发展人员3767人。

二、生产经营情况

2020年，广东省纳入全国民用航空工业统计管理信息系统的7家航空企业实现主营业务收入326.31亿元，工业总产值328.07亿元，转包生产交付金额约2.8亿美元，利润总额67.07亿元。全年交付民用航空产品174.5亿元，其中：无人机87.16亿元（共109.72万架）、民用航空器机载系统和设备0.29亿元、民用航空器零部件0.2亿元、其他民用航空产品及零部件15.86亿元、民用航空发动机修理69.19亿元、民用航空器机载系统和设备修理1.80亿元。

三、主要产品

（一）民用航空器

小型多旋翼飞行器、可折叠便携式多旋翼一体机等产品。

（二）航空系统及设备

飞行控制系统及地面站系统、飞行平台、云台系统、数字图像传输系统、无线遥控和成像终端、飞行参数记录系统、综合数据采集与振动监测系统、直升机健康与使用监测系统（HUMS）、直升机仪电设备综合维修检测系统、飞机泊位引导系统、智能监控系统、空港自动化物流处理系统、航空货物处理系统、现代物流仓储系统、自动化立体停车系统、行李处理系统、驾驶舱语音记录仪、机载无线局域网系统、机载音频播放器、机载视频播放器和机载驾驶舱视频监控。

（三）航空维修、改装及服务

飞机、机载设备、零部件及附件的维修，航线维护，适航及服务改装，基地维修，发动机的维护、修理和翻修。

（四）其他民用航空产品

旅客登机桥、航空食品车、升降平台车、机上服务用品等。

四、产品开发与技术进步

2020年，广东省民用航空工业企业研发人员有3767人，占从业人员总数的19.49%。投入研发费用31.09亿元，占营业收入总额的9.53%，新增取得授权的民用航空产品发明专利1464件。

1. 广州飞机维修工程有限公司（GAMECO）：是国家“高新技术企业”及广东省飞机维修工程技术研究中心企业。公司每年开展科技创新项目100余项，拥有发明专利35项、有效的实用新型专利155项，有效的外观专利3项，每年新增专利申报20多项，是国内拥有知识产权数量最多的航空维修企业。为了适应当前新机型、新技术发展，GAMECO以大数据分析、智能机器人、移动信息化等技术为基础，积极探索“智能维修”。

2. 广州航新航空科技股份有限公司：完成多项机载设备、测试设备产品的鉴定及批产，并分别在新领域取得突破。2020 年 5 月，航新科技向上海飞机制造有限公司交付首批 ARJ21 机型数据打印机，标志着航新科技已具备自主研发生产民航电子产品的能力。

3. 深圳市大疆创新科技有限公司：国内外专利年均申请总量增长保持 2 ~ 3 倍，截至 2020 年底，公司全球专利申请量累计超 15000 件，其中 PCT 专利（国际专利）申请量超 5000 件，发明专利占比超 40%。

4. 珠海保税区摩天宇航空发动机维修有限公司：在高压水剥离、无损探伤检测、表面处理、焊接、机加工、等离子喷涂、热处理、电镀、涂层剥离和高速磨削等方面具备了行业内最高标准和技术能力，已获得 7 项发明专利，31 项实用新型专利，以及 17 项计算机软件著作权。

5. 深圳中集天达空港设备有限公司：截至 2020 年底，共申请专利 282 项（发明 216 项），已获授权专利 230 项（发明 167 项），其中海外申请专利 108 项，海外已获授权专利 96 项，多数以发明专利为主，并拥有多项达到业界领先水平的核心技术及自主知识产权。同时，中集天达注重软件著作权的积累，已累计取得 41 项软著。

五、对外贸易与合作

（一）对外贸易

2020 年，广东省出口（不含转包生产）无人机 52.94 亿元（共 65.83 万架），民用航空器零部件 0.07 亿元，其他民用航空产品及零部件 5.69 亿元，民用航空发动机修理 45.08 亿元，民用航空器机载系统和设备修理 0.17 亿元，合计 103.95 亿元。

（二）对外合作

1. 广州飞机维修工程有限公司（GAMECO）：拥有中国民用航空局（CAAC）、美国联邦航空局（FAA）、欧洲航空安全局（EASA）在内的超过 25 种民用航空器维修许可证（MP）。2020 年 11 月首架波音 737-800 客改货（BCF）工作圆满结束，改装历时 4 个月，同年 9 月波音公司与 GAMECO 共同宣布将在广州增设第二条 737-800 波音改装货机（BCF）生产线的计划，预计于 2021 年正式投产，新增的生产线将显著提升公司客机改装货机产能，更好地满足客户和航空货运市场对于货机的需求。

2. 广州航新航空科技股份有限公司：与霍尼韦尔成功开展合作，成为霍尼韦尔指定维修服务中心，为亚太区航空公司提供服务，成为其在中国发展的渠道合作伙伴。维修服务将涵盖航空电子和机械产品，覆盖空客和波音机型。

3. 深圳市大疆创新科技有限公司：2020 年出口额约为 18 亿美元，销售与服务网络覆盖全球 100 个国家和地区。大疆创新占据全球消费级无人机市场七成以上的份额，在全球民用无人机企业中排名第一。

4. 珠海保税区摩天宇航空发动机维修有限公司：与德国 MTU 其他下属维修企业在全球范围内展开多种发动机机型的销售合作。与 MTU 各维修基地之间进行全面的技术交流和技术项目转让，与 MTU 集团旗下的 6 家企业在资源、能力、技术、管理、营销、服务和人力资源等方面开展广泛的合作。

5. 深圳中集天达空港设备有限公司：已为全球 80 余个国家的 300 个机场提供了 7000 余台品质优良的登机桥产品，成为中国第一个出口大型空港设备的厂家。中集天达作为国内自主研发和设计桥载飞机空调的制造商，其桥载飞机空调用户范围遍布全球四大洲，已先后向智利阿图罗梅里诺 - 贝尼特斯机场、肯尼亚内罗毕机场、巴西维拉科波斯国际机场等全球 60 多个机场提供上千台桥载飞机空调。

六、重大基础设施建设

1. 广州白云国际机场南航 GAMECO 飞机维修设施三期 18 号维修机库工程项目。项目建设期为 2019—2021 年，总投资 8.86 亿元，建设内容包括新建 18 号维修机库、生产辅助用房及周边市政工程，总建筑面积约 9.2 万 m^2。

2. GAMECO 飞机附件维修基地项目。项目建设期为 2020—2022 年，建设内容包括飞机附件维修厂房、飞机复合材料修理厂房及相关配套用房和设施，项目总建筑面积 5.87 万 m^2。项目建设的总体目标是形成能够满足 GAMECO 开展飞机附件维修、复合材料修理等需要的硬件基础条件，实现附件维修业务全功能的正常运行，满足其未来发展需要。

3. 美华航空电子研发建设项目。项目建设期为2018—2021年，总投资25亿元，建设内容包括拟建供教学培训的厂房4栋（分操作培训、授课培训使用），总建筑面积约23.09万m^2。项目建成后将涵盖飞行培训、空乘空保培训、签派员培训以及航空博览等业务。

4. 珠海摩天宇保税区厂区的产能扩建。项目建设期为2019—2020年，总投资1.5亿元，建设内容包括将其他型号发动机引入到MTU TZ的服务中并将产能从年300台增加到450台。对三期主厂房进行扩建，建筑面积约为1.3万m^2（含夹层平台）。目前该项目已基本完成，正在对各个专业系统进行调试和验收。

七、行业管理

（一）加强规划引领

广东省发改委2020年印发《广东省通用机场布局规划（2020—2035年）》，构建适应广东经济高质量发展、现代化经济体系建设需求的通用机场体系；广东省印发的《广东省推进粤港澳大湾区建设三年行动计划（2018—2020年）》提出：推进大湾区世界级机场群建设、深化扩大低空空域管理改革并加快通用航空发展，加快推进广州等临空经济示范区和深圳、珠海通用航空产业综合示范区建设，以及培育壮大包含航空装备的高端装备制造等战略性新兴产业的发展。

（二）出台扶持政策

2020年，广东省印发《广东省培育高端装备制造战略性新兴产业集群行动计划（2021—2025年）》，推动政策措施向产业集群倾斜、资源要素向产业集群汇聚、工作力量向产业集群加强，抓好骨干企业培育、重点项目落地。

（三）推动产业集聚发展，延伸产业链条

广州空港经济区作为国家级临空经济示范区，已初步形成临空产业航空维修与制造业、航空物流业、跨境电商业、通用航空业、飞机租赁业、航空总部商务等六大临空产业集聚的发展格局。深圳正在推进粤港澳大湾区重要国际航空枢纽建设，已初步形成集低空交通、跨境运输、医疗救护、应急救援、城市巡查、空中游览等多用途的通用航空服务体系。珠海航空产业园已逐步形成以滨海商务区、机场核心运营区和高端产业集聚区为主体的三大项目承载片区，集聚了一批整机制造、工业级无人机、航空培训、新材料研究等相关企业及单位，正在打造集飞机制造和机载配套一体化发展、航空服务业配套发展的华南航空产业集聚区。

重庆市

一、本地区基本情况

重庆市航空工业包括重庆金世利航空材料有限公司、重庆丰鸟无人机科技有限公司、重庆通用航空有限公司、重庆亿飞智联科技有限公司、重庆三耐科技有限责任公司等代表的企事业单位30多家，主要为通用飞机整机和复合材料零部件研制企业、工业无人机整机研制企业、航空发动机研制企业、无人机机载系统和设备研制企业，以及航空材料和发动机叶片研制企业，从业人员约1000人。重庆通用航空、华夏航空重庆飞行训练中心为代表的运营服务相关企业200余家。

重庆两江新区航空航天产业园由两江航投集团负责打造，位于两江新区龙盛新城，首期规划面积8.6km^2。两江新区航空航天产业从无到有，从小到大，引进了航空发动机、航空材料、飞行员训练中心、卫星通信、商业火箭、西工大重庆科创中心等一批具有重要影响力的项目，形成了通用航空与运输航空“两翼齐飞”、航空与航天协同发展的集群式发展格局，成为了重庆市通航综合示范区的核心区。目前，累计引进项目20余个，投资超过500亿元。

二、生产经营情况

2020年，重庆市航空工业主要单位实现投资19亿元，产值7.58亿元，同比增长45.48%；营业总收入9.65亿元，同比增长57.68%；税收7498万元，同比增长96.43%；新增专利数221个。

三、主要产品

1. 直升机：重庆通航集团恩斯特龙480B直升机成为重庆市重大新产品、高新技术产品。目前研发的TH180/ TH111直升机、CG231固定翼飞机正在推进适航取证。

2. 无人机：国飞公司的警用/植保/消防/救援无人机TX-C1、GF-Z5、GF-Z3、GF-X1；星环航空的SLH-90T涡轮轴无人直升机、SLM-6S多旋翼多用途无人机、SLV-10垂直起降固定翼无人机；重庆驼航的重载无人机“驼峰”500；亿飞无人机公司研发机型8个，投产机型4个，新开发起飞重量40kg的YF-M4垂直起降无人机。

3. 航空发动机：宗申航发公司产品分为两冲程和四冲程系列航空活塞式发动机，主要包括C12H、C20F、C80、C115、C145等型号，产品技术指标已达到或超过国外同类水平。隆鑫通航发动机（简称隆鑫航发）产品包括二冲程和四冲程的汽油和重油、排量范围100 ~ 5600mL、功率段覆盖4 ~ 220kW的发动机。

4. 航空材料和部件：金世利生产航空及燃气轮机用钛合金材料、锻件，目前主要供应国外安东诺夫飞机公司，国内长安汽车等企业。成功制备我国第一根直径650mm、单重超过5t的整体电极及10t级大板坯。获得国家发明专利3项、新型应用专利12项，掌握各种钛及钛合金生产工艺8000余项。获得了国际宇航认证AS9100D、ISO9000—2015，取得了包括乌克兰安东诺夫飞机公司、俄罗斯普罗米修斯船舶材料研究院等多家国外高端钛合金应用企业认证，取得乌克兰南方机械厂航天火箭和火箭发动机中国地区总代理资格；在国内，取得了中国科学院金属研究所、中船重工、兵器集团、重庆铁马、西北有色金属研究院等多个认证。三耐主要生产满足国家“两机专项”的航空发动机、燃气轮机用等轴晶叶片、定向柱晶叶片和单晶叶片。目前正在进行机上长试验。

5. 机载设备：通航研究院进行了直升机农

林喷洒设备、通用支架、货钩、播种机、救生担架等任务设备的开发，已形成了480B、R44直升机农喷系列，以及贝尔407、AS350通用外挂支架系列化产品。

四、产品开发与技术进步

1. 新产品开发情况：重庆通用航空产业集团有限公司4座CG231全复合材料结构固定翼飞机于2019年底首飞成功，2020年5月召开首次审查组会议，正在进行符合性验证工作；重庆通航集团TH180（CG111）两座轻型直升机正在研制中；重庆驼航的“驼峰”600在研；重庆通航研究院AS350及BELL505型农喷设备研制，目前处于验证阶段；隆鑫航发二冲程重油缸内直喷技术的研发即将进入工程化应用阶段；隆鑫航发自主设计了多款无人机传动系统，创新开发了无人机传动系统的离心式离合器、行星齿轮等部件；隆鑫航发开展大功率混动系统研发，ETC及ISG技术在通航领域应用。

2. 开展的民用航空科研项目情况：重庆恩斯特龙通用航空技术研究院有限公司承担了3个课题，分别是“高性能、低成本轻型飞机总体技术研发及应用”“高强度轻量化复合材料飞机结构设计技术研发及应用”“轻型飞机抗坠毁燃油系统研发及应用”；重庆通用航空产业集团有限公司承担了4个课题，分别是“高集成度、模块化综合航空电子系统研发及应用”“高可靠性轻型飞机操纵系统研发及应用”“轻型飞机航电系统智能检测综合平台开发及应用”“高强度固定弹簧式起落架开发及应用”；重庆通用飞机工业有限公司承担了2个课题，分别是“轻型飞机整体成形及柔性装配工艺技术研发及应用”“复合材料飞机气动弹性优化设计技术研发及应用”。

3. 重大技术进步情况：宗申航发点燃式重油发动机技术，发动机高空适应性设计技术和发动机智能健康管理系统（EHS）方面已达国内领先水平；隆鑫航发成功研制首款通航二冲程发动机，实现了二冲程缸体气道结构设计开发的突破；隆鑫航发实现了单缸发动机涡轮增压技术的突破，并达到国内领先水平。

五、对外贸易与合作

截至2020年底，重庆市宗申航空发动机制造有限公司产品远销欧洲及南美洲市场，累计交付航空活塞式发动机50余台，金额52万美元，并积极与海外客户开展技术合作和产品随机适航取证工作，取得了德国超轻型发动机DULV认证。

六、重大基础设施建设

永川大安机场、巫山机场已通过验收；潼南机场、开州机场、忠县机场、石柱机场等已通过场址评审；荣昌正加紧货运机场的前期工作；合川、城口、涪陵、南川、酉阳、巫溪等区县正进行机场选址工作。

重庆金世利航空材料有限公司与哈工大共建了“金世利－哈工大钛合金焊接联合研发中心”、与重庆理工大学合作共建了“金世利－重理工钛合金模具联合研发中心”；重庆通航集团建立了重庆市新型高端研发机构、博士后科研工作站、海智工作站、企业技术中心、通航轻型飞机工程技术研究中心，组建了重庆市通用航空装备技术创新战略联盟；重庆交通大学绿色航空技术研究院，在中科院院士李应红团队的带领下，聚集优势资源，重点突破绿色航空动力“卡脖子”关键核心技术，着力建设国内一流绿色航空工程技术研究院。

七、行业管理

做大通航制造产业集群，依托重庆通航集团，大力推进CG231全玻纤固定翼飞机、双座直升机等自研机型取证、生产、销售；依托丰鸟无人机、亿飞无人机等，优先发展大型重载无人机制造及服务应用。做强航空动力产业集群，以空天推进技术研究院、三耐航空叶片等龙头为牵引，加大高超声速小型涡轮发动机、航空叶片技术攻关，加快航空发动机和精密制造等上下游产业链布局；做大航空航天新材料产业集群，以金世利钛合金、两航金属为牵引，形成航空航天高端材料“矿石材料熔炼－锭材板材棒材等初级材料－管材型材等精密高性能结构件”的全链条生产能力。

全力保障项目开工投产，顺丰丰鸟航空等一批市级重点项目建设；协助金世利航空材料、三耐叶片、通航集团、华夏航空等企业加快释放产能；保障西工大、两航金属、空天推进技术研究院等落户项目开工投产。

推动无人机联防联控协作机制在工业领域落地见效，推动工作机制实体化运行，参加联席会议、联络员会议和专题会议，落实定期报告、重大情况通报反馈、重大事项联合督办等工作制度。

四川省

一、本地区基本情况

四川是我国四大飞机制造基地之一，拥有众多科研院所、生产制造企业和试验研究基地，具有较完整的飞机和航空发动机总体设计、总装制造、系统集成和试验验证体系，产业基础、技术能力、人才资源位居全国前列。

目前四川省从事航空及相关领域的企事业单位 230 余家，主要由中国航空工业集团有限公司、中国航空发动机集团有限公司、中国电子科技集团有限公司在川企事业单位，以及地方民口配套单位构成，从业人数近 10 万人。已建成国家级重点实验室 2 个，国家级企业技术中心 12 个，拥有我国唯一的高空模拟试车台和唯一的飞行器空气动力性能验证评估平台，在飞行器总体设计制造、航空发动机研制、航电系统研制和航空先进材料等方面处于国内领先水平。

二、生产经营情况

受新冠疫情影响，2020 年四川省纳入民用航空工业统计的企事业单位（含央属企业、地方电子和民品配套单位）实现工业总产值 81.2 亿元，同比下降 20.4%。

三、主要产品

（一）民用飞机

主要发展大飞机机头及通用飞机、警用无人机、植保无人机、多功能无人机、靶机等多种民用飞机。主要包括：大型民用客机 C919、新支线客机 ARJ21、大型宽体客机 CR929 的机头系统；AG600、新舟 60、新舟 700、AC312、“海鸥” 300、“小鹰” 500 等飞机部组件；SL600 轻型运动飞机、山河 SA60L-T 高原轻型飞机及轻型通用直升机等；通用型支援保障无人机、多载荷无人机、电动旋翼无人机、共轴双桨无人机等。

（二）航空发动机

主要发展航空发动机点火系统、锻件、机匣件、环形件、蜂窝密封件、钣金件、吊挂件等民用航空产品。产品应用机型包括 GE 航空公司的 LEAP 系列、GE9X 系列、GEnx 系列、GP7200、Passport20、CF-34，罗罗公司的遄达 XWB、遄达 7000、遄达 700、RB211、BR700 及 BR700NG 系列，霍尼韦尔公司的 HTF7000 系列和 HTS900 系列，以及国内商用发动机系列零部件。

（三）机载系统和设备

主要发展航空仪表设备、机载航电系统、机载电源系统等。航空仪表设备主要发展航空燃油测量与控制系统，包括燃油测量管理分系统等系统级产品和燃油测量管理计算机等部件级产品；机载航电系统主要发展 C919 通信导航系统、ARJ21 飞机氧气系统、直升机飞行员数字式脉冲供氧系统、C919 飞机机载客舱广播内话系统、S 模式应答机等；机载电源系统主要发展 ARJ21、C919、新舟 700 飞机等民航飞机用蓄电池及电源系统。

（四）其他民用航空产品

主要发展飞机结构件、起落架等民用航空产品，为 C919、A320/330/350、波音 787、运 12/12F、“小鹰” 500、AC313/312C 及 AG600 等机型大量供货；发展碳纤维航空复合材料、航空钛合金、功能涂层材料等，在飞机结构件、磁性材料、密封件、易熔合金等领域广泛应用；承接空客 A320 前 / 后登机门、空客 A350 下垂板和扰流片、“湾流” G280 公务机机头和后机身，以及波音 787 方向舵等项目的转包生产。

（五）相关产业的产品及服务

在空管监视系统领域，主要发展 ADS-B 地面站、二次监视雷达、低空空域协同运行中心、测试应答机、测距仪、多普勒甚高频全向信标、移动式管制中心系统、机动式ADS-B管制系统、飞行指挥车、AeroMACS机场宽带无线通信系统、航空地面检测试验设备、新一代空管低空监视雷达、机场跑道异物检测雷达、机场场面监视雷达、无人机监视雷达等系统及装备；在民机加改装领域，主要发展机载无线局域网、EFB支架、广播式自动－相关监视（ADS-B Out）、波音737-800飞机海事卫星通信系统加装、飞行数据及座舱音视频记录仪、飞机客改货改装包技术开发、制造（IAI）等业务；在整机及航空发动机维修保障领域，主要发展大型客机、运输机、直升机、通用飞机的整机及主流发动机维修，拥有中国唯一的CFM56系列发动机OEM修理厂，以及全球唯一的CFMI授权的维修站。

四、产品开发与技术进步

（一）新产品开发情况

2020年，航空工业成飞民机完成CR929项目鸟撞1/4机头、新舟700项目鸟撞适航验证试验件；中国航发成发完成商发项目38项产品试制，涵盖风扇增压级单元体、涡轮级机匣、安装系统和工艺喷管组件等；长虹电源为AG600飞机新研的20GNC50-（4）B、20GNC28-（2）A蓄电池组，以及配套的CDK34充放电控制器完成初样件设计生产，20GN27蓄电池组开始为ARJ21飞机少量供货；万航模锻完成C919、新舟700、AG600、柯林斯和赛峰项目24项新产品研发；四川奥特获批CAAC、FAA维修能力大项127项，分项615项。

（二）承担及开展的民用航空科研项目情况

2020年，航空工业成飞民机牵头承担四川省科技厅计划项目“面向国产大飞机批产项目的信息化协同制造平台的建设与应用研究”，爱乐达与四川大学联合承担的四川省重点研发项目“民用大飞机薄腹板类零件柔性加工技术研究及应用”于2020年10月通过验收。“高端公务机机头制造技术研究与应用”“波音737组件自动喷涂应用研究”“涡卷弹簧成形装置研究”“基于多传感器信息融合的油量测量算法”“基于卡尔曼滤波的油量滤波算法”等11项科研课题结题。

（三）重大技术进步情况

中国航发成发取得压气机转子动平衡技术等11项关键核心技术新突破；万航模锻突破了民机高强钛合金短流程制造关键技术，打通国际民机7050铝合金、Ti5553高强高韧钛合金和Ti-6Al-4V钛合金等材料的技术路径；爱乐达在民用大飞机薄腹板类零件柔性工装设计和加工质量控制方法上取得突破，形成了具有自主知识产权的技术方法和工艺规范，具备了批量制造能力；九洲集团完成“综合监视系统总体设计技术”“多点定位系统脉冲信息到达时间TOA测量技术”“站点布局以及优化技术”“TDOA到达时间差目标位置解算技术”“S模式目标点航关联技术”“航迹的光滑滤波技术”等12项关键技术研究，并实现了在相关产品和平台上的应用。

五、对外贸易与合作

（一）对外贸易情况

受新冠疫情影响，2020年全省民用航空行业对外贸易量大幅下降。中国航发成发2020年转包生产销售收入降至8.79亿元，万航模锻出口产值降至0.3亿元。航空工业成飞民机2020年转包产值9.6亿元，收入7.35亿元，相较于2019年产值下降27.5%，收入下降23.8%，转包项目总体受影响度在38.64%，其中欧洲项目受影响率40.73%，美洲项目受影响率40.12%。

（二）对外合作情况

中国航发成发与GE航空、罗罗和霍尼韦尔三大航空企业成功签署了长期供货协议，锁定了未来多年的合作关系与市场份额。爱乐达成功开发法国赛峰国际业务，承接A320/A321起落架全工序流程业务。四川奥特与以色列航空工业公司达成飞机“客改货”改装合作，与法国赛峰集团达成飞机附件研发及维修合作，与美国AGSE达成发动机维修工装研发及升级改造合作。海特高新持续与法国泰雷兹集团在直升机系统虚拟仿真软件、飞行程序软件、桌面练习系统（IPT）、任务训练系统等方面开展联合开发，与捷克PBS公司进行SAFIR 5K/G MI型发动机辅助动力装置维修技术研发合作。

六、重大基础设施建设

四川成都航空产业园位于成都市新都区，规划面积 18km^2，总投资超 100 亿元，分三期建设。项目二期、三期已于 2020 年开工建设。建设完成后，将形成以飞机大部件制造和航空发动机研制为主导方向，集仓储配送、加工装配、热表处理和产品检测于一体的专业化航空供应链生态体系。

2020 年，九洲集团完成国家工程中心实验室一期建设，具备设备研发声学测试、仿真测试的验证条件，进一步提升了全链研发能力；爱乐达在成都市高新西区新购 100 亩（约 6.7 万 m^2）发展用地，建设航空零部件智能制造及系统集成中心项目，计划总投资 10 亿元，已完成项目施工设计及施工前期准备；万航模锻完成长线产品投资项目中抛丸机、产品冷却坑、冷却循环系统、自动润滑系统等项目的建设及验收；四川明日宇航建成包含电镀、阳极氧化、荧光渗透检测、喷漆等 12 条特种工艺生产线的表面处理中心，陆续投入生产。

七、行业管理

（一）加强民用航空产业发展顶层设计

持续推进以航空与燃机产业为重点的四川省“5+1”现代产业体系建设，围绕《四川省航空与燃机产业培育方案》，制定《2020 年度航空与燃机产业发展工作要点》。发挥省领导联系指导航空与燃机产业机制作用，定期召开联席会议推进工作，加快打造航空整机、航空发动机、无人机三个航空产业集群。

（二）纵深推进低空空域协同管理试点

统筹低空空域资源配置，推进低空目视自主飞行模式，简化通航飞行审批程序，为通航用户提供“一站式”服务，大幅提升低空空域运行效率。进一步完善低空空域协同管理配套规章，提炼形成了“一个规定、一个规则、一个手册、五个办法”的配套规章体系。试点以来，分两批次划设 6600km^2 的试点空域和总长度近 500km 的低空目视通道，实现了低空空域向“满足需求、连点成片、互联互通”转变，试点空域内通航飞行达 13 万余架次、3.5 万余小时，试点有力促进了通航产业发展，试点的社会与经济效应初显。2020 年，国家空管委明确在全国推广四川省探索形成的“低空目视自主飞行模式”，并赋予四川省深化试点任务。

（三）强化产业发展要素保障

认真落实复工复产保障责任，贯彻落实国家支持中小企业 20 条措施和四川省缓解中小企业困难 13 条措施及 20 条细化举措等扶持政策，着力解决中小企业面临的困难和问题。设立 8.75 亿元航空产业引导基金，推荐 5 家优势航空企业纳入四川省上市培育库。协调解决四川成都航空产业园用地指标、环保等相关问题。

贵州省

一、本地区基本情况

贵州省是国家重要的航空工业基地，在原有三线建设基础上，形成较强的配套产业优势。依托在黔航空工业企业形成了以无人机、高级教练机、中小推力航空发动机为主的航空产业体系。

二、生产经营情况

2020年，贵州省航空产业民品部分产值23.54亿元。

三、主要产品

（一）整机

贵飞公司是我国在西南地区布置的重要整机生产基地，主要从事各类无人机、教练机、歼击机制造等，其中无人机技术位列中国航空工业集团有限公司前列；黎阳公司是我国中小推力航空发动机重点企业，主要从事航空发动机及其衍生产品的研究、设计、研制、试验、生产、销售、维修、保障及服务等；贵州通用飞机制造有限公司是贵州省通用飞机制造企业，主要从事通用飞机设计制造、航空航天精密零部件、非金属航空复合材料零部件、紧固件、标准件，直升机移动式起降坪等制造。贵州省航空制造业围绕主机形成了机身结构、控制系统、航电系统、液压件、铸锻件、标准件等较为完整的航空配套产业体系。

（二）总成和系统

中国航发贵州黎阳航空发动机有限公司生产中小推力航空发动机（涡扇发动机），助力实现省内关键航空零部件的技术自有化；红林公司生产航空发动机主燃油调节器、加力燃油调节器、油气分离器、滑阀、活塞等；贵阳航空电机公司生产航空二次电源（DC/DC、AC/DC、DC/AC、AC/AC）系列产品、配电产品、电机类产品和结冰信号器等；华烽公司主要生产航空电机、电连接器、飞行员操纵装置；新安公司主要生产飞机起落架及附件、飞机电源、应急门逃生机构。

（三）零部件

贵州省航空工业配套产业在原有三线建设基础上，经过多年发展，已形成产业链较为完善、技术高度自有的产业生态布局。贵飞公司主要从事的配套产品包括飞机框梁、飞机后机身和机翼等结构零部件及飞机导管、电缆组装件等。大东风机械公司主要从事发动机叶片的制造、加工及相关产品模具的设计。安大公司主要产品有航空发动机、机身等各类环轧件和闪光焊件，机身、机翼、垂尾、吊挂、翼身组合件等飞机结构锻件。安吉公司为不同类型的飞机、航空发动机、机载设备、航空附件提供各类铝合金、钛合金、镁合金、高温合金等优质铸件。中航标、航天精工为飞机、航空发动机提供螺母（含自锁螺母）、螺栓、螺钉、铆钉等。航天电器公司主要产品包括电连接器、继电器及电气控制组件。力源液压重点配套各类航空液压泵。

（四）地面装备

贵州通用航空有限责任公司配套生产直升机移动式起降坪；贵阳高新泰丰航空航天科技有限公司配套生产直升机起落架、野战移动机场综合起降设备；贵阳黔江机械厂、贵阳航空发动机有限公司配套生产试验试飞地面保障设备。

四、对外贸易与合作

对外转包业务规模稳步扩大，近年来多家企业持续扩展国际市场，对外转包形成较为稳定的业务和规模。整机重点企业有贵飞公司；航空锻件重点企业有安大公司、航宇科技公司，其中，航宇科技成为美国GE航空、英国罗罗、美国普惠、法国赛峰、美国霍尼韦尔、德国 MTU 在亚太区的核心供应商，并配套全系金属材料的环锻件，是英国罗罗的大中型环锻件在亚太区的主要供应商；发动机叶片主要企业有黎阳国际、赛峰飞机发动机（贵阳）有限公司、贵州大东风机械股份有限公司。

五、重大基础设施建设

贵州安大航空锻造有限责任公司民用航空环形锻件生产线建设项目于 2019 年 5 月开工建设，拟建立智能化航空发动机环件生产线，形成民用航空中小型环锻件 24000 件 / 年的生产能力，达产年可实现营业收入 42000 万元。目前项目已完成投资 3.2 亿元，计划新建厂房已完工验收，设备采购完成 80%，项目总体进度完成 70%。

贵州航宇科技发展股份有限公司于 2020 年 11 月启动航空航天关键零部件智能制造协同平台建设项目，实现财务、人力、生产与综合办公一体化协同。项目总投资 1140 万元，建成后预计新增销售收入 5000 万元。目前项目前期需求调研、建设方案蓝图及部分硬件设施改造已完成。

六、行业管理

大力推动十大工业产业先进装备制造业发展。2020 年，贵州省委、省政府先后组织召开了“全省新型工业化暨开发区高质量发展大会”和“全省产业大招商暨优化营商环境电视电话会议”，大力支持全省工业产业发展，持续推进“十大工业产业”建设。省级层面由省领导领衔的省先进装备制造业发展领导小组统筹工作，每月赴市（州）开展专题会，现场解决需省级协调事项，明确责任单位并建立台账；每季度召开一次全省调度会，听取各市（州）、领导小组成员单位汇报产业发展情况等。建立统一调度工作机制，由省先进装备制造业发展领导小组办公室跟进调度各责任单位工作推进情况，定期向领导小组汇报。其中，航空工业作为全省先进装备制造业发展的关键部分，始终处于首要调度位置。

云南省

一、本地区基本情况

云南民用航空工业发展重点是通用航空产业，从事通航产业的企业主要以运营为主。据不完全统计，云南省从事通用航空产业企业先后有 18 家，其中，有 10 家是通用航空公司和飞行俱乐部，从事旅游、培训以及其他服务业。

二、生产经营情况

云南省通航产业制造企业以小微民营企业为主，基础薄弱。全省民用航空制造企业主要有 8 家（含无人机制造企业）。弥勒浩翔科技有限公司研发生产的 DL-2L 双座轻型运动型飞机于 2019 年 4 月取得中国民航局（成都分局）的型号合格证（TC），于 2020 年 1 月获得生产许可证（PC），实现了云南省整机研发制造零的突破。

据企业自报，2020 年全省民用航空制造业销售收入仅为 230.6 余万元。由于面临许多困难，个别已经进入航空制造领域的企业因技术、工艺、市场、资质认证等原因又退出了制造业。云南省民航产业发展任重道远。

三、主要产品

弥勒浩翔科技有限公司研发生产的 DL-2L 双座轻型运动型飞机；昆明电缆集团航安线缆有限公司生产民用航空导线和耐高温导线产品；云南高科新农科技有限公司等民营企业开发生产小型无人机。

四、产品开发与技术进步

弥勒浩翔科技有限公司成立于 2007 年，主要研发生产和销售航模发动机，目前已形成 DLE20—200 等 20 型全系列航模发动机和活塞式航空发动机的研制能力，拥有全部自主知识产权。弥勒浩翔科技有限公司航模及其他航空专业领域技术研究重点主要有三个方面：轻型飞行器设计、小型活塞式航空发动机技术开发、无人机混合动力技术研发。

云南钛业股份有限公司是钛金属材料研发生产企业，是一家致力于中国钛及钛合金大型锭坯熔铸、钛卷板、线材、型材、钛制品和钛设备工艺技术研发与产业化的国有控股企业。云南钛业股份有限公司“十四五”期间专业领域技术研究重点主要有 Ti-Al-V-M 系新型低成本高强韧钛合金开发及应用。

五、对外贸易与合作

2020 年，云南云上飞鹰航空装备有限责任公司从事捷克 Skyleader 600 型 2 座固定翼飞机组装、试产，云南高科新农科技有限公司外购、组装生产无人机。

六、行业管理

（一）发展通用航空制造业，对云南意义重大

发展通用航空业对云南省经济发展具有重要的促进作用。云南省具有相对独立的空域管理区域，全省 95% 地形为山地，陆路交通不便，旅游资源丰富，这些是云南省大力发展通用航空产业的优势和条件。把通航产业培育成为云南省国民经济新的增长点，对促进云南省先进装备制造业的发展将起到重要的促进作用；同时，也将在云南省加快转变经济发展方式、调整经济结构、发展现代服务业和新兴产业的平台建设中发挥重要作用。

（二）省委、省政府高度重视通用航空产业发展

省委、省政府针对世界和国内通航产业的发展态势，采取一系列措施促进云南省通航产业的发展。

一是省政府领导直接谋划云南省通航产业

发展工作，多次召开专题会议，研究云南省通航产业发展问题，确定工作重点，指派相关部门和有关同志专人负责。省工业和信息化厅进一步加强了通航产业发展的协调工作力度，确保各项决策部署落到实处，加快云南省通用航空产业的发展。

二是成立通用航空产业发展的协调领导机构。经省政府同意，云南省成立了由省政府领导牵头的“云南省通航产业发展协调领导小组”，在省政府领导下，统筹协调企业投资全省通用航空产业所涉相关工作；加强对云南省企业投资通用航空产业发展的宏观指导，研究解决有关企业在整合全省通用机场建设中的重大问题；协调推动全省通用航空产业发展及有关政策措施的细化和落实。

三是继续发挥已有的民用航空联席会议、协调机制的作用。近年来，随着国家和省对发展通用航空产业高度重视，已经相继出台了一系列促进通用航空产业发展的政策措施，同时，为解决通用航空产业发展中的技术、标准、管理等问题及协调各方的利益关系，云南省建立了“云南省空管工作军地联席会议”“云南省通用航空发展联席会议制度”，2020 年上述协调机制总体运行顺畅。

（三）继续做好《云南省通用航空产业发展规划（2018—2025 年）》贯彻落实

通航产业属于新兴高新技术产业，云南省在许多方面仍是发展空白。《云南省通用航空产业发展规划（2018—2025 年）》对指导和促进全省通航产业未来 7 年内的健康、快速发展，促进全省国民经济的转型升级、加快有关重点通航项目落地，促进云南省高端制造业的发展，促进全省工业的增长方式的转变，发挥了积极作用。

陕西省

一、本地区基本情况

陕西是我国航空工业重要基地。近年来，陕西航空产业体系不断完善，人才、技术、信息资源要素日益丰富，拥有西北工业大学、西安交通大学、空军工程大学等航空研究知名高校，一飞院、西飞公司、陕飞公司、试飞院等一批航空科研生产和试验龙头企业，形成了飞机设计、整机制造、试飞鉴定、强度检测、专用装备制造、航空材料制备、零部件加工、航空服务、人才培训等较为完善的航空产业链条，1000余家配套企业围绕航空制造领域各环节深耕细作，航空产业资产占全国1/3左右，综合实力居全国前列。陕西省现有航空工业企业19家、科研院所5家和中国航发企业2家，从业人员12万余人。省内为航空工业进行专业化配套的机械、电子、材料等企业400多家。陕西省航空产业园区（基地）建设情况如下。

1. 西安阎良国家航空高技术产业基地。该产业基地是国家发改委批准的首个国家级航空产业基地，2010年6月被国务院批准为国家级经济技术开发区。目前已累计注册企业1600余家（民营企业占比超过80%），有500余家企业从事航空相关业务，一期8km^{2}的开发建设基本完成，二期23km^{2}的开发建设已全面展开，初步形成了一个产业特色明显、配套条件完善、集群效应凸显的航空产业聚集区。成功举办重点项目签约仪式，引入航空零部件互联网智能制造等总投资175亿元的40个重大项目。成功举办集中开工仪式，总投资188.9亿元的38个重大项目集中开工。成功举办西安航空电子与人工智能专利项目创新创业大赛，启动“银鹰杯”全国无人飞行器云端设计大赛。发挥西安交通大学、南京航空航天大学等航空基地成果转化分中心的优势作用，促成5项分中心成果落户。建成航空科技创新创业园，厂房入驻率100%。同时在建规划有先进制造业中心、表面处理中心、综合保税区、民机产业园及航空制造总部中心、蓝田航空产业园等“五大”功能园区，构建航空全产业链承载沃土。综保区已经投入使用，先进制造业中心已完成5栋厂房主体结构建设；表面处理中心已完成3栋厂房主体结构建设，并签约6家入驻企业。发挥西安航空科技创新风险投资基金作用，为4家企业投融资4500多万元，注入“金融活水”。启动企业上市“银鹰工程”计划，为3家拟上市企业颁发“银鹰企业”奖牌和绿色通道服务卡，助力企业挂牌上市。加快公共服务平台建设，建成西安航空大数据中心云平台，已有超过500家单位完成注册，将为上云企业提供协同制造、工业应用等全方位的资源和信息共享服务。

2. 汉中航空智慧新城。该新城是航空工业集团与陕西省政府协议共建的航空特色园区，是陕西省航空产业“两基地三园区”中两个飞机研发制造基地之一。新城规划面积27.8km^2，主要构建以涡桨飞机总装制造为核心的高端制造业和以创意经济为主体的高端服务两大产业体系，推动产城高质量发展。目前已建成近10km^2，人口达到近6万人。规划到2030年，实现总投资1080亿元、总产值1200亿元，总人口达到15万人，入驻企业100余家。2020年实施重点建设项目33个，总投资69.34亿元，年度计划投资30亿元，已全部开工。

3. 渭南蒲城通用航空产业园。园区规划占地20km^2，主要从事飞机制造、装备、试飞及零部件加工、维修，同时建设航空培训学校、航空俱乐部等，将建成以生产、研发、教育、休闲娱乐为一体的国际现代化通用航空产业园区。国家已批准园区为“中国国际通用航空大会”永久会址，已成功举办五届通用航空大会，参展飞机数、参会企业数、签约金额逐届提升，“西安航展”的品牌效应受到业界广泛关注。2020 年，蒲城机场保障飞行 1594h，7966 架次；机场管理公司主营业务收入 1319 万元。

4. 西咸新区空港新城。已被中国民用航空局批复为西安国家航空城试验区，是我国首家以发展航空城为定位的国家级临空经济区，依托陕西航空产业优势，形成航空维修、航材供应、航空零部件制造检测、航空培训等较为齐全的航空产业链，打造国内领先和知名的航空产业维修、生产基地。经过近年来发展，已在民航维修制造领域中初步形成了一定规模，先后引入了东航维修基地、东航－赛峰起落架维修、科荣达 APU 维修、康倍航空液压电机部附件维修和航翼动力发动机叶片等 27 个航空维修加工项目，基本形成了以机体大修为龙头，以起落架、APU、部附件、航材保障等为支撑的一站式航空维修基地，有效地提升了陕西省航空全产业链的竞争力。

二、生产经营情况

2020 年，陕西航空产业实现营业收入 714 亿元。

三、主要产品

（一）民用飞机

新舟 60/600 系列飞机。“新舟”飞机实现系列化发展，新舟 60/600 飞机累计交付 115 架。

通用飞机。陕西直升机股份公司全年引进贝尔 407GXi 直升机 17 架，累计引进贝尔 407 直升机 56 架，签署引进 2 架 412EPI 机型合同，并完成 1 架交付，正在构建覆盖全省、西北地区及全国的直升机服务网络。

无人机。主要以整机制造、飞控系统研发、零部件生产、飞行培训等为主，产品涵盖无人直升机、固定翼无人机、多旋翼无人机等多种机型，已初步形成了包括基础研究、研发制造、行业应用、产品销售、人员培训、检测试飞的无人机产业链。西工大无人系统国家工程研究中心、西咸无人机产业化基地和榆林靖边试飞鉴定中心项目顺利推进，高原运输无人机产业项目正式落地。

（二）航空发动机及燃油控制系统

涉及发动机压气机、燃烧室、涡轮、机匣等关键部件，包括盘类、环类、封严类、轴类、机匣类、涡轮叶片和压气机叶片零件及其他结构类零件等，产品零件种类过千种，为全球 20 多型发动机提供配套。航空发动机控制系统包括液压、燃油、空气控制系统等航空发动机燃油控制附件，以及近 40 种发动机控制系统附件的研制、生产与修理。

（三）航空设备及系统

涉及航空机轮、刹车装置、刹车盘片、防滑刹车系统及 PMA 产品、起落架、高升力系统、飞机电源系统、飞控系统、机载计算机、飞行环境监视系统、无线电导航系统和机载娱乐系统等。

（四）航空新材料

包括钛材、特种金属等；碳纤维、织物、预制体、预浸料及复合材料制品；轻质高强度镁锂合金材料等。

（五）其他航空民用产品

包括飞机训练模拟器和工程模拟器、机场助航设备、通用航空产品、空港培训设备、飞机地面保障设备、登机桥整体调平自动装置、智能旅客登机桥、电动式钢结构机库大门和柔性堆积式机库大门、飞机照明光源、车载式助航灯具光强检测仪、无线电高度表、多普勒雷达、气象雷达、飞机除冰 / 防冰液和机场道面除冰 / 防冰液，以及导光控显面板等。

四、产品开发与技术进步

（一）民用飞机及部件

新舟 700 飞机。新舟 700 项目研制率先实现复工复产。静力试验机按期交付并相继完成各项试验任务及五大台架首飞前试验。

新舟 60/600 系列飞机。完成一架新舟 600F 货运飞机全球首次交付。向中国科学院交付了 1 架自主研发的高性能新舟 60 遥感飞机。

C919 大型客机。西飞公司承担中机身、中央翼、外翼翼盒、前缘缝翼、后缘襟翼、副翼 6 个工作包研制任务，同时还承担了翼身组合体试验件研制任务。陕西宝成航空仪表公司机翼伸缩电缆装置完成样机设计并取得上飞公司小批采购订单；手持式送受话器实现装机交付；应急信号撤离系统通过鉴定试验。西安航空计算技术研究所完成 C919 飞机通信信息处理计算机、光电转换器装机件交付。西安航空制动科技有限公司完成C919机轮刹车系统国产化研制专项任务论证和争取工作。西安飞行自动控制研究所完成C919项目取证试验。宝钛集团有限公司承担多项国内大型客机用钛材料研制及生产任务，实现了飞机用钛合金材料批量供应。西部超导研制生产的TC4钛合金棒材通过了中国商飞认证并实现批量供应。

AG600飞机。陕西宝成航空仪表公司的应急定位系统签订成品技术协议，正在开展产品研制；航姿基准系统通过PDR评审并完成地面试验件交付；应急磁罗盘通过PDR、CDR评审。

ARJ21-700新支线飞机。西飞公司承担机身、机翼、翼身整流罩等60%的机体研制生产任务。中国飞机强度研究所承担了全机静力试验、疲劳试验、地面共振试验、结构研发和零部件适航符合性验证试验等。西安航空计算技术研究所配套提供中央维护系统机载软件。陕西宝成航空仪表公司完成ARJ21配套手持话筒取证和小批量交付；正在开展飞机客舱系统及音频插孔板研制工作。陕西宏远航空锻造公司承担17项飞机项目锻件研制。国营长空精密机械制造公司承担飞机前缘缝翼齿轮齿条组件研制生产，是国内唯一供应商。宝钛集团突破现有工艺和装备能力极限，研制的超长TC4高精度钛合金薄板，已批量配套ARJ21飞机。

无人机。一飞院研制的“探路星”无人运输机基于“小鹰”500通用飞机改装设计，具有内部装载空间大、携带载荷能力强、部署迅速、维护简便、使用成本低等特点，已完成设计研发工作，初步具备产品化条件。一飞院开展太阳能长航时无人机民用领域（WIFI、中继通信、气象监测）应用场景和新技术路线研究。

（二）航空发动机

西安航空发动机（集团）有限公司与中国航发、商发共同搭建民用航空发动机发展战略合作平台，在燃烧室、高压涡轮、高压涡轮零组件等方面开展科研试制。西安势加动力公司专注于叶轮、叶盘、盘轴、机匣等发动机核心零件加工制造，产品结构从单个零件加工发展为零件、部件、发动机整机系列化产品，已具备发动机整机关键技术研制能力。

（三）刹车及机轮装置

西安航空制动科技有限公司完成新舟700飞机刹车控制系统详细设计评审，以及机轮刹车和系统的铁鸟件交付；完成A330PMA碳盘的研制取证工作；完成新舟60碳陶刹车盘首飞工作；完成C919机轮刹车系统国产化研制专项任务论证；完成ARJ21碳刹车盘国产化适航审定的前期工作；同时进一步完善了民机研制、适航管理和供应链管理体系。

（四）航空锻件

陕西宏远航空锻造有限责任公司完成新品研发项目1527项，同比增长12.5%；获得国家专利授权19项；西安新区先进锻造产业基地建设项目按计划推进，打造高端锻造业务平台，形成锻造业务的核心竞争能力；2020年荣获国家级企业技术中心，进一步提升了公司研发技术平台等级和行业影响力。

（五）航空机载设备及系统

西安飞行自动控制研究所承担的C919、新舟700和AG600三大民机研制任务按节点推进，同时积极拓展民用大中型无人机业务，交付无人机飞控系统2套。陕西航空电气有限责任公司承担的C919电源系统、新舟700一次配电系统、AG600电源系统研制生产任务均按计划节点推进。陕西宝成航空仪表公司紧抓ARJ21飞机小批和C919国产化机遇，通过加大市场开发力度，提升了民机市场订单份额，年度民机产品订货同比实现大幅增长。西安计算技术研究所顺利完成C919飞机信息处理计算机、光电转换器装机件交付，以及新舟700飞机信息系统、电气系统控制器产品交付，成功研制新一代低成本通用飞机航电系统。陕西华燕航空仪表有限公司研制的系列产品，通过适航取证及鉴定工作，已应用于民用直升机，批量配套；研制的光纤捷联航姿系统，成功配套大型外贸无人机。陕西千山航空电子有限责任公司完成了无线快取记录器、快取舱音记录器、远程数据集中器等新技术产品研制，开展了民机抛放、PHM等新技术产品预研。陕西凌云电器公司积极发展民用航空机载导航设备，形成了组合接收设备、无线电罗盘、测距器等产品，已通过民航适航认证，并已装备多型民用飞机。

五、对外贸易与合作

2020年陕西航空单位共完成出口产值284亿元。

西飞公司广泛开展同波音、空客等国际知名航空制造企业的合作，2020年国际转包项目实现收入7.1亿元。西航公司承揽国外航空零部件转包生产，与英国罗罗、美国GE、法国斯奈克玛等多家世界知名厂商建立了转包生产合作关系。2020年民机外贸出口产值9.6亿美元。庆安集团公司积极开拓民用航空市场，与法国赛峰集团、美国UTAS公司、穆格公司、霍尼韦尔公司、派克公司等国际民用航空机载设备公司建立长期合作关系，2020年实现外贸产值3.5亿元。陕西宏远航空锻造有限公司成功开发赛峰起落架公司T形锻件产品，完成了波音777X项目两项精锻件首件交付，霍尼韦尔两项发动机锻件通过了现场首件认证，公司外贸发动机订单实现“零”的突破，2020年再次荣获赛峰起落架“亚洲最佳合作伙伴奖”。起落架公司燎原分公司航空民品及国际转包更趋完善，与法国赛峰起落架公司合作20年，产品市场份额及交付日趋稳定，与波音公司打开合作通道，钛合金、铝合金、钢件新品陆续实现批量化生产，2020年国际化转包收入达1300万美元。西安飞行自动控制研究所与美国霍尼韦尔公司、派克公司合资成立的西安鸿翔飞控技术有限公司、鹏翔飞控作动系统（西安）有限公司运营良好。陕西宝成航空仪表公司航空仪表和转包零件出口美国、德国、捷克，已被美国克瑞公司列入优先可增长战略合作供应商。陕西长空齿轮公司通过和派克、穆格、宝马三家公司合作，采用转包生产形式，为波音787、空客A380提供齿轮零件、结构件等。

六、重大基础设施建设

1. 蓝田通航机场建设项目。该项目对加速构建陕西通航机场网络体系具有重要战略作用，项目建设周期为15年，分三期实施。近期规划为通用机场及产业配套区，面积1.6km^2，投资20亿元，建设周期为5年。目前土地报批、征地拆迁等基础工作加快推进。

2. 工业类无人机产业化生产线建设项目。项目为爱生无人机西咸新区发展公司“沣西无人机产业化示范基地”建设子项目，总投资1.1亿元，拟建设现代化工业类无人机制造生产线批量生产厂房，以及生产制造技术研发楼，购置生产制造、装配测量、系统测试等设备110多台（套）。目前一期项目已建成，全部建成后可形成年产300架工业类无人机生产能力。

3. 靖边无人机试验测试中心建设项目。无人机试验测试中心建设项目旨在面向行业提供无人机飞行试验测试环境与服务，以解决无人机试验测试受限问题，满足无人机的飞行试验测试需求。截至2020年底，飞行区民航专业工程已通过竣工验收并正式投入使用；工作区配建工程完成单体主体建设，其中机库正式投入使用；年度内面向国内企事业单位组织开展飞行服务首次突破250余架次（累计600余架次），成功申报民航局首批无人驾驶航空试验区。

4. 阎良机场总体规划建设项目。项目辐射通航、民航等航空产业领域，提升西安阎良航空城“航空硬科技之都”城市形象。2020年总体规划建设项目完成了480亩（约32万m^2）土地三级审批，建设用地规划许可获得批复，列入西安市“央陕融合重点项目名单”并获得支持。

七、行业管理

1. 加强向国家部委工作沟通汇报，积极争取国家支持。持续向国家有关部委汇报陕西民用航空产业发展及高原无人机项目进展情况，积极争取项目落地及融资等政策支持。

2. 深化与央企军工集团战略合作，推进重点协议事项落实：一是推进陕西省与航空工业集团民机产业发展合作协议事项落实：二是与中国商飞共同召开了陕西供应商培育会，邀请60余家在陕航空企事业单位参加。

3. 加快推进重点项目进展，进一步夯实民用航空产业发展基础：一是推动新舟700飞机、国家民机试飞基地、西工大无人机“一基地两中心”、C919/CR929/ARJ21飞机配套等一批重点项目取得新进展；二是协调推进高原无人运输机项目落地实施，积极协调西藏、新疆等项目运营点落地事宜，阿里办事处已正常开展工作；三是组织完成《陕西省航空产业基础能力和产业链水平提升研究报告》，为制定相关政策提供决策支撑；四是组织对省内航空航天产业发展情况进行了专题调查研究，制订《陕西省航空航天产业创新发展工程实施方案》；五是组织省内民机供应链情况进行调查，梳理报送《民用飞机（民机航空发动机）供应链企业情况表》，积极推动民机产业强链、补链和延链。

4. 积极搭建民用航空产业交流平台，促进合作共赢。组织省内单位参加成渝经济区航空制造领域需求对接会；阎良区联合西飞公司举办航空产业链供应商大会，成立阎良区航空产业融合创新中心，三家供应商与阎良城投集团签订入园协议；西安航空基地积极为企业牵线搭桥，加强央地对接交流合作，成功举办“航空观察室”系列活动，推动航空基地民用航空产业高质量发展。

甘肃省

一、本地区基本情况

2020年，甘肃省现有涉及航空类企业9家，分别是航空工业万里机电有限责任公司、航空工业兰州飞行控制有限责任公司、航空工业天水飞机工业有限责任公司、甘肃长风电子科技有限责任公司、神龙航空科技有限公司（简称神龙航空）、甘肃泛美通航有限公司、甘肃澳雷通用航空有限公司、甘肃席勒航空工业有限公司和甘肃东舟公共飞行服务有限公司。其中，前3家公司隶属于中国航空工业集团有限公司，目前仅有1家企业即神龙航空科技有限公司纳入中国民用航空工业统计。

我省航空产业主要业务为六大类：一是自动驾驶仪及控制增稳系统；二是电动舵机类产品；三是有人机、无人机雷达设备研发生产；四是民用飞机及民用航空雷达维修；五是无人机整机的生产组装及配件生产；六是医疗救护、空中游览、飞行驾驶执照培训、航空器代管、航空摄影和城市消防等众多民用服务类业务。民用航空产品主要以无人直升机为主，产品类型单一。此外，通航运营、航空培训、通航维修等业务刚刚起步，产业体系仍待完善。

神龙航空科技有限公司，是一家拥有自主知识产权，专门从事无人机和通用航空轻型飞行器研发、生产及培训为一体的高技术民营企业。作为甘肃唯一一家生产无人直升机和通用飞机的企业，持有无人机生产资质及驾驶员、机长培训资质，也是甘肃省无人机驾驶员、机长执照考试的唯一考点，被列为国家科技部“十二五”科技支撑计划、国家公共安全应急装备关键技术研究与装备研制项目任务单位。经过近20年的技术积淀，神龙航空已掌握多项无人机核心技术，拥有双杠对置式航空发动机、新材料机架结构、设备搭载云台，实用型发明专利和技术创新成果26项；成功开发出工程应用型无人直升机等8个系列32种机型；自主研发的高性能数字信号传输系统及52mL和80mL无人直升机专用航空发动机处于无人机行业的领先地位。SLA系列无人直升机已被广泛应用于影视空中拍摄、地震洪涝灾情调查、森林火情监测、消防侦察、边境巡逻、地质勘察、环境监测、城镇规划、电力巡线、特高压输电线路架设、农业植保精准化作业、农作物灾情调查、农作物疾病防治及估产等诸多领域，产品性能也在实践飞行中得到了社会各界的普遍认可和好评。特别是拥有自主知识产权的神龙瓦尔辛 –02（WILD THING–02）轻型双座固定翼载人飞机成功下线，进一步完善了神龙航空系列产品，奠定了甘肃通用航空的领先位置和轻型通用飞机的市场先机。作为甘肃最大的无人机及轻型通用飞机生产基地，神龙航空在自主设计、研发、制造无人直升机的同时，与北京航空航天大学、西北工业大学、上海同济大学、兰州交通大学等多所大学进行产学研合作，并与材料专家孙卓院士联合建立了“神龙院士工作站”，为公司发展奠定了强大的科技人才支撑。

二、生产经营情况

2020年，生产无人机247架、通用轻型飞机3架、双座动力伞82架，实现工业总产值4563.52万元。

三、主要产品

（一）飞行器系列

SLA–GH26、SLA–GH52、SLA–GH111、SLA–GH111H2、SLA–GH111H3、SLA–GH111H4、SLA–GH170、SLA–GH170H1、SLA–GH170H2、SLA–GH170H3、SLA–GH190、SLA–GH190H1、SLA–GH500、SLA–GH1000旋翼式无人直升机，SLA–D26H电动旋翼式无人机，SLA–D6×0.75Z、SLA–

D8×0.75Z 多轴飞行器，SLA-30、SLA-50、SLA-60、SLA-90 航模运动旋翼式无人机，SLA-1000 高原大载重无人直升机、SLA-521-I 型软翼飞行器，瓦尔辛两座单发轻型固定翼飞机和“天蝎”轮式双座动力伞。

（二）航空发动机

SLA52mL、80mL 无人直升机双缸对置活塞式专用航空发动机。

（三）航空配套产品

SLA 两轴云台、SLA 起落架联动两轴云台，SLA 三轴云台、SLA 起落架联动三轴云台，SLA 两轴托板云台，SLA 质子磁力仪抗干扰挂载云台，SLA 防凌破冰炸药自动投放引爆系统，SLA 农药植保施药系统，SLA 生命探测仪挂载云台，SLA 警用高空视频音频传输系统，SLA 无人及定点投放装置，利用北斗导航的无人直升机自动驾驶系统。

（四）航空维修改装及服务

航空维修主要发展工程类 SLA-GH260、SLA-GH520、SLA-GH111、SLA-GH170、SLA-GH500、SLA-521-I 型软翼飞行器、SLA-D6×0.75 多轴飞行器、SLA-D8×0.75 多轴飞行器及瓦尔辛两座单发轻型固定翼飞机等机型的维修、托管作业承包等服务。

（五）人员培训

神龙航空科技有限公司取得无人驾驶航空器系统驾驶员训练机构合格证（AOPA）后，2020 年培训无人驾驶航空器系统驾驶员 550 人。同时与甘肃交通职业技术学院、白银矿冶职业技术学院等大专院校签订了联合开办无人机专业培训的意向协议。

四、产品开发与技术进步

新产品的开发主要围绕瓦尔辛两座单发轻型固定翼飞机及 SLA-GH1000 旋翼式无人直升机工程化应用开展研发，在现有机型的基础上，生产开发出了 SLA-GH111H2、SLA-GH111H3、SLA-GH111H4、SLA-GH170H1、SLA-GH170H2、SLA-GH170H3、SLA-GH190H1、SLA-GH500、SLA-GH1000 等多种机型，其中 SLA-GH1000 有效任务载荷可达 100kg 以上，极大地提升了执行任务的能力。在自主研发的 52mL 双缸对置式活塞汽油发动机的基础上，又成功研制了 80mL 风冷双缸对置式汽油发动机，实现了无人直升机发动机的国产化，经过长期载荷试验运行，现已定型并能实现量产，动力系统具备长寿命、低油耗、高推重比的要求，为企业批量生产奠定了基础。

瓦尔辛两座单发轻型固定翼飞机，是神龙航空消化吸收德国技术，自主研发的第一款载人固定翼飞机，该飞机具有安全系数高、飞行稳定、操作简单、对起降场地要求低等优点。

2020 神龙航空开发研制的 SLA-1000 高原大载重无人直升机，采用共轴反桨技术，目前正在西藏阿里地区进行相关试验。

截至 2020 年底，已取得 28 项发明专利和实用新型专利技术，其中发明专利 5 项，实用新型专利 23 项，另有“一种抱箍式大型无人机尾管承载固定装置”“一种高效的无人机半圆弧同步带传动装置”“一种无人机发动机启动离合装置”“一种新型燃油无人机自动控温冷却散热系统”等四项技术正在申报发明专利或实用新型技术。

在坚持自主创新的基础上，采取“走出去、请进来”的策略。神龙航空邀请了亚太材料科学院（APAM）孙卓院士组建了“神龙院士工作站”进行航空材料的科学研究。在研发基于北斗导航的无人直升机自动驾驶系统时，神龙航空与兰州理工大学合作，引进该校博士、教授李策作为项目带头人，负责项目总体设计，提高关键技术的研发能力。

五、重大基础设施建设

神龙航空科技有限公司总投资 66000 万元，占地 86 亩（约 5.7 万 m^2）的年产 500 架无人机及轻型通用飞机生产基地项目目前处于建设施工阶段，各项工作正在有序推进。

自 2017 年以来，张掖通航产业园区累积完成投资 2.2 亿元，建成航空表演区和航空运动基地 2300 亩（约 153.3 万 m^2），完成园区 4.4km 主干道路建设和供排水、绿化、亮化、通信等配套设施建设，新建 4 幢 3 万 m^2 孵化厂房、4 栋 192 套员工公寓楼，10kV 供电工程已建成投入使用，孵化厂房供暖工程已接近尾声。占地面积 780 亩（约 52 万 m^2）、总投资 6.7 亿元的张掖通航产业园创业孵化中心和实训基地

PPP 项目前期工作正在有序推进，目前，该项目已完成可研、立项批复、规划选址、稳评、能评、水保、地勘和项目“两评一案”的编制、评审、报批等前期手续。到目前，已有四川泛美、航天九院无人机所、上海金汇通航、甘肃神龙航空、亚太航空、南京拓攻、国网通航等 7 家通航运营、生产制造企业入驻园区，各类航空器超过 30 架，安置就业 160 多人，改装、组装、试飞和低空旅游、飞行培训、电力管线巡检、警务飞行、医疗救助等业务正常开展。中国通航、新疆爱飞客已把丹霞机场作为河西走廊管道巡线及转场飞行的重要基地。甘肃泛美通航公司拥有民航局批复的 CCAR–91 部、CCAR–61 部及 CCAR–141 部运行资质，目前 12 架固定翼飞机和 6 架直升机正常开展低空旅游、飞行培训、警务巡航等业务，培训学员已达 120 多人。航天九院自 2018 年 11 月中旬入驻产业园以来，一直在通航产业园不间断开展“飞鸿”系列大中型无人机的研发、试验、试飞活动。目前，“飞鸿”–95 无人机改装、组装和载荷试验飞行圆满完成，为加快推进祁连山区无人机人工增雨雪项目奠定了坚实基础。

产业园发展势头良好，正在积极争取列入国家第二批重点支持的 24 个通航产业综合示范区，并在河西走廊设立张掖“低空空域改革试验区”。

第三部分

企业发展概况

中国航空工业集团有限公司

一、企业基本情况

中国航空工业集团有限公司（简称航空工业集团）是由中央管理的国有特大型企业，是国家授权投资的机构，2008年11月6日由原中国航空工业第一、第二集团公司重组整合而成立。航空工业集团设有航空武器装备、民用运输类飞机、直升机、机载系统、通用航空、航空研究、飞行试验、航空供应链与军贸、专用装备、汽车零部件、资产管理、金融、工程建设等产业，下辖100余家成员单位、24家上市公司，员工逾40万人。

航空工业集团大力发展民用航空产业，自主研制AG600大型水陆两栖飞机，系列发展新舟60、新舟600、新舟700等“新舟”系列支线飞机；AC311、AC312、AC313、AC332、AC352等AC系列民用直升机；大力发展运12系列；“海鸥”300、SF50轻型公务机；AG50、AG100等AG系列通用飞机；全力支持C919飞机、ARJ21飞机发展；承接国际航空转包生产任务并成为优秀供应商；为国内外客户提供优质、可靠的产品。同时以通航运营发展为推手，以商业成功为目的，努力成为国内通航产业系统解决方案实践者、通航产业链健康快速发展的推动者、国家通航产业战略目标实现的贡献者。

二、生产经营情况

2020年，航空工业集团实现经营收入4688亿元，同比增长1.5%，实现利润207.4亿元，同比增长7.9%。在民用航空产业方面交付各类民机476架，转包生产和国际合作交付额14亿美元。

三、主要产品

2020年航空工业集团在产在销的主要民机产品有：新舟60/600涡桨支线飞机及以客机为平台改进的货机、增雨机、遥感机等多种用途飞机；AC311A、AC312E民用直升机；运12系列、“小鹰”500和运5B通用飞机；A2C超轻型水上飞机及载人观光气球等。

四、产品开发与技术进步

2020年，航空工业集团承担的民机型号研制项目进展顺利，AG600飞机在青岛团岛海域成功实现海上首飞；新舟700静力试验机完成制造顺利开展试验，完成首飞前67%载荷全机静力试验；AC352完成高温环境试飞；AC312E取得中国民航生产许可证（PC）。

航空工业集团作为主要供应商和合作伙伴，积极支持中国商飞开展C919研制批飞机生产和试飞，ARJ21飞机批产等工作。C919项目完成106架机机体结构部件、机载产品的交付，交付02架机机体结构部件并开始全机疲劳试验；完成10101、10103、10104架机试飞任务，为2020年11月27日获得TIA（型号检查核准书）提供有力支撑；全面启动小批生产。ARJ21项目全面满足上速率30架部件生产配套要求，持续开展“好制造”提高零件质量和合格率，累计保障46架飞机向航空公司交付。

五、对外贸易与合作

（一）国际转包与配套

2020年，新冠肺炎疫情对全球民用航空产业链造成严重冲击，大量新飞机订单被延迟或取消，波音、空客等民机主制造商大幅降低生产交付速率。在全球航空业低迷、商用飞机生产交付速率放缓的情况下，航空工业集团全年实现国际转包配套交付14亿美元。疫情爆发后，航空工业集团与国际主制造商保持密切沟通协调，同时组织相关单位克服疫情影响，恢复生产交付速率，履行合同承诺，保障合作伙伴在华供应链稳定，空客、赛峰专门发来函件，就航空工业集团支持 A320、A350、A220 等重点项目保持稳定交付表示感谢。中航客舱积极应对疫情影响，制订应对方案，推进所属企业间市场、采购、生产业务协同，同时进一步拓展国内市场，所属航宇嘉泰获得东航 36 架份 A320NEO 座椅订单。

（二）国际经济技术合作

在合资合作方面，与空客合资成立的哈飞空客复材制造中心作为 A350XWB 飞机方向舵、升降舵、机腹整流罩等部件的全球唯一供应商，积极克服疫情影响，保障空客产品生产交付。航空工业集团、天津保税区与空客共同合资投建的空客（天津）总装公司全年交付 51 架 A320 系列飞机，同时稳步推进 A350XWB 完工中心项目的建设。航空工业－波音制造创新中心克服疫情影响，积极开展线上培训和工程技术支持，为波音项目交付质量的提升奠定基础。

（三）国际化业务

2020 年，航空工业集团努力克服疫情和国际格局深度调整带来的不利影响，稳步推进“空中丝路”计划，完善“空中丝路”联盟，推动航空全产业链联动合作，推进民机、无人机、机场建设、成套出口等国际业务规模化发展。

六、通航运营

截至 2020 年底，航空工业集团下属通航运营企业 17 家，其中海外运营 1 家，国内 16 家企业主运营基地分布于全国 14 个省、市和自治区。2020 年，17 家运营企业共计完成飞行量 7.8 万 h，收入共计 8.2 亿元。

航空工业集团坚持通航运营发展与制造业相结合，通航运营积极拉动国产飞机发展。营造通航发展环境，利用“通航日”“双创大赛”“通航网络知识竞赛”等活动引领通航文化传播，充分展示航空工业通航软实力。推动全社会参与通航发展，与地方政府和社会资本合作取得成效，推动中航飞校与中国民航飞行学院、飞龙公司与黑龙江交通投资集团、通飞与山东机场集团等合作项目签约。

中国商用飞机有限责任公司

一、企业基本概况

中国商用飞机有限责任公司（简称中国商飞）是实施国家大型飞机重大专项中大型客机项目的主体，也是统筹干线飞机和支线飞机发展、实现我国民用飞机产业化的主要载体，主要从事民用飞机级相关产品的科研、生产、试验试飞，从事民用飞机销售及服务、租赁和运营等相关业务。

中国商飞于2008年5月11日成立，总部设在上海。中国商飞由国务院国有资产监督管理委员会、上海国盛（集团）有限公司、中国航空工业集团有限公司、中国铝业集团有限公司、中国宝武钢铁集团有限公司和中国中化股份有限公司出资组建。2018年底，新增股东单位中国建材集团有限公司、中国电子科技集团有限公司、中国国新控股有限责任公司。

中国商飞使命是："让中国的大飞机翱翔蓝天"，愿景是："为客户提供更加安全、经济、舒适、环保的商用飞机"。截至2020年底，中国商飞所属单位有上海飞机设计研究院、上海飞机制造有限公司、上海飞机客户服务有限公司、北京民用飞机技术研究中心、中国商飞民用飞机试飞中心、上海航空工业（集团）有限公司、上海《大飞机》杂志社有限公司、中国商飞美国有限公司、中国商飞四川公司、商飞资本有限公司、商飞集团财务有限责任公司，以及商飞大学（商飞党校）。与俄罗斯联合航空制造集团公司（UAC）合资成立中俄国际商用飞机有限责任公司，作为CR929宽体客机研制主体。设立美国办事处、欧洲办事处，参股中国航空发动机集团有限公司、成都航空公司、浦银金融租赁公司等。截至2020年底，中国商飞公司从业人员15774人。

二、主要产品

（一）型号研制取得重要进展

2020年，ARJ21项目围绕"建党百年、交付百架"阶段目标，全力推进"三好一降一能"工作，产品竞争能力显著提升，在世界上海拔最高的民用机场稻城亚丁完成高高原试验试飞，扩展最大起降高度。ARJ21飞机系列化发展态势基本形成。

2020年，C919项目全面推进试飞取证工作。坚持"稳中求进、安全发展、高质量发展"的工作基调，贯彻"确保试飞安全，狠攻技术难关，狠抓试飞效率，狠拼条款关闭"的工作要求，奋力向取证交付目标不断迈进。C919项目通过中国民航局评审，获签首个型号检查核准书（TIA），开展首个审定试飞科目，正式进入局方审定试飞阶段。

2020年，CR929项目按照"稳中求进、深化设计、夯实合作"的工作要求，细化门禁准入准出准则，推进"拉通四算"和"挣值管理"，完善"个十百千万"计划管理体系，项目管理效能不断提升。理清项目管控模式，下大力气做实合资公司，健全项目组织架构，完成合资公司董事会和监事会换届，合作基础进一步牢固。

（二）市场营销取得重大突破

2020年，面向成都航空、华夏航空等客户，举办销售签约和飞机交付仪式，加强客户互动，深化联合宣传。召开年度客户大会，与最广泛客户群体多维度、多角度探讨交流国产商用飞机发展前景及ARJ21飞机市场战略。加强海外市场探索研究，全面推进海外市场开拓工作，为ARJ21飞机打入国际市场做准备。

（三）批产交付提质提速

2020年，ARJ21飞机顺利交付三大航运营，与华夏航空签订 100 架购机合同并交付 2 架飞机。全年生产 26 架、交付 24 架飞机。产品质量显著提升，单机故障拒收报告下降 53%。

（四）航线运行平稳顺畅

2020 年，新增 5 家用户投入航线运营，机队 45 架，新增航线 88 条，新增通航城市 34 座，多用户、大机队运营支持能力得到验证。航线飞机安全运营时间大幅提高，累计安全运营达 5.2 万 h，累计安全运送旅客超过 167 万人次。

三、航空科研

2020 年，中国商飞 ARJ21 飞机项目首次荣获国家科技进步奖一等奖，3 项成果获评上海市科技进步奖。标准可用总量超 15000 项，型号标准贯彻执行率显著上升。成功举办第四届“国际科技创新周”，累计与 69 所高校落实 1200 余项项目。

四、机构调整和体制改革

（一）全面启动公司改革三年行动

2020 年，中国商飞全面贯彻落实党中央、国务院关于国企改革 3 年行动的决策部署，统筹公司现有的“5+4”专项改革和综合改革工作体系，发布《公司改革 3 年行动实施方案（2020—2022 年）》，明确公司改革 3 年行动的指导思想、基本原则等总体要求，全面完成 2020 年的 66 个节点，计划完成率 100%。

（二）推进混合所有制改革

2020 年，中国商飞所属上飞公司启动翔运公司混合所有制改革项目，根据国资委《国企改革“双百行动”工作方案》和《中国商用飞机有限责任公司关于报送上海航空工业（集团）有限公司和上海翔运国际货运有限公司“双百行动”综合改革实施方案备案的报告》有关要求，上海翔运国际货运有限公司被列入“双百企业”名单，推进混合所有制改革，实现股权多元化。

中国航空发动机集团有限公司

一、企业基本情况

中国航空发动机集团有限公司（简称中国航发）是中央直接管理的军工企业，由国资委、北京国有资本经营管理中心、中国航空工业集团有限公司、中国商用飞机有限责任公司共同出资组建。中国航发注册资本为500亿元，注册地位于北京市海淀区，2016年8月28日成立，下辖28家直属企事业单位，拥有3家主板上市公司，现有职工7.7万人，拥有包括7名院士、200余名国家级专家学者在内的一大批高素质、创新型科技人才，具有较强的科研生产能力，以及较为完整的航空发动机、燃气轮机研发制造体系与试验检测能力。

中国航发秉承"动力强军、科技报国"的集团使命，坚持"动力为本、质量制胜、人才强企、合作共赢"的经营方针，从事航空发动机、辅助动力、燃气轮机、飞机和直升机传动系统的研制、生产、维修和服务，以及航空材料及其他先进材料的研发与制造。中国航发设计生产的涡喷、涡扇、涡轴、涡桨、活塞式发动机和燃气轮机等产品，广泛配装于各类军民用飞机、直升机和大型舰艇、中小型发电机组，客户涉及航空、航天、船舶、能源等多个领域，为我国国民经济发展做出了突出贡献。

二、生产经营情况

2020年，中国航发实现营业收入546.7亿元。

三、主要产品

中国航发现有的民用航空发动机产品主要有涡轴16、涡轴8A/D、涡桨6等。现有直升机传动系统产品主要有配装国产AC311、AC312、AC313直升机的传动系统，以及配装空客直升机公司H175直升机的尾传动系统。

四、新产品开发

在民用航空发动机方面，针对C919飞机需求，开展大型客机发动机原型机长江（CJ）1000A项目研制，稳步推进核心机和整机试验工作。针对AC352中型直升机需求，对法合作研制的涡轴16发动机取得了中国民航局颁发的生产许可证（PC），并积极支持AC352直升机开展取证试飞。为满足5～6t民用直升机对动力的需求，开展1000kW级民用涡轴发动机（AES100）研制，2020年完成首飞前地面试验，型号合格证（TC）申请获得受理。为满足新一代民用新舟700系列支线涡桨飞机等对动力的需求，开展5000kW级民用涡桨发动机工程验证机（AEP500）研制，2020年实现整机转速达标。在民用直升机传动系统方面，积极开展未来5～6t级直升机传动系统研制工作。

五、航空科研

针对大型客机发动机研制对材料的需求，开展大型客机发动机关键材料与应用技术研究，逐步实现工程化，满足发动机适航对材料的要求。

六、航空零部件转包生产

2020年，中国航发持续开展航空发动机国际转包业务，主要为GE航空、赛峰公司、罗罗公司、普惠加拿大公司、普惠公司、霍尼韦尔公司等国际主要航空发动机厂商提供零件产品，全年航空零部件转包生产交付额约3.1亿美元。

七、国际经济技术合作

2020年，面对新冠肺炎疫情冲击和国内外风险挑战明显上升的复杂局面，中国航发坚持底线思维、发扬斗争精神，以"控风险、化危机、稳当前”和“明定位、强基础、布长远”为重点，持续完善国际合作制度体系，有序开展境内外疫情防控，多措并举促进管理能力提升。坚持以“非必要不派出、非必要不邀请”为原则，系统保障、防放结合，有效化解疫情危机，实现零输入、零感染。以“保重要任务，保必要交流”为核心，聚焦主业、精准施策，持续推动开展国际交流合作，邀请外国专家来华开展涡轴 16、长江 1000AX、长江 2000 等重点型号试验试飞和培训等工作。积极利用线上交流渠道，与赛峰公司、霍尼韦尔公司等战略合作伙伴召开高层会议，维护和畅通双边合作交流。

八、机构调整和体制改革

2020 年，中国航发以改革创新为根本动力，坚持聚焦主业，全面深化改革，持续完善运行机制。对总部部门机构职责进行优化调整。将中国航发北京有限责任公司调整为直属单位进行管理。研究制订落实国企改革 3 年行动实施方案，明确改革发展路线图，全面落实责任体系，年度改革任务全部完成。大力推进“双百行动”，完成综合改革第一阶段任务，中国航发商发激励机制改革成效显著，全面薪酬体系基本建成；南方宇航混合所有制改革顺利完成，通过引资本、转机制，解决企业负债偏高、机制不活等发展瓶颈。推动航材院有限公司、青岛云路公司科改示范行动，试行经理层任期制和契约化管理。深化开展直属单位组织机构优化和定岗、定编、定员工作，科技人员占比进一步提高，顺利实现“十三五”队伍结构优化目标。实施工资总额预算精准化管理，工资总额增量重点支持型号任务攻关、高层次人才引进等工作。大力推动中国航发－北航“航空发动机研究院和航空发动机国际学院”建设，与 4 所高校新建 8 个大学技术中心和实验室。

中国电子科技集团有限公司

一、企业基本情况

中国电子科技集团有限公司（简称中国电科）是中央直接管理的国有重要骨干企业，突出“军工电子主力军、网信事业国家队、国家战略科技力量”三大定位，聚焦“电子装备、网信体系、产业基础、网络安全”四大重点业务领域，肩负着支撑科技自立自强、推进国防现代化、加快数字经济发展、服务社会民生的重要职责。中国电科是我国军民用航空通信、导航、监视、气象等空管与机场装备、通用和特种飞机整机、机载航空电子系统及设备等国产化的主要承制单位，是我国空中交通产业发展的引领者。

中国电科所属二级成员单位47家，上市公司11家，分布在全国20多个省市自治区，现有职工近20万余人，其中中国工程院院士11名。拥有一批国内一流的中试线、生产线、装配线和机加工中心，形成了国内电子领域最完整的研究、设计、试制、生产及试验能力体系，有完备的质量保证体系，取得了一批领先或接近国际水平的重大科技成果，在一些关键技术领域始终保持着国内领先、国际先进的地位。在民用航空产业领域，形成空中交通管理系统、通用航空产品、航空电子产品、航空运营服务四大业务体系，并取得了显著成绩，品牌地位逐年提升。

二、主要产品

在民用航空领域，中国电科重点研发了机场场面监视系统、塔台视景系统、机载通信导航设备、信息系统、客舱系统、塔台综合显示系统、飞行流量管理系统、飞行环境监视系统、钻石飞机、特种飞机、无人机、复合材料等产品，包括一次/二次监视雷达、气象雷达、多点定位系统、机场场面监视雷达、ADS-B等多个系列化产品，以及空管监视系统整体解决方案，实现飞机航路、进近、起降和机场场面的全空域监视，为空管提供精确的目标位置信息。

三、新产品研发

中国电科围绕空中交通管理、通用航空、航空电子、航空运营服务四大业务，全面拓展和提升民用航空产业领域的技术产品水平。在民用航电系统关键技术研究和开发取得重大突破，多项技术居国际领先水平，并有多项专利获得受理和授权。国内首家获得中国民航局颁发《民用航空空中交通通信导航监视设备使用许可证》和《民航空管主用系统使用许可证》，首家通过民航第三方软件测试。

空管方面，中国电科突破多项技术瓶颈，研制了“高级场面活动引导控制系统Ⅳ级”“塔台电子化管理系统”“大型空管自动化系统”。已将“空管移动应急系统工程设备舱、天线塔”合同成功签订，标志着中国电科首次进入民航应急装备领域。

低空空管方面，中国电科在低空运行领域实现了基于网络扁平化和数据驱动的一体化分布式系统架构，在飞行服务系统中集成并验证基于大容量高效融合技术的北斗RDSS系统、基于3G（WCDMA）的空地宽带通信系统和基于VoIP的语音组网系统，整体技术水平达到国内领先。

民机航电系统方面，通过实施民机航电系统相关项目，掌握民机航电系统总体设计、设备研发、航电软件开发、系统集成、产品生产、适航取证等关键技术，建立起完善的民机航电系统研发和生产的质量适航管理体系，提升了民机航电系统及设备的设计开发、系统集成、生产制造、适航取证和服务保障等方面的能力。以国家C919大型客机项目为契机，构建航空电子产业平台，开展国际交流与合作，将国际先进的技术、成熟化的产品与国内需求相结合，大力推进国产大型客机航电系统的国产化进程。

此外，中国电科进一步向航空运营服务领域迈进，开展了航空维修业务，并取得航材分销商证书、航空运营人承修商证书、德国 TMG 发动机授权维修中心认证等多项资质认证。

四、国际经济技术合作

中国电科按照拟定的发展规划，确定了“通过国际合作高起点切入民用航空电子领域”的实施战略。2020 年，中国电科克服疫情和中美贸易摩擦双重影响，坚定国际合作战略，在继续夯实前期与柯林斯、泰雷兹、钻石公司等国际公司合作成果的基础上，加速自主创新，通过国际化视野在客舱系统、通信导航系统和航空互联系统等多领域，进行提前布局，争取弯道超车。

五、重大项目建设

中国电科在民品产业发展过程中，积极推进内涵式与外延式相结合的经营策略，从体制机制上，探索出一条国有资本、民营资本、地方政府资本互相融合的投资与资本运作的发展模式。中国电科以中电科航空电子有限公司为依托在成都和芜湖分别建立航电产业园和通用航空产业园。

航空电子方面，与柯林斯和泰雷兹分别合资成立了中电科柯林斯航空电子有限公司（简称“电科柯林斯”）和中电科泰雷兹航空电子有限公司（简称“电科泰雷兹”）。电科柯林斯成立于 2013 年 12 月，依托 C919 项目，业务涉及商用飞机的航电系统及其衍生产品的设计、研发、制造、修理和维护；电科泰雷兹成立于 2013 年 2 月，以 C919 项目为契机，致力于成为全球单通道飞机客舱娱乐系统的卓越中心，专门从事民用航空电子领域机载娱乐系统业务。

通用航空方面，投资成立了中电科芜湖钻石飞机制造有限公司（简称“飞机公司”）和中电科特种飞机系统工程有限公司（简称“特飞公司”），增资控股了成都华太航空科技股份有限公司（简称“华太航空”）。飞机公司成立于 2013 年 12 月，以引进钻石公司 DA42、DV20E 两条飞机生产线起步，主要业务包括三类 7 款通用飞机和无人机的研发、生产及销售，是国家发改委批准的首个国家级轻型通用飞机国家工程设计中心；特飞公司成立于 2014 年 12 月，主要包括特种飞机、无人机、低空管控与服务三方面业务。

中航西飞民用飞机有限责任公司

一、企业基本情况

中航西飞民用飞机有限责任公司（简称西飞民机）成立于2015年4月10日，是中国航空工业集团有限公司旗下中航西安飞机工业集团股份有限公司的成员单位。公司性质为国有控股企业，注册资金84.96亿元，由中航西安飞机工业集团股份有限公司、中国航空工业集团有限公司、陕西航空产业发展集团有限公司等9家单位投资组建成立。

西飞民机是集民用飞机研发、总装集成、飞机修理、市场营销、用户服务为一体的民用飞机制造企业。公司积极构建完备的民机产业发展体系，形成与国际接轨、功能健全的民机产业布局。当前主要产品包括“新舟”系列涡桨支线飞机、民用货机，以及人工增雨机、遥感机、医疗救护机等多用途飞机。截至2020年底，西飞民机拥有员工1254人，资产总额达54.93亿元。

西飞民机积极践行“航空报国、航空强国”的初心使命，坚持“以客户为中心，以奋斗者为本”的发展理念，做优“新舟”产品、做强民机产业，致力于成为世界领先的中型固定翼运输机产品和服务的提供商，用中国高端制造、航空卓越品牌服务全球用户。

二、企业经营情况

2020年，西飞民机主要业务板块收入3.88亿元，同比增长26.4%；实现利润总额55万元，和2019年相比，实现了扭亏为盈；总资产规模达到54.9亿元，同比增长17.6%，总资产规模逐年上升。

三、主要产品

公司目前的主要产品为自主研制的新舟700支线客机和新舟60/600系列飞机。

2020年，公司自主研制的新舟700支线客机顺利完成全机静力试验，全机试验取得新突破。

2020年，完成1架新舟60增雨机生产任务。新舟60/600系列飞机经过十余年的实践和发展已累计向19个国家34家客户交付了107架，累计运输量已突破1300万人次，在世界范围内初步树立起了中国民机的品牌形象。基于该平台的人工增雨机、遥感机、海监机、医疗救护机等多用途飞机已经得到广泛推广应用。

四、产品开发和技术进步

2020年，西飞民机研发投入89154万元，占总收入比重229.6%。2020年11月，被陕西省工业和信息化厅认定为“陕西省省级企业技术中心”。获得陕西省2020年科技进步奖二等奖。

五、国际经济技术合作

2020年，国际政治贸易环境发生深刻变化，中美贸易摩擦对航空业造成诸多影响。新舟60/600团队克服前期疫情的不利影响，完成1架贝宁飞机转场交付，签订了3架飞机销售合同，2架增雨机达到交付状态。

六、企业改革改制

2020年，西飞民机按照市场化改革方案，实施用人机制调整，打通职业发展渠道，实现干部能上能下、员工能进能出；开展薪酬体系和绩效评价机制重构，实现了员工收入能升能降，持续夯实发展基础。

2020年，西飞民机完成了基于应用ARIS环境的业务流程升级，实现AOS管理体系V3.0上线运行；端到端流程梳理完成框架设计；创新推进了管理类项目化模式试点；完成PLM平台建设与数据迁移，达到运行状态；ERP项目启动实施；完成OA二期建设，持续驱动公司管理效益，不断巩固提升管理能力。

中国商飞上海飞机制造有限公司

一、企业基本情况

中国商飞上海飞机制造有限公司（简称上飞公司）是中国商飞全资子公司和总装制造中心。前身为始建于1950年的飞机修理队，后更名为国营第五七〇三厂、上海飞机制造厂，于2008年5月11日整建制进入中国商飞。2009年6月6日，实现公司制改造，由上海飞机制造厂改制为上海飞机制造有限公司。2018年3月9日，按照现代企业管理制度和国企改革要求，上飞公司成立第一届董事会，推动法人治理机制建设。

上飞公司承担我国自主知识产权的ARJ21新支线飞机批生产、C919大型客机和CR929宽体客机研制任务，主要承担飞机总装集成、复合材料等关键零部件制造、维修交付和转包生产等主营业务。

二、主要产品情况

（一）C919大型客机项目

批生产开工全面铺开，6机多地试飞保障有力。完成全部机体结构件设计及工艺成熟度评估。完成国内机体供应商第一轮批生产合同价格谈判。保障颤振、失速、空速校准符合性试飞等重要试飞科目开展，保障取得首个型号检查核准书（TIA）。

（二）ARJ21新支线飞机项目

2020年，批生产效率加速提升，浦东生产线纳入局方批准的生产许可证（PC）体系，两地生产线全面投产、提速。2020年，完成26架飞机总装下线、24架飞机交付客户。

（三）CR929宽体客机项目

规划复合材料顶层设计文件，通过机体结构初步设计评审。开展复合材料大部段供应商选择，制订机身部段供应商双选方案。推进研保和生产线建设，中俄联合确定总装线建设技术方案。

三、产品开发与技术进步

完善科技创新体制机制，打造科技创新平台；深化试验验证能力联盟，加速上飞公司智能化转型升级步伐；共建民用飞机航空产业链与物流大数据联合实验室、集成测试实验室；举办上飞公司第六届科技大会暨科技活动节、第一届移动机器人智能应用创新系列赛，搭建技术交流平台，激发创新创造活力。

四、国际经济技术合作

上飞公司与美国伊顿集团共同出资组建的合资公司——伊飞公司OEM管路工作包按时交付率达99%。上飞公司与法国赛峰公司共同出资组建的合资公司——赛飞公司积极开拓市场。11月25日，上飞公司与英国吉凯恩航宇服务有限公司、中航国际供应链科技有限公司完成战略合作项目——凯飞民用航空结构件生产制造合同的签约和项目奠基。

五、重大设施建设

上飞公司完成ARJ21新支线飞机浦东基地生产线二期、整机喷漆厂房基础工程建设，以及大场基地部装生产线搬迁；完成质量保障系统成品校验中心综合验收；完成CR929宽体客机复合材料工艺试验验证厂房桩基工程建设；推进工艺提升平台建设，完成关键工艺设备验收。

六、企业改革改制

成立上飞公司高质量发展领导小组和推进办公室。发布《上飞公司2020—2022年发展纲要》，编制“十四五”发展规划。成立专项改革工作小组，增强企业发展内生动力。调整优化组织机构，组建适航审核中心，在质量管控中心成立产品安全部。组建“零号车间”，打通从技术研发到产业化集成应用路径。推进去机关化专项整改，简化审批流程，修订制度文件。

中国商飞上海飞机设计研究院

一、企业基本情况

中国商飞上海飞机设计研究院（简称上飞院）前身为成立于1970年9月15日的中国人民解放军第五七〇三厂708工程设计组（简称708工程设计组）。1973年12月12日，708工程设计组从中国人民解放军第五七〇三厂划出，单独成立上海市708设计院，属上海市第一机电工业局领导。先后更名为640设计所、上海飞机设计所、上海市飞机设计研究所、上海市640研究所、上海市飞机研究所，2003年与西安603所实行“东西整合”，称中国航空工业第一集团公司第一飞机设计研究院上海分院，保留上海飞机设计研究所（640所）独立事业法人身份。2008年5月11日，中国商用飞机有限责任公司挂牌成立，原上海飞机设计研究所整建制进入中国商飞公司；2009年10月，经中央机构编制委员会办公室批准，更名为中国商用飞机有限责任公司上海飞机设计研究院，对内称设计研发中心；2012年，上飞院整体搬迁至浦东新区张江高科技园区（占地1200亩约80万m^2），原位于大场的ARJ21新支线飞机系统综合实验室继续保留。

上飞院的发展目标是打造国际一流商用飞机设计研发中心，形成世界级的商用飞机设计研发能力。围绕目标，做强一条主轴，建成两套体系，夯实三项基础，形成四项支撑，强化六种能力，培育一个集群。

二、主要产品

（一）C919大型客机项目

2020年，C919飞机适航取证进入冲刺阶段，获得型号检查核准书（TIA）。开展六机多地大强度试飞，系统验证全面实施，狠拼条款关闭，狠抓试飞效率，压实科目团队责任，组建专项团队，顺利完成侧风、高温高湿、排液等重大专项试飞任务；实现年度批产全面开工目标。

（二）ARJ21新支线飞机项目

扎实推进ARJ21“三好一降一能”，飞机竞争能力稳步爬坡。以客户为中心，狠抓工程支持，实现三大航、江西航、华夏航的首架交付。安全运营保障有力，航线运行态势持续向好。加快系列化发展，推动供应链安全可控。

（三）CR929宽体客机项目

按照“稳中求进、深化设计、夯实合作”的指导思想，完成需求捕获，不断优化和深化技术方案，开展全机和系统仿真验证，技术成熟度实现提升。机身结构初步设计通过评审，机头首件开工件完成预生产数据发放。

三、产品开发与技术进步

推进院士工作站和联合实验室建设。完成1项国家级、6项上海市级、20项公司级和75项院级科技成果申报，开展14个项目中（国家5项、公司9项）的31项成果转化工作，其成果已应用于型号研制中。

四、国际经济技术合作

围绕“建成国际一流航空设计研发中心”的战略目标，坚持开放创新、合作共赢，与国内外供应商开展更大范围、更宽领域、更高层次的合作，推动民机技术共进步和商业模式互惠共赢，促进产业深度融合。

五、重大设施建设

2020年8月，电磁环境效应实验室建成并投入使用。有序推进客户选型中心展示工程建设，完成燃油实验室改造工程。完成研保项目工艺设备采购，推进湖南长沙动力学平台建设项目，提升设计仿真机试验验证能力。

六、企业改革改制

发布实施《上海飞机设计研究院2020年度全面深化改革工作计划》(院计字〔2020〕84号)。优化完善上飞院组织架构，完成所部中心机构调整和业务职责划分，新成立2个技术部门，调整试验验证中心组织架构，在5所5中心及成本工程部设立流程设计组，完成5项职责调整。

空中客车（天津）总装有限公司

一、企业基本情况

空中客车（天津）总装有限公司（简称空客天津公司），由空中客车公司投资股份 51%（控股）、天津保税区投资公司和中国航空工业集团有限公司组成的中方投资联合体投资股份 49% 组成。坐落在滨海新区保税区空港经济区内，占地面积 90 亩（约 6 万 m^2），建筑面积约 11.4 万 m^2，总投资 70 亿元。公司平时有外籍人员 18 人，总人数 200 余人，高峰时期外籍人员 120 人，总人数 450 人左右。厂区常驻供应商和合作方 200 多人。

二、生产经营情况

2020 年，空客天津公司实现月产 4 架总装交付能力，全年完成交付 A320 飞机 41 架，其中实现向境外交付 1 架；2020 年末在职员工 686 人，2020 年企业主营业务收入 6.2 亿元。累计交付 A320 飞机 506 架，A330 飞机 18 架。

三、主要产品

空客天津公司主要由一条空中客车 A320 系列飞机总装、喷涂生产线组成，完成总装、喷涂、性能测试、取证后，再交付给另外一家由总部独资的交付公司。该生产线是空中客车公司在欧洲以外的第一条飞机总装线，主要总装 A319 飞机和 A320 飞机（单通道双发中短程 150 座级客机）。空客 A330 项目位于滨海新区空港经济区，紧邻空客天津公司 A320 系列飞机总装线，占地面积 34 万 m^2，于 2016 年 3 月开工建设，总投资额约 16 亿元，完成了飞机机库、喷漆车间等 10 个单体建筑建设，建筑面积 6.4 万 m^2。空客 A330 项目主要负责飞机接收、客舱安装、飞机喷漆、发动机试车和飞行测试，以及飞机交付和客户接收等工作。

四、产品开发与技术进步

A350 项目厂房改造顺利推动，已完成厂房通风设施、地面标识的改造，正在进行生产工装夹具的采购和安装。A320 机身装配项目厂房工程已完成施工进度 70%，目前已经完成主体钢结构立柱和横梁安装以及主体施工。

2020 年实现 A320 项目厂房设备设施管理全年无重大故障、无人员重大事故。厂房设备设施的年度预防性维护工作完成率达到 99%，年度热线完成率超过 95%。完成了空客 A320 项目喷漆车间大修、厂区地面沉降维修，防爆检测、厂房地面环氧地坪改造、厂房屋顶防水改造等 100 余项技术改造任务，为 A320 项目后续平稳运营奠定了基础。

五、国际经济技术合作

推动 A320 现有总装线再增速谈判，确定了月产 7 架商业模型及总装费。全力配合空客协调海关、机场等单位，全年完成 6 架次飞机的防疫物资运输。完成了飞机租赁区、空客、机场、海关和政府相关部门的各项协调工作。

六、重大设施建设

一是完成 A320 第二条生产线及机身结构组装项目选址调查问卷，与 A320 第二条生产线项目选址团队进行多轮会谈。8 月和 10 月，市主要领导会见空客中国首席运营官及项目选址团队一行，与空客公司首席运营官召开电视电话会，分别就 A320 第二条生产线项目选址工作进行推动。二是推动 A350 宽体机交付中心项目启动各项准备工作，为 2021 年首架 A350 飞机抵津做好准备。

中航通飞华南飞机工业有限公司

一、企业基本情况

中航通飞华南飞机工业有限公司成立于2012年7月，属大型国有企业，隶属于航空工业集团，是中航通用飞机有限责任公司（简称通飞）旗下的全资子公司。2020年末，公司资产总额293106万元，拥有员工927人。

公司现已通过国家级高新技术企业、AS9100D质量体系、广东省安全生产标准化二级企业、珠海市技术中心及珠海市“三高一特”企业、珠海市“海智工作站”等资质认证，并取得省长杯工业省级大赛新材料应用专项奖及赛区一等奖、市长杯工业设计大赛一等奖、广东省创新成果一等奖、航空工业集团优秀团队奖、中国航空学会航空科普工作先进单位、全国五四红旗团委等荣誉。

公司经营范围包括：航空产品、非航空产品整机或零部件的研发、制造、维修、试飞、交付、销售及销售支持服务；工装、工具等工艺装备的设计、制造、销售及销售支持服务；场地租赁；转售水电；转售材料等。

二、生产经营情况

2020年，公司紧紧围绕年度“必胜战役”目标，克服新冠疫情影响，攻坚克难，多线作战，全面完成各项经营任务，经济运行质量得到改善，各类飞机销售33架，实现营业收入40041万元，利润总额1203万元，工业总产值78209万元。

三、主要产品

公司作为主制造商在研的飞机产品有大型灭火/水上救援水陆两栖飞机“鲲龙”AG600，在产并实现批产的产品有单发活塞轻型系列飞机SR20/SR22。其中，AG600项目作为公司核心项目，属国家重点科研项目，2009年6月国家正式批准立项，其研制目标是为满足我国森林灭火和水上救援迫切需要，并为国家航空应急救援体系建设提供装备，是国家大飞机“三剑客”之一。在2017年12月24日陆上首飞及2018年10月20日水上首飞后，分别收到了习近平总书记及国务院的贺电。2020年7月26日在青岛完成海上首飞。通过该项目研制，填补了国内大型水陆两栖飞机的研制空白，形成了具有自主知识产权的设计研发体系，提升了我国水面飞行器的设计制造能力和产业化能力。

四、产品开发与技术进步

公司坚持“创新驱动发展”战略，以拥有核心自主知识产权为目标，全力推动公司科研自主创新和能力建设。以AG600型号研发为重点，构建公司三级技术体系框架，全面启动了AG600的专利布局。完成公司科技发展规划，积极配合上级机关及重点用户“十四五”规划编制工作，实现公司科技发展要点与上级规划的对接。完成知识工程初步建设方案并启动了知识管理工作，为公司知识沉淀和知识创新工作打下了基础。2020年公司完成70项专利（其中发明专利49项）和2项科技成果的申报工作，新增授权专利31项，通过了航空工业集团对公司专利三期工程的验收。

公司现已掌握大型特种飞机总装技术、低成本非金属工装制造及试飞技术，拥有大型飞机装配和生产交付试飞等能力，核心技术接近行业领先水平。

五、国际经济技术合作

公司与美国西锐公司合作，采用TC证（型号合格证，归属西锐公司）与PC证（生产许可证，归属华南公司）分开的形式，建立国内西锐飞机总装生产线，实现散件进口后国内装配、国内销售，快速切入公务机产业链，快速提升零件生产和装配技术。2020 年公司克服新冠疫情及中美贸易摩擦影响，按节点推进国外零部件采购业务，顺利完成 43 架机组装，实现 20 架机交付，17 架机待交付，7 架机处于试飞调试状态。

六、重大设施建设

公司毗邻广东省珠海市金湾机场，占地面积 750 亩（约 50 万 m^2），基础设施和科研生产条件完备，具备极强的区位优势和发展潜力，是集通用航空研发、制造、销售、服务为一体的综合性高科技企业。公司拥有各类建/构筑物总面积 144734.7m^2；拥有各类科研生产设备 3011 台（套），涵盖飞机总体、气动、结构、强度、系统、航电、动力、环控、总装、试验及试飞等型号研发、制造、试飞等专业领域，具备年产 4 架 AG600 的总装和交付能力。其中，专业设计软件 27 套，含飞机结冰、重量重心计算和强度分析等；专业办公软件 26 套；办公用品设施 120 台（套）；信息化类设备 973 台（套）；科研生产设备/设施 1865 台（套）。

七、企业改革改制

继 2018 年公司整合同属于通飞旗下的珠海中航通用飞机客户服务有限公司、中航通飞研究院有限公司形成“珠海通用航空研发制造基地”后，2020 年公司围绕大型灭火/水上救援水陆两栖飞机“鲲龙”AG600 研制核心任务，先后对上述单位的部分人员和资产进行吸收合并，形成公司“市场－研发－制造－销售－客服”一体化的管理格局。

公司以业务流程管理为主线，以解决流程难点痛点为目的，以对标提升行动实施方案为载体，扎实推进 AOS 体系建设。在完成公司业务全景图的基础上，进一步建立了业务流程和文件的映射关系，形成了整合后全新的一体化管理体系文件，推进组织由职能型向流程型转变，助力研发制造一体化高效运行。

中航通飞华北飞机工业有限公司

一、企业基本情况

中航通飞华北飞机工业有限公司（简称航空工业通飞华北公司）是由中航通用飞机有限责任公司、中国航空科技工业股份有限公司、河北航空投资集团有限公司三方在航空工业石飞基础上共同出资组建，注册资金 15 亿元。

航空工业通飞华北公司是航空工业集团所属成员单位，是航空工业通飞的核心骨干企业。公司占地面积 1091 亩（约 72.7 万 m^2），厂房面积 14 万 m^2，拥有 1200m 跑道 A1 类通航机场 1 座，资产总额 24 亿元，在职员工 1000 余人。公司以通用飞机研发制造为核心业务，是国内以研制生产通用飞机为主的专业化主机厂，具有机加、钣金、钳焊、铆接、复合材料加工及飞机部装、总装、试飞等综合能力，积累了丰富的通用飞机研发、制造管理、适航取证、持续适航的经验和能力。公司是战略性新兴企业，河北省工业企业 A 级研发机构、省级工业设计中心，建有省级企业技术中心，通过了 AS9100D 质量体系认证，取得国家国防科工局颁发的《计量认可证书》，具备装备承制资格，拥有自营进出口经营权资格。

二、生产经营情况

2020 年，公司坚持“一体两翼、三个支柱”企业发展定位，围绕“开拓市场、深化改革、提升效益”工作主题，明晰发展战略方向，坚持市场导向，积极开拓飞机市场，大力推进航空航天结构件业务拓展，改善经营状况，实现了企业经营环境和效益明显改善。2020 年整机生产交付数量大幅增长，经济总量上台阶，运行质量平稳。营业收入实现 42104 万元，同比增长 20.77%；工业总产值实现 32053 万元，同比增长 42.09%。全年整机生产交付各型飞机 15 架。

三、主要产品

1. 运 5B 飞机及运 5B 无人机

公司主要产品运 5B 飞机作为公司建厂之初就投入生产的经典机型，是国内生产量最大、销售量最大、市场保有量最大和年飞行作业量最大的通用飞机机型。运 5B 飞机符合民航局 CCAR–23 部适航标准，广泛应用于农林作业、飞行员培训、空中游览、航拍航测、空投伞降、客货运输、勤务用机等多个通航领域。

公司为进一步提升运 5B 飞机飞行性能，降低运营成本，强化产品核心竞争力，重新焕发经典机型的市场活力，实施了运 5B 飞机换装涡桨发动机项目，换发完成后，运 5B 飞机的性能及技术水平将在同级别机型中处于先进水平；公司将持续实施运 5B 飞机改型改进，根据客户实际需求，适时推进加装综合航电、改善座舱环境等项目。

公司以现有运 5B 飞机为平台，进行运五 B 无人机系列型号的研发，重点目标市场为吨位级无人机物流货运。目前，以活塞式发动机为动力的运 5B 无人机已成功实现首飞，正在积极开展后续工作。下一步，运 5B 换装涡桨发动机项目成功实施后，华北公司将联合各方主导研发涡桨发动机运 5B 无人机，拓展应用领域，实现商业成功。

2. “小鹰”500 飞机及“小鹰”500 无人机

公司主要产品“小鹰”500 飞机，是我国目前唯一严格按 CCAR–23 部航空规章进行设计、生产、试验试飞、取证的具备完全自主知识产权的 4 ~ 5 座轻型飞机。“小鹰”500 飞机可广泛应用于飞行培训、私人飞行、旅游观光、农林作业、航拍航测等通用航空领域。

公司开放“小鹰”500 飞机平台进行无人机研发，目前与合作方共同开发的“小鹰”500 无人机已完成首飞，正在进行下一步改进优化工作。未来，华北公司将主导实施“小鹰”500无人机系列化发展项目，拓展应用领域，以自身技术及型号优势，开拓航空物流运输、航拍航测等民用领域。

3. 赛斯纳 208B 飞机

赛斯纳 208B 飞机是一种单发涡浆多用途飞机，具有飞行速度快、商载大、可在未铺筑的跑道上起降、经济性好、可靠性高、维护简便等特点，受到短途客货运输公司、包机公司、航空快运公司，以及从事航空旅游、高空跳伞、航拍、人工降雨、应急医疗救援等业务的用户亲睐。

4. 国王 350 飞机

国王 350 飞机作为涡桨飞机中的代表具有出色的短距起降性能，具备高品质的客舱管理系统，可以满足客户各式各样的长途或高技术任务需要。

5. 航空航天零部件配套

公司利用装备承制单位资质，发挥通用航空制造优势，以主机厂为目标客户，以提升能力和创造效益为中心，依托自身机加、钣金、热表处理、装配等制造技术能力优势，充分释放富余产能，大力发展高端装备制造配套生产，积极承揽航空、航天系统结构件配套业务，与国内相关主机厂深入合作，承担运 12、运 8、运 9、AG600 等飞机产品大部件的配套生产；深化与航天系统的合作深度和广度，开展全方位的合作，先后承担弹翼、舱段等零部件配套。

6. 矿用无人机

旗下的石家庄中航机电装备制造有限公司增加了无人机系列产品——警用多旋翼无人机、多功能油动直升机、多旋翼植保机、垂直起降固定翼无人机以及教学 / 比赛级无人机，应用范围涵盖警用安防、消防灭火、边境巡线、应急救援、空中监视监测、通信保障、航拍测绘等领域。

7. 通航运营

旗下的内蒙古航空股份有限公司，除了继续做好传统通航业务外，重点开拓新业务，提供新服务，实现新突破。内蒙古公司以通勤航空、包机服务、航空旅游、人工影响天气、应急救援、政府服务为重点，为经济社会发展提供方便、快捷、高效的增值服务。

四、产品开发与技术进步

为满足市场多元化需求，提升产品的竞争力，根据细分市场情况，加快实施现有产品改进改型，实现系列化发展。2020 年重点科研、协作、配套项目有序推进，筑牢产品发展基础。

AG600 项目完成了投水舱门试验件、防冰除雨试验件、中机身灭火系统制造，完成了紧急订货交付，并启动了 03 架零件制造；“小鹰”500 飞机换装 CD-155 发动机项目完成型号合格审定试飞，适航符合性报告正待局方批准；“海鸥”300 轻型水陆两栖飞机项目取得陆上和水上型号检查核准书（TIA）；运 5B 飞机换装涡桨发动机项目完成总装一架份；机电公司取得轻型乳化液马达、煤矿用单轨吊轨道构件等发明专利，形成小批量销售，无人机产品在煤矿系统实现销售，无人机操手培训取得了不错的效果。

五、国际经济技术合作

公司与美国德事隆共同出资组建的合资公司——石家庄中航赛斯纳公司，增加了国王 350 飞机的能力建设并获得中国民航局（CAAC）批准。

六、企业改革改制

持续深化改革，落实通飞公司部署，完成河北中航通航公司股权转让，内蒙古通航公司制定股权调整方案；完成“三供一业”分离移交项目；优化组织机构，全面完成“三定”工作；完成公司退休人员社会化管理移交工作。

哈尔滨飞机工业集团有限责任公司

一、企业基本情况

航空工业哈尔滨飞机工业集团有限责任公司（简称航空工业哈飞）创建于1948年，是我国“一五”时期156个国家重点建设项目之一，曾支援航空工业20余个厂所的建设，设有国家级技术中心和博士后工作站。管理天津直升机有限责任公司、中国飞龙通用航空有限公司、哈尔滨通用飞机工业有限责任公司、天津中航锦江航空维修工程有限责任公司4家所属企业。

近年来，公司聚焦航空主业，加快推进航空产品升级换代，形成了以“AC312系列、AC352”民用直升机和“运12E、运12F”固定翼飞机为代表的民机产品体系，全方位满足客户需求。

公司拥有获得国际权威适航当局认可的、健全的设计、研发、制造体系，同时具备直升机和定翼机设计研发制造能力。复合材料设计与验证等多项技术处于国内领先地位，是国内最大的航空复合材料零部件生产基地之一。

二、生产经营情况

2020年，公司生产交付AC312E直升机6架、H175机身大部件6架份、F7X短舱风扇罩17架份、GKN发动机短舱7架份。全年实现民用航空产品产值12.1亿元，同比增长37.5%。

三、主要产品

（一）AC312E直升机

AC312E直升机是航空工业哈飞在AC312A型机基础上，通过换装大功率、低油耗的ARRIEL 2H发动机，高集成度的航电系统，优化和改进其他系统研制而成，具有在昼夜间及复杂气象条件下飞行的能力。该型机具备优异的高原飞行性能，目前已取得中国民航局（CAAC）型号合格证（TC）和生产许可证（PC），累计交付7架机。

（二）运12系列飞机

运12系列飞机是航空工业哈飞20世纪80年代自主研发的一款轻型多用途飞机，经过系列化发展，已形成运12Ⅱ型、运12Ⅳ型和运12E型飞机，当前在产型号为运12Ⅳ和运12E型飞机，两型机采用带斜撑杆的上单翼、单垂尾、低平尾，固定式前三点起落架，驾驶舱采用分立式仪表，飞机标准载客17人，最大载客18人，最大起飞重量5670kg。运12系列飞机已取得中、美、英、法、俄等14个国家的型号合格证/认可证，累计销往30余个国家和地区。

（三）运12F飞机

运12F型飞机是在运12系列飞机的基础上，于20世纪初全新研制的一款双发多用途通用飞机，飞机采用上单翼、单垂尾、低平尾，可收放前三点起落架，驾驶舱采用玻璃座舱，配置有先进的综合航电系统，飞机标准载客19人，最大起飞重量8400kg，最大商载3000kg，可装载3个LD3航空集装箱。运12F飞机于2015年12月取得中国民航局（CAAC）型号合格证（TC），2016年2月获得美国联帮航空局（FAA）型号合格证（TC），通过了中美AEG审查。飞机以技术先进、空间宽敞和商载突出的优势在第23部飞机中受到关注。

四、产品开发与技术进步

（一）AC352直升机

AC352直升机是航空工业哈飞与空客直升机采用项目对等合作的形式联合研制的一款6t级通用直升机，可广泛应用于通用运输、近海海域作业支援、搜救、警用反恐等民用领域。

（二）AC332直升机

AC332 4t级双发高原型民用直升机是航空工业哈飞按照CCAR-29部最新要求全新设

计机型，在高温高原环境下具有优异的飞行能力。该型机瞄准紧急医疗救护、警用执法、应急救援、高原作业、海上作业等目标市场，在项目论证阶段充分调研用户使用需求，明确市场定位，确定设计特点和产品优势，销售前景向好。

五、国际经济技术合作

公司积极融入世界航空产业链，凭借先进的复合材料和整机制造技术优势，先后与美、俄、英、法等 10 余个国家开展合作。目前，公司与空直、英国 GKN 等公司有着直接的合作，现有 AC352 直升机、赛峰 F7X 短舱风扇罩、GKN 发动机短舱等国际合作项目；旗下与空客集团合资成立的哈飞空客复材制造中心，是 A350 系列飞机方向舵、升降舵等部件的唯一供应商，也是 A320 系列飞机方向舵的主要供应商。

江西昌河航空工业有限公司

一、企业基本情况

航空工业江西昌河航空工业有限公司（简称航空工业昌飞）始建于1969年，隶属中国航空工业集团有限公司，具备研制和批量生产多品种、多系列、多型号直升机和航空产品零部件的能力，是中国直升机科研生产基地和航空工业骨干企业。公司具有雄厚的科研生产和技术实力，与清华大学合作成立了直升机先进制造研究院，设有博士后科研工作站，是国家企业技术中心、工业和信息化部首批“智能制造试点示范单位”、国防科技工业高效数控加工研究应用中心和江西省通航应急救援基地。公司拥有智能物流配送中心，数字化集成制造、复合材料加工、直升机动部件生产等处于国内先进水平。截至2020年底，公司资产总额143亿元，占地面积46.6万m^2，职工5000余名，其中具有中高级技术职称的1200余名，享受国务院政府特殊津贴10名，航空工业首席技术技能专家7名、特级技术技能专家25名。

二、生产经营情况

2020年公司实现工业总产值105亿元，营业收入98.69亿元，利润总额5.58亿元。

民机销售及交付情况：与中信海直签订了1架AC311A直升机订货合同，完成了直升机设计研究所1架AC311A直升机交付。

民机租赁业务：对外租赁AC系列直升机11架，其中，中国通航2架AC313直升机，云南环球通航2架AC311直升机，华夏九州1架AC311直升机，上海和利2架AC311直升机、2架AC311A直升机及上海和利景德镇分公司2架AC311直升机。较2019年提升了9.1%，提升了公司民机市场占有率。

通航业务：充分贯彻落实江西省委省政府航空强省发展战略，加强与江西省各地市的深度合作，2020年在全省各地完成62个布点建设，在江西省各地市累计建成164个临时起降点。同时，在原有建点的基础上创新营销模式，在景德镇市试点“购机+通航运行服务”模式，并向南昌市、宜春市、抚州市、九江市等地区推广。

公司借助航空产业大会平台，集合了AC310、AC311、AC311A、AC313等多型民用直升机参加了航空应急救援飞行演练活动，演练真实地模拟了空中侦察指挥、空中指挥调度、空中消防灭火、空中紧急输送、空中搜寻救助、空中重载吊装、空中跨区域救援等航空应急救援实战科目，开创了最多单科目演练和多架次国产直升机同台演练先河，进一步检验了航空应急救援装备实战运用效果，展示了国产直升机多吨位、多系列化、多任务覆盖的航空应急救援能力，得到了国家应急管理部领导高度赞扬。

三、公司主要产品

公司始终坚持自主创新和国际合作相结合的发展思路，不断开拓民用直升机产品，与美国西科斯基公司、阿古斯特直升机有限公司、波音公司建立了良好合作关系，拥有1t、2t、3t、6t和13t等多种民用直升机型号，已形成自主创新和国际合作齐头并进的产业模式。先后研制生产的民用直升机型号有：

（1）1t级：S300机转包生产

S300直升机是美国施韦策公司在产的单旋翼带尾桨、1t级轻型直升机。1956年10月首飞，1970年获得FAA适航证，现已进入工业化生产，目前共生产销售了2000架。S300型直升机具有重量轻，体积小，各种辅助、助力设备少，适用性广泛，机动灵活，经济的价格及低廉的飞行、维护费用等优点。因而特别适合用于执法（公路巡逻、执法巡逻、空中指挥、追捕逃犯等）、训练（直升机驾驶员飞行训练和培养飞行员）和通用用途（旅游观光、工作巡视、体育、航拍等）等领域，应用市场十分广泛。

（2）2t 级：AC311 系列型机

AC311 型机是在直 11 型机基础上改进改型的轻型民用直升机，2010 年 11 月 8 日实现了首飞，2012 年 5 月 8 日完成型号合格证（TC）取证，2012 年 11 月 13 日完成生产许可证（PC）取证，并通过 AEG 评审，是我国首型通过 AEG 评审的旋翼类航空器。

为满足市场需要，提高整机性能，2014 年在 AC311 基础上进行升级改型，开展了 AC311A 型机研制，2014 年 8 月 14 日实现了首飞，10 月完成高原试飞。2016 年 8 月完成 TC、PC 取证并通过 AEG 评审。

（3）6t 级：S76D 机身结构铆装

与美国西科斯基公司深化合作开展 S76D 型机研制，将对全部零部件实现本地化生产。

（4）13t 级：AC313 型机

AC313 型机是按适航标准研制的大型民用直升机。2010 年 3 月 18 日实现了首飞，2011 年完成高原试飞，创造了国内直升机海拔 8000m 升限纪录。2012 年 1 月 5 日完成型号合格证（TC）取证，2012 年 11 月 13 日完成生产许可证（PC）取证，2013 年通过 AEG 评审。

（5）其他：C919 型机部件

公司承担了中国商飞 C919 项目前缘缝翼和后缘襟翼的研制，2012 年项目启动研制，2013 年完成了铁鸟试验件的交付。2014 年完成难加工零件工艺试验，2015 年完成本体件生产准备工作进入加工试制，2017 年完成首架本体件交付，2018 年完成 PPV 验证，2018 年交付第二架份，2019 年交付第三架份，完成了科研阶段三架份的交付任务。

四、产品开发与技术进步

2020 年公司针对市场推进民机及客户化改装研制，完成 AC311A 研制项目验收；完成了 AC311 加装国产搜索灯和国产农林喷洒设备的装机验证；完成了 AC311A 直升机电力巡线加改装和低温拓展试飞；完成了 AC311A 航遥机增型设备科研试飞，并完成新一架机加改装和验证试飞，达到预交付状态。按照民航标准完成 AC313 直升机 10 年 /1200FH 定检，并进一步提升维修定检能力，积累了民机维护经验；完成了 AC313A 详细设计评审和工艺总方案评审，为 2021 年全面投产及首飞打下基础。

公司围绕产品品质提升、生产综合提效、型号攻关保障的关键技术研究取得新突破，刚性桨叶、D 形梁轻量化桨叶、叠层构件自动钻铆、成品自主校验等成效显著。昌飞清华先进制造研究院正式进入项目研究阶段，启动了首批 10 个项目技术交流，取得了初步成效。

公司扎实推进民机运营、培训体系建设，加速推进民机产品研发，科学布局通航及航空应急救援产业，为民机走向市场搭台垒梁。

五、国际经济技术合作

2020 年完成了 14 架份 S–92 尾斜梁生产交付美国西科斯基公司；波音 767、737 客改货项目按订单要求完成生产和交付；完成与美国施韦策公司合作的 S300 型机配套任务；完成 C919 的 5 个（防冰试验件、测压试验件、鸟撞试验件、4 架份 1 号缝翼、MOC4）配套项目任务的交付。

六、重大设施建设

1. 完成了工程中心大楼项目建设并交付使用，提升了公司结构装配、机械系统集成、航电系统集成、飞行控制和操作系统集成、批产试飞与试验、整机及部附件维修等工艺技术能力。

2. 完成了 AC313A 铁鸟试验台基础建设，为 AC313A 直升机研制阶段开展铁鸟试验验证工作提供了条件保障。

七、企业改革改制

2020 年，公司全面完成职工家属区“三供一业”移交及清算、退休人员社会化移交等工作；完成了劳服 15 家企业处置注销工作。

按航空工业集团部署完成 1018、1029 股份制投资改革工作，争取到中航科工对昌飞增资 5.4 亿元；完成公司在九江市的土地资产处置，获处置款 3.19 元亿；完成了九电厂改制；基本解决与昌河汽车在九江的历史遗留问题。

深圳市大疆创新科技有限公司

一、企业基本情况

深圳市大疆创新科技有限公司（简称大疆创新）成立于2006年，是全球领先的无人飞行器控制系统及无人机解决方案的研发和生产商，产品线涵盖高端无人机飞行控制系统及地面站系统、专业影视航拍飞行平台、顶级商用云台系统、高清远距离数字图像传输系统、专业级无线遥控和成像终端，以及智能模型飞行器产品。大疆创新以“未来无所不能”为主旨理念，致力于成为全球飞行影像系统先驱。技术创新是大疆创新的发展命脉，以梦想为源动力，凭借精湛的技术力量和高端人才力量，大疆创新从商用自主飞行控制系统起步，在全球同行业中独占鳌头，重新定义了“中国制造”的内涵，带给世界极大震撼。

二、生产经营情况

大疆创新现有员工14000多人，2020年公司全年工业产值约为336亿元，出口额约为18亿美元，客户遍布全球100多个国家和地区。

三、主要产品

目前，大疆创新已经是小型民用无人机行业的领先者，根据IDC的数据统计，大疆创新占据着全球消费级无人机市场七成以上的份额，在全球民用无人机企业中排名第一。消费级无人机、行业应用级无人机和手持设备用户遍及全球百余个国家和地区。

从可远距控制拍摄的一体化小型多旋翼飞行器到全新一代可折叠便携式多旋翼一体机，大疆创新不断引领行业新趋势。随着“精灵”Phantom 4在2016年的推出，多旋翼飞行器正式步入了机器视觉时代，通过“计算机视觉”与“机器学习”实现障碍物躲避及智能跟随等创新功能。探索未知世界、激发创作灵感是大疆创新一直以来的卓越追求，通过不断提升的空中相机方案，将人类的视野从地面延伸至空中，创造出观察世界的全新角度。通过持续的创新，大疆创新致力于为无人机工业、行业用户以及专业航拍应用提供性能最强、体验佳的革命性智能飞控产品和解决方案。

四、产品开发与技术进步

大疆创新以技术和产品为核心，建立始终屹立于世界之巅的野心和梦想，希望通过完美的产品带给人类前所未有的飞行体验。在大疆创新的研发实验室里已储备了未来2～3年的最新科技，并持续融入自己的创造力和想象力，使得这些超前的科技成果可以被应用到解决各种实际工业和商业问题中去。大疆创新对企业技术中心的投入不做上限，2018—2020年的研究开发费用支出金额分别为151879.65万元、211647.97万元、290345.03万元。

作为国家级高新技术企业，大疆创新一直非常重视知识产权的创造、管理、实施与保护工作，坚持以自主创新作为公司的经营方针，积极创造自主知识产权，并形成了知识产权保护的立体网络。公司自成立之日起就开始进行知识产权的相关申请工作，公司国内外专利年均申请总量增长保持2～3倍，截至2020年底，公司全球专利申请量累计超15000件，其中PCT专利（国际专利）申请量超5000件；同时公司不仅重视知识产权数量，更重视知识产权质量，以专利为例，发明专利占比超40%。全球商标布局57个国家和地区，注册1600多件。荣获广东省科技进步奖特等奖1项，深圳市科技进步奖一等奖2项，深圳市科技进步奖二等奖项、深圳市专利奖、广东省专利金奖、中国发明专利优秀奖、中国外观设计金奖、中国商标金奖、马德里特别奖和商标创新奖，以及深圳市知识产权优秀企业等荣誉。

五、国际经济技术合作

2020年出口额约为18亿美元，销售与服务网络覆盖全球100个国家和地区。大疆创新占据全球消费级无人机市场七成以上的份额，在全球民用无人机企业中排名第一。

大疆创新致力于持续推动人类进步，自2006年成立以来，在无人机、手持影像、机器人教育，以及更多前沿创新领域不断革新技术产品与解决方案，重塑人们的生产和生活方式，并且大疆创新与全球合作伙伴携手开拓空间智能时代，让科技之美超越想象，近些年也获得了全球科研机构及权威媒体高度评价。

中国航发商用航空发动机有限责任公司

一、企业基本情况

中国航发商用航空发动机有限责任公司（简称中国航发商发）成立于2009年1月18日，是由中国航空发动机集团有限公司与上海烟草集团有限责任公司、上海电气（集团）总公司、上海国盛（集团）有限公司共同出资组建的股份多元化企业。中国航发商发位于上海市闵行区，注册资本60亿元，主要从事商用飞机动力装置及相关产品的设计、研制、生产、总装、试验、销售、维修、服务，拥有在册人员2165人、硕士及以上学历占比79%的高素质商用航空发动机产业队伍。

中国航发商发作为商用大涵道比涡扇航空发动机总设计师单位和总承制商单位，负责发展国家大涵道比商用航空发动机，产品规划涵盖窄体客机发动机、宽体客机发动机和支线客机发动机三个产品系列，致力于在上海打造商用航空发动机产业基地。中国航发商发坚持“主制造商-供应商”民机研发模式与“两头在内、中间在外、关键在手”的民机商业模式，建设闵行和临港两个基地，以满足商用航空发动机产业从设计开发到产品制造、验证、交付和使用维护全生命周期发展需要。闵行基地位于上海市闵行区，重点建设设计研发和客户服务能力。临港基地位于上海市浦东新区临港产业基地，重点建设总装集成，关键部件制造，整机、零部件、系统试验测试和维护大修能力。

中国航发商发秉承“创新驱动、质量制胜、人才强企”的发展战略，以“提供商用大涵道比涡扇发动机系列产品及相应服务”为使命，以“成为商用航空发动机全球主制造商之一”为愿景，秉承“责任、包容、开放、共赢”的价值观，构建商用航空发动机设计研发、总装制造、适航取证、供应链管控、市场营销和客户服务六大核心能力，打造强劲“中国心”，助力实现“中国梦”。

二、生产经营情况

2020年，中国航发商发实现营业收入25.3亿元。

三、主要产品

中国航发商发主要规划发展窄体客机发动机长江1000系列、宽体客机发动机长江2000系列和支线客机发动机长江500系列三个产品系列。

四、产品开发与技术进步

2020年，中国航发商发聚焦项目任务，型号研制与技术攻关取得重要突破。长江1000A产品研制取得阶段性进展，长江1000AX验证机项目稳步收官，长江2000AX项目加速推进。全面展开型号审定工作，组织召开长江1000A项目型号合格审定委员会首次会议，与局方高层及审查工作团队建立多层级紧密协作机制和新型审定合作关系。建立适航委任代表候选人队伍，初步形成急需的适航与安全技术标准与流程方法。着力攻克关键核心技术，2020年共组织开展长江系列发动机关键技术攻关项目84个，结题26个。全年获中国航空学会科学技术奖一等奖1项。发明专利申请量达338件，授权发明专利87件。

五、国际经济技术合作

2020年，中国航发商发积极稳妥推进国际合作，扩大与德国、英国、俄罗斯航空企业和研究院所的合作深度和范围，积极拓展合作资源。此外，准确研判全球疫情和贸易环境态势及影响，大力提升对外合作风险防控能力。

六、重大设施建设

2020 年，中国航发商发研制保障条件建设加快推进，整机试车台等试验器完成最终设计，专项研保建设项目全面进入工程实施阶段。

七、企业改革改制

2020 年，中国航发商发深化推动“双百行动”改革与管理创新工作。全面完成“双百行动”改革第一阶段各项任务，三项制度改革取得阶段性重要成果，制定第二阶段改革目标，聚焦治理机制、用人机制和激励机制建设，启动制订与商用航空发动机研制周期相匹配的激励机制方案并开展论证。研究制订国企改革三年行动方案和具体举措，大力推进全面深化改革工作。开展对标国际一流专项管理提升行动，对照查找公司业务瓶颈与短板，形成 48 项专项能力提升举措，持续提升经营管理效能。

航天海鹰（镇江）特种材料有限公司

一、企业基本情况

航天海鹰（镇江）特种材料有限公司（简称海鹰特材公司）成立于2011年4月，位于江苏省镇江市航空航天产业园内，由中国航天科工集团第三研究院、航天特种材料及工艺技术研究所、镇江新区高新技术产业投资有限公司以及镇江唯贤投资管理合伙企业（有限合伙）共同出资组建，注册资金2.08亿元。公司占地面积为155亩（约10.3万 m^2），建有厂房面积25000m^2，购置各类航空部件生产和测试设备50余台（套）。

海鹰特材公司秉承航天攻坚克难的精神，继承航天技术，致力于包括高性能结构复合材料和先进隔热保温材料两个领域的航空航天新材料的创新及产业化，以C919业务为中心，围绕CR929宽体客机、国产航空发动机、对外合作、商业航天、无人机研制开展工作。公司具有较强的航空复合材料制造、机加、装配、检测、计量等能力，有完善的信息化系统，能实现自动化和数字化生产。公司现已申请发明专利和实用新型专利共计55件，已授权发明专利12件，授权实用新型专利25件。

二、生产经营情况

2020年公司实现营业收入20017.33万元，同比增长30.11%，首次突破2亿元大关；实现利润总额2011.35万元，同比增长119.70%，盈利能力再上新台阶；实现成本费用占营业收入比率95.01%，同比优化4.43%，成本控制能力大幅提升；实现经济增加值1640.85万元，盈余现金保障倍数0.92，应收账款69.42万元、存货3751.56万元，全年经营业绩考核优秀，运营效益持续提升，实现了国有资产保值增值，为公司引入外部资本及后续高质量发展奠定了良好基础。

三、主要产品

在高性能结构复合材料领域，2009年5月，海鹰特材公司正式成为中国商飞C919国产大飞机九大机体结构供应商之一。2020年，在C919大型客机方面，公司按时保质地完成了C919研制批5架份工作包生产任务，研制批任务圆满收官，获得中国商飞颁发的“准时交付奖”。同时，公司积极筹备C919批生产开工工作，成为中国商飞首家获得复材零件生产指令的供应商，正式进入C919批生产阶段。此外，公司完成了1598件MOC4试验件和7668件许用值试片的研制及交付，保障了中国商飞C919项目首个型号检查核准书（TIA）的签发。在CR929宽体客机方面，公司顺利启动了CR929项目选型试验件研制工作，确定了后机身后段工作包工艺稳定性验证方案。其他复材项目方面，公司新项目研制成果丰硕，完成了局方抗烧穿试验、上海航天技术研究院蜂窝机加、上飞院框梁试验件等项目交付工作，在复材领域崭露头角。

四、产品开发与技术进步

继续深化与中国商飞公司的项目合作。C919业务方面，重点完成了翼身整流罩供应商入册工作，完成了以零组件试验件和垂尾许用值为代表的合同谈判工作，全年实现新签合同13505.41万元；CR929业务方面，成为了后机身后段和垂尾工作包初选供应商，积极争取了选型试验件等工作任务，全年实现新签合同648.56万元；其他复材业务方面，新拓展了7家客户，与中国航发商发公司全面对接发动机短舱和叶片项目，实现新签合同824.32万元。

成都飞机工业（集团）有限责任公司

一、企业基本情况

成都飞机工业（集团）有限责任公司（简称成飞）创建于1958年，是我国航空武器装备研制生产和出口的主要基地，民机零部件重要制造商，国家和省市重点优势企业，隶属中国航空工业集团有限公司。成飞地处四川省成都市青羊区黄田坝，拥有专用的机场和铁路货运线，毗邻成都火车西站，交通便利，物流畅通。在职员工总数17000余人。

成飞先后承接了麦道机头、波音757尾段和波音787方向舵、空客A320前/后登机门和A350下垂板、扰流片、达索公务机油箱、G280公务机机头和后机身等项目的转包生产，是国际民机大部件优秀承包商。成飞与中国商飞共建“中国商飞上飞院（成都）机头设计中心”，担负CR929宽体客机机头设计制造任务，致力于打造大飞机发展“生命共同体”；先后承担了我国自主研发的大型民用客机C919、新支线客机ARJ21、国产大型灭火水上救援水陆两栖飞机AG600、新型涡桨支线飞机新舟700机头的研制任务。自行研发的“翼龙”10无人机，成功完成我国首次高空大型无人机台风综合探测试验。

成飞拥有雄厚的技术实力和与国际接轨的质量保证体系，获得国家和省部级科技进步奖500余项，拥有专利1100余项，形成了以民机机头研发制造、国外转包为核心的民机产业，外贸及工业级无人机产业，一体化维修服务保障产业，具备民机机头、舱门、翼面和壁板类制造专业化优势，整体实力处于国内行业领先地位。

截至2020年底，成飞资产总额451.17亿元，累计向国家上交利税总额约36.8亿元，连续42年保持盈利，为国民经济建设做出了重要贡献。成飞先后荣获了全国“五一”劳动奖状、全国文明单位、全国质量奖、中国企业自主创新奖、中央企业先进集体等近500项省部级以上荣誉，是中国企业形象AAA级单位。

二、民用航空生产经营情况

2020年，成飞实现营业收入411.69亿元。

三、主要民用航空产品情况

成飞民用航空产品主要包括国外转包项目和国内民机项目。

（一）国外转包项目

主要包括波音737前登机门、波音787方向舵、波音737方向舵、波音747-8平尾/副翼/扰流片、A350下垂板和扰流片、A320前/后登机门、A320地板和1号框、A320前起落架舱、F7X壁板、G280机头、G280后机身、波音737客改货、波音767客改货和波音777客改货等国外转包项目。

（二）国内民机项目

主要包括CR929大型民用客机机头、C919大型民用客机机头、ARJ21新支线客机机头、AG600大型水陆两栖飞机机头和新舟700支线客机机头。

四、民用航空产品开发和技术进步

2020年，成飞与中国航发商用航空发动机有限责任公司签订了长江1000A短舱进气道试制技术开发合同。民用航空发动机短舱是民用航空发动机关键部件，全球高推力大涵道比涡扇发动机短舱的生产被美国联合技术航空系统公司、法国奈赛公司等少数几家公司垄断。该项目将助力公司成为全球少数几家高推力大涵道比涡扇发动机短舱的供应商。短舱项目涉及了大量公司从未涉足过的新技术、新领域，如桶状壁板固化变形控制技术、复材消声群孔加工及检测技术等。

成飞针对CR929机头复材构型，自筹资金开展“CR929机头复材蒙皮加筋壁板研究项目”技术预研，已完成国产复合材料性能试验，工装设计等工作。

为弥补复合材料制造产能不足的问题，成飞协助四川省夹江市新万星公司完成波音737方向舵项目复材零件的客户审批及首架鉴定，达到批产条件，为复材项目的社会化转移工作迈出了坚实一步。

研制试制项目按计划有序开展，完成了A350–1000下垂板零件首件交付、完成了A350–1000扰流片2号FPQ测试并开始了FAI零件生产；完成A320后登机门（3D）项目001–005架零件交付，完成首架试制95%；完成CR929项目鸟撞1/4机头发运、启动长周期材料采购、启动首批装配工装骨架设计；完成新舟700项目鸟撞适航验证试验件发运、完成1架发运；AG600项目全面启动零组件制造。

中航成飞民用飞机有限责任公司（简称成飞民机）作为成飞的所属企业，牵头组织申报了1项四川省科技厅计划项目“面向国产大飞机批产项目的信息化协同制造平台的建设与应用研究”并预立项成功；牵头参与了1项省中长期及“十四五”重大科技专项建议“大飞机机头智能化研制平台及批产关键技术研究”的编写；参与了“自动钻铆技术高效集成创新应用及技术研究”等3项省“十四五”重大研发需求征集；完成1项上级立项科研课题“高端公务机机头制造技术研究与应用”的结题验收；完成“波音737组件自动喷涂应用研究”等7项自研科研课题结题验收；完成“达索壁板含框组件在G2000自动钻铆机上的扩展应用研究”等15项自研科研课题内部立项，配套资金共计202.4余万元；获得民用航空专利授权119项，其中发明专利32项，实用新型专利87项。

五、国际经济技术合作

运用“民机思维”“民机法则”，2020年成飞首次主动开展了向原材料供应商的索赔工作。索赔的内容主要针对波音737和波音787方向舵转包项目材料BMS8–256的质量问题，给成飞造成产品报废，并引起生产停工及后续赶工，经过多轮谈判双方达成索赔意见，开创了公司因原材料质量问题向供应商成功索赔的先河，为公司供应链管理提供了宝贵经验。

六、重大设施建设

2020年，成飞民机全年完成投资1214.96万元。当年主要建设内容为新增215台（套）工艺设备及包装发运场地、停车棚修建准备工作。

七、企业改革改制

1. 全力推进两个中心的筹建和运行

积极协调有关部门，推动国家高端航空装备技术创新中心申报及筹建。11月20日通过国家科技部组织的“国家高端航空装备技术创新中心”建设方案论证会。成飞·青羊创新中心作为国家高端航空装备技术创新中心的有机组成部分，是成飞对外发布技术需求，开展技术研发、技术转化、合作交流的重要门户。6月30日完成落成仪式，5G实验室、信息技术应用研究中心、航空制造技术实验室等正式运行；11家企事业单位、20余个项目已入驻落户。完成下设管理科学应用中心基础条件建设和入驻，组织提炼、发布了管理实践案例10项。

2. 谋划布局无人机试飞业务

聚焦无人机核心能力建设，与自贡市政府携手合作，探索产业发展新模式。9月与自贡市政府签署了合作框架协议，双方共同推动自贡凤鸣通用机场达到民用无人机试验试飞基本条件，已取得突破性进展。2020年10月31日，实现成飞无人机近15年来在川内首次飞行；2021年1月7日，正式获批《关于同意为成都飞机工业（集团）有限责任公司划设临时空域事》，即自贡凤鸣通用机场用于无人机试飞空域。

中航沈飞民用飞机有限责任公司 /
沈阳沈飞国际商用飞机有限公司

一、企业基本情况

1. 中航沈飞民用飞机有限责任公司（简称沈飞民机）成立于 2007 年 8 月 28 日，注册资本 62488 万元。公司经营范围为民用飞机零部件的设计、试验、生产、销售及相关技术转让、技术咨询和进出口贸易等。2020 年底从业人员 2351 人，资产总额 36.34 亿元。

2. 沈阳沈飞国际商用飞机有限公司（简称沈飞国际）成立于 2010 年 4 月 8 日，注册资本 12.1 亿元。公司经营范围为民用飞机及其零部件设计、试验、制造、销售、售后服务，以及相关技术咨询与进出口贸易。2020 年底从业人员 589 人，资产总额 22.69 亿元。

二、生产经营情况

1. 沈飞民机 2020 年营业收入 95424 万元，出口交付额 1.06 亿美元。

2. 沈飞国际 2020 年营业收入 62832 万元，出口交付额 0.9 亿美元。

三、主要产品

1. 沈飞民机主要产品包括：A320 机翼前缘 / 电源箱、波音 737 尾段、波音 777 复材壁板 / 翼尖、波音 787 垂尾前缘及翼尖、ARJ21 尾段 / 发动机吊挂 / 电源中心 / 无线电架 / 机身电缆、C919 发动机吊挂 / 后机身前段 / 垂尾 /APU 门、新舟 700 后机身前段 / 舱门等工作包。

2. 沈飞国际主要产品包括：A220 飞机前机身 / 中机身 / 后桶段 / 尾锥 / 舱门等工作包。另外，翼身整流罩和中央翼盒工作包正在转回谈判中。

四、产品开发与技术进步

获得了中国商飞 CR929 项目垂尾工作包初选供应商资格。与以色列宇航公司签订波音 777-300 客改货合同，与赛鹏紫玄公司签订 A321-200 客改货合作框架协议。A220 项目启动了系统安装转回可行性评估，完成了航电门首架研制并顺利交付客户。

强化研发业务市场开拓能力，保持研发收入稳定增长，2020 年新签研发业务合同或开展实际合作项目累计 15 项，新签年度合同额达到 5800 余万元。与中国商飞和通飞研究院搭建异地设计平台，进一步提高了沟通和工作效率。

采购了 LS-DYNA 软件，并于 11 月验收投入使用，可以解决飞机、发动机的鸟撞分析，机身坠撞分析，钣金成形分析，碰撞结构破损和乘员安全性分析等冲击动力学问题。

对 A01 厂房、A04b 库房、A05 库房进行了无线网络改造并于 8 月验收投入使用，满足物流条码系统和装配 MES 系统的应用需求，实现了无线网络设备的智能化管理。

2020 年共完成了 3 项外部科研课题申报，4 项航空工业集团科技成果鉴定，以及 42 项专利申请，获省发明专利三等奖 1 项，省科技进步奖三等奖 1 项。

江西洪都航空工业（集团）有限责任公司

一、企业基本情况

江西洪都航空工业（集团）有限责任公司（简称洪都）是我国教练机、强击机、空面导弹、无人机研制和民机转包生产的重要基地，隶属中国航空工业集团有限公司。洪都前身为创建于1935年中意合建飞机制造厂，位于江西省南昌市青云谱区新溪桥，新中国成立后接管原中意飞机制造厂，1951年创建国营洪都机械厂，是新中国“一五”时期156项重点工程之一，也是我国航空工业奠基企业之一，是新中国第一架飞机诞生地，累计创造新中国“十个第一”。

洪都集科研、生产和经营为一体，拥有1个国家级企业技术中心、1个国家级博士后科研工作站、1个省级院士工作站、4个省级工程技术研究中心/重点实验室等企业科技创新平台，是国家重点扶持的520家大型企业之一，曾先后诞生过2名中国工程院院士，有90多位政府特殊津贴享有者。现有员工人数近9000人，本科及以上学历占比约44%，博士、硕士研究生700余人。截至2020年底，累计生产各型飞机5700多架，已成为我国重要的民机转包生产基地。

在民用航空领域，洪都充分发挥航空技术、管理、人力资源等优势，积极开拓民用产品市场，先后开发了一系列民用航空产品。在转包生产方面，不仅成为美国波音公司、GE公司等多家国际知名企业的优秀供应商，还成为中国C919大飞机项目的主要供应商之一，承担了C919大飞机前机身和中后机身的研制生产任务，占C919大飞机机体结构工作量的25%。

2020年，洪都资产总额为213亿元，实现营业收入88亿元，利润总额1.59亿元，工业总产值77亿元，工业增加值13.55亿元。

二、民用航空生产经营情况

洪都民用航空业务主要是民用飞机研制和航空转包业务。民用飞机主要有国产大客机C919机身段、CR929中后机身试验件、N5B农林飞机、初教6飞机等。

2020年，洪都坚决贯彻航空工业集团各项决策部署，紧紧抓住国内外转包业务“优质高效低成本保交付”这一核心环节，开拓进取，精心组织，各项业务均实现了准时交付，赢得了客户的肯定和信任。

2020年，洪都国际转包波音747-8项目交付总额153万美元，约990万元。

2020年，因中国商飞批产开工批准工作战线拉得太长，C919项目批产首架机交付计划延迟到2021年，所以没有批产的交付收入。

三、主要民机产品运营情况

1. 国内民机研制生产情况

C919飞机研制方面，从质量体系上接受上飞公司的审核，做好开工前准备工作。期间公司按照上飞公司的要求，从“人、机、料、环、法、测”6个方面进行开工前自查和报批。

洪都批产共采购8架份原材料，已基本到位。10107架全机共7775项零件，已批准7526项零件开工。洪都已按批准开工次序共开工3758项。2020年10月获得中国商飞2019年度优秀现场支持奖。

CR929研制方面，2020年8月24日中国商飞发函《关于将江西洪都航空工业集团有限公司纳入中国商飞CR929项目中后机身初选供应商的通知》，通知洪都已基本纳入CR929中后机身初选供应商。

洪都先后开展了CR929中后机身0.5m级、1m级以及3m×2m级单曲壁板及长桁等零部件的制造，为突破 CR929 项目中后机身工作包的核心技术积累了重要的工艺参数和经验。2020 年 6 月，完成了 8 根 3m 级双曲长桁的试制。

2. 民机试飞工作情况

2020 年度 C919 飞机及 ARJ21-700 飞机在瑶湖机场累计飞行 93 架次，训练 69 架次，滑行 64 架次。

3. 国际转包及对外合作交流情况

2020 年国际转包波音 747-8 项目按客户胜利集团订单准时交付 50 个工作包，实现交付 153 万美元。

国际转包及对外合作交流因疫情原因和中美贸易摩擦等原因处于停滞状态，但仍旧参与完成上海赛鹏紫玄公司 A321 客改货项目初步报价和 ACM-777X 复材项目报价等工作。

中航复合材料有限责任公司

一、企业基本情况

中航复合材料有限责任公司于 2010 年 6 月 17 日注册成立，注册资金 7.94 亿元，公司注册地址为北京市顺义区顺通路 25 号，是中航高科的全资子公司，位于北京市顺义航空产业园，占地 36.4 万 m^2。现有职工 300 余人，其中专业技术人员 171 人，高级工程师 59 人，博士 19 人，硕士 77 人。公司是从事高性能航空复合材料及结构制造的专业化公司，在高性能树脂基体和预浸料研发、蜂窝芯材、先进复合材料结构制造技术、材料性能表征和构件检测技术，以及相关产品方面处于国内领先地位，是树脂及预浸料、蜂窝芯材等原材料产业化中心，参与了 CR929、C919、AG600 等机型复合材料结构开发工作，是 CR929 前机身的一级供应商。

二、生产经营情况

2020 年全年公司共交付预浸料 210 万 m^2，较上年增长 6%；交付芳纶纸蜂窝 5363m^3，较上年增长 15%；交付铝蜂窝 6890kg；交付泡沫 312 张，较上年增长 23%。顺利完成全年生产交付任务，生产管理持续提升，通过优化资源配置，加强生产工艺规范化、标准化管理，进一步提高了产品交付合格率。公司收入和利润等经济指标呈逐年上升趋势，2020 年，公司实现营业收入 26.70 亿元，同比增长 37%；实现净利润 4.97 亿元，同比增长 68%。

三、主要产品

公司主要产品有树脂、预浸料、芳纶纸蜂窝、PMI 泡沫材料体系、复合材料构件等，具备液态成形（RTM、VARI）、缠绕、模压等全套热压罐和非热压罐成形技术等众多复合材料制造工艺技术。拥有先进复合材料结构设计软件、全套设计工具和数据库支持，具备材料理化性能和力学性能检测、无损检测等自动化检测手段，为复合材料的设计和制造提供了强大技术支持。

四、产品开发和技术进步

民用航空材料方面，公司积极推动民机材料国产化。持续推进上飞院对公司芳纶纸蜂窝开展认证。公司研发的民机主承力结构和商用发动机用 T800 级碳纤维国产预浸料已基本达到国外同等材料性能指标。

民用航空项目方面，一是在民机项目中，CR929 项目完成了 4m 级坠撞壁板交付和桶段坠撞试验，为 CR929 飞机复合材料机身结构的设计、制造提供了重要技术支撑；顺利通过了中国商飞特种工艺能力鉴定和供应商综合能力评估，收到 CR929 项目前机身工作包初选供应商中选的通知；开展了 CR929 型号主合同第一轮谈判工作；围绕中国商飞“三个一”计划目标，策划了前机身上壁板开工计划和工装模具制造；C919 项目中两种预浸料通过了中国商飞 PCD 预批准，正在开展的 C919 升降舵工艺验证试验，为 C919 舵面结构复合材料国产化全面考核验证奠定了基础；参与了 C919 第三战线复合材料尾翼优化项目；AG600 项目中，公司与航空工业通飞签订了复合材料结构框架合作协议，完成工装模具制造，启动了舵面结构研制工作。二是在商用发动机项目中，围绕长江 1000、长江 2000 大涵道比发动机开展研制工作，完成了 02 台份长江 1000A 发动机复合材料风扇叶片、流道板和垫板组件装机件交付。突破了钛合金包边与复材叶片本体胶结成形工艺，开展了 03 台份带金属包边叶片装机件的制造。同时，成功研制出复合材料叶栅、易磨环试验件，长江 1000 风扇包容机匣缩比试验件通过了爆破试验考核。

同时，公司积极开展战略合作，2020 年与沈飞民机签署了战略合作协议，围绕民机复合材料制造和装配开展深度合作。《基于叠层滑移的复合材料长桁及等截面梁构件自动化成形技术项目》获 2020 年度航空工业集团科技进步奖三等奖。

五、国际经济技术合作

一是国际合作迈上新台阶。公司成为德国复合材料联盟大型企业会员。与德国赢创公司就联合创新研发和中国航空市场推广形成战略合作关系。利用国际合作基地平台、SAMPE 学会和国家智力引进等渠道，初步构建国际科技合作的网络，不断提升国际影响力。

二是国际市场开拓取得新突破。积极应对新冠疫情影响，加大推进新客户蜂窝筛选和认证力度，开拓新客户资源，丰富出口产品链，加强与波音、空客、航空工业集团内民机转包商等国际一流企业的合作，在航空工业集团民机对外合作的框架下抱团发展。俄乌市场开拓取得新的突破，产品首次出口乌克兰。

沈阳飞机工业（集团）有限公司

一、企业基本情况

沈阳飞机工业（集团）有限公司（简称航空工业沈飞）是以航空产品制造为核心主业，集科研、生产、试验、试飞、维修、服务保障为一体的特大型现代化航空工业企业，隶属于中国航空工业集团有限公司。公司始建于1951年6月29日，是新中国首批重点建设的大型骨干企业之一，是国家“一五”计划中156项重点建设项目之一，被誉为“中国歼击机的摇篮”。公司创建以来，先后研制生产数十个型号数千架歼击机并装备部队，为我国国防现代化建设做出了重要贡献。公司拥有国际先进水平的完整航空产品制造生产线，飞机装配集成、钛合金制造和复合材料加工等制造技术处于国内外领先水平，并在增材制造、智能制造等先进航空制造技术领域不断取得突破。

二、企业经营情况

2020年是极不平凡的一年，面对突如其来的新冠疫情和决胜“十三五”收官的严峻考验，在航空工业集团党组的坚强领导下，公司上下在大战大考中坚定目标、归位尽责，全力打赢科研生产经营与疫情防控“双线”战役，圆满地完成了各项计划任务，实现“十三五”圆满收官。2020年实现营业收入273.2亿元，同比增长15.0%。其中，民机收入3.7亿元；利润总额17.4亿元，同比增长73.2%；完成工业总产值248.9亿元，同比增长20.8%，其中民机产值5.5亿元。

三、主要产品

公司承担的主要民机零部件产品有：A220项目前机身、中机身100型、中机身300型、尾锥、后桶段、舱门；ARJ21、波音787、A320、冲8–400等项目的部分零部件。

四、产品开发与技术进步

（一）新研生产线报批有序开展，支撑新研项目落地

按照民机各机型合同的需求，共组织完成新舟700项目和C919项目19条特种工艺生产线的鉴定工作。在生产线鉴定过程中共编写生产线鉴定用验证试验大纲3份，编写晒发工艺指示单12份，提交偏离140条，保证了零件的顺利生产及交付，支撑了新研项目的落地。

（二）全面推进信息化建设，助推技术管理提升

面对国际主要飞机制造商已全面实现了数字化设计、数字化传递、数字化制造和数字化管理的项目实施方式，为了更好地与客户对接，满足客户的需求。完成了六大系统的建设和升级工作：民机PDM系统功能开发、改造，民机材料定额系统开发，民机CAPP系统功能改造，民机材料编码系统开发，民机网络行为管理系统，民机项目构型更改工艺性审查及工艺贯彻管控优化与应用系统开发。通过一系列的建设，推进工艺管理、构型管理的即时化、可视化，商网管理的溯源性、可靠性，消除了问题累积，促进信息流贯通，实现信息化集成管理和资源共享，有力地助推了公司信息化水平提升。

五、重大设施建设

2020年7月3日，沈飞公司董事会决议通过蒙皮生产线建设项目，项目总投资80381万元，主要用于A220等飞机的蒙皮制造，已上报航空工业集团，等待批复。

六、企业改革改制

顺利完成厂办大集体改革工作。2019—2020年，航空工业沈飞积极稳妥推进厂办大集体改革工作，实现了2020年底前全面完成改革的目标。按节点100%完成了1078名在职职工和3708名退休人员安置；全部78户厂办大集体企业的处置达到不可逆状态，其中，13户实施改制（产权转让），53户实施法院破产，8户实施清算关闭，1户松陵实业总公司办理停业，3户有限公司改革前已完成处置。

庆安集团有限公司

一、企业基本情况

庆安集团有限公司（简称庆安公司）创建于1955年，是国家“一五”计划中156项重点建设项目之一，是专业从事飞机作动系统、货运系统和制冷系统科研生产的大型企业。2012年12月，成为中航精机（深市代码002013，2014年改称中航工业机电系统股份有限公司）的全资子公司。

二、生产经营情况

受疫情影响，民用航空产品方面客户订单减少，影响新业务承接。此外，受波音项目减产影响，现有项目订单推迟或取消以及订单向内部转移，影响业务规模的持续增长。2020年，民用航空计划收入23200万元，实现收入12033万元，完成年度计划的51.87%。

三、主要产品

庆安公司以“机载作动技术和压缩机技术”为核心，产品主要涉及航空及防务领域和民用压缩机，其中航空产品配套于国产各类飞行器及陆、海、天等其他装备，航空产品为现役国产飞机配套，涉及飞机上大部分需要作动的部位。民用航空方面主要配套产品有高升力系统、货运系统、舱门作动系统、主飞控作动系统、发动机作动系统、发动机反推力系统等产品。

四、产品开发与技术进步

1. C919飞机

庆安公司作为T2级供应商为C919飞机配套研制了高升力系统翼尖刹车装置、支持轴承、扭力杆组件等3项LRU及80%按图制造零件交付。2020年完成了研制批及4架机换装产品交付，完成鉴定试验大纲更新批准，并按照批准试验大纲开展试验目击工作。

庆安公司作为T1级供应商为C919飞机配套应急门作动器。2020年完成首批装机件产品交付及鉴定试验大纲批复并开启首飞安全试验。完成3架机装机产品交付。

通过C919飞机项目研制使庆安公司正式进入国际民用航空产品研发领域，初步具备了民用航空部件级产品研制能力。

2. 新舟700飞机

庆安公司作为T1级供应商为新舟700飞机配套研制高升力系统、舱门作动系统、起落架收放作动筒、前轮转弯装置等6项工作包、12型产品，包括60项LRU，是新舟700飞机机载设备与系统的主要供应商，产品涉及机械、液压、电气、控制、电子等专业。2020年，新舟700项目完成了高升力控制分系统的集成与验证，完成首飞机配套产品的验证及交付。

新舟700高升力系统是庆安公司首次严格按照ARP4754A、ARP4761等民机研发适航条款开展研制的复杂系统。通过型号研制，庆安公司初步建立了符合民机适航要求的复杂系统研发工作流程，型号研制过程得到主机厂的高度认可。

3. AG600飞机

庆安公司作为T1级供应商为AG600飞机配套研制了飞行控制系统、舱门作动系统、投汲水系统、灭火任务控制分系统等14型产品。2020年配合完成01架机海上首飞，持续开展后续飞行保障。同时根据03架机改型研制工作安排，完成襟翼控制系统、通舱后左舱门开闭作动系统和飞行锁的方案设计评审。完成了襟翼控制系统、通舱后左舱门开闭作动系统配套各部件及研制成件的方案设计评审和详细设计评审工作。

4. 运12F飞机

庆安公司作为T1级供应商为运12F飞机

配套研制货运系统。2020 年主要完成了技术迭代、新状态产品交付和静力机交付。

5. 长江 1000/2000 发动机

庆安公司作为T1级供应商为长江1000/2000 发动机配套研制了液压反推作动系统、喷管作动系统、VBV 作动筒、VSV 作动筒、MTC 作动筒等 29 型产品。2020 年主要开展长江 1000A 发动机液压反推作动系统 13 型产品的方案设计、工程设计及部分试制工作，VSV 作动筒、VBV 作动筒的第二轮优化设计及工程设计工作，MTC 作动筒的方案设计及工程设计工作；开展长江 2000AX 发动机配套喷管作动系统 4 型产品的项目竞标、需求论证工作，VSV 作动筒、VBV 作动筒的优化设计工作。

6. ARJ21-700F 飞机

庆安公司积极参与 ARJ21 货运型飞机货运系统及货舱门作动系统两项工作包的竞标工作。2020 年，货运系统联合美国柯林斯公司对竞标方案进行优化及澄清回复，促成货运系统供应商选定及合同内容谈判。积极争取货舱门作动系统工作包，促成中国商飞达成基本供应商选定意向。

7. 其他民用航空类产品

托管企业陕西长空齿轮有限责任公司在齿轮 / 花键、行星减速器、电动代步车后桥等齿轮减速器领域具有成熟的设计和制造技术。根据用户要求，可提供各种类型的齿轮减速器和传动系统解决方案。

五、国际经济技术合作

1. 对外合作

根据型号研制需要，庆安公司与乌克兰 FED 公司继变排量液压马达技术合作之后，在 2020 年，双方持续开展了伺服变排量液压马达技术合作，首次应用于国内装备，大幅节约了飞机液压系统能源，提升了飞机性能。

2. 转包生产

庆安公司从 1998 年起，开始从事国外航空民机机载设备零组件的转包生产。20 余年来，庆安公司已陆续与法国赛峰集团，美国凯旋公司、伊顿公司、柯林斯公司、穆格公司、伍德沃德公司等世界上主要民用航空企业开展了转包生产业务合作，为客户提供起落架系统、作动系统、货运系统、电源系统、机轮刹车系统用零组件及产品。受全球疫情及市场大环境影响，波音、空客等主机厂需求量减少，2020 年庆安公司转包生产销售收入为 1235.9 万美元，较 2019 年同比下降 46.7%。

六、企业改革改制

研究混改相关政策法规及典型案例；结合公司改革需要，梳理适用政策；按照混改研究需求和有关单位的混改特点，开展混改调研，形成混改调研报告。按公司和子公司两个层面分别分析现状；与咨询公司接触并提出咨询需求。混改研究完成政策依据、集团混改总体情况、典型单位调研情况、试点单位的混改经验、公司混改的必要性、混改思路分析及建议方面的研究内容。

陕西宏远航空锻造有限责任公司

一、企业基本情况

航空工业陕西宏远航空锻造有限责任公司（简称航空工业宏远）是中航重机股份有限公司的全资子公司，创建于1965年，2007年改制成立“陕西宏远航空锻造有限责任公司”。经过50多年的发展，航空工业宏远已成为航空工业集团旗下大型锻造专业化企业。

航空工业宏远科研生产实力雄厚，理化检测手段先进，质量保证体系完备，拥有国内外先进水平的200MN电动螺旋压力机、160MN等温锻油压机、2500T快锻机及其他锻压设备群，建有国家级技术中心及省级计算机辅助设计中心，获批省级博士后创新基地，具有工艺设计、模具制造、锻造、精密铸造、热处理、机械加工以及理化测试等一系列相配套的研发和生产能力，可生产钛合金、高温合金、不锈钢、结构钢、铝合金、镁合金、铜合金，以及新兴的金属间化合物等不同材质的锻件，为航空、航天、火电、船舶等领域提供了批量专业化锻铸件。

公司注重人才队伍建设，现有员工2084人，专业技术人才494人，其中高级工程师73人，管理人员317人。公司坚持“以顾客满意为核心，用持续改进的过程、产品和服务质量赢得顾客信任”的质量方针，建立了GJB9001和AS9100两大主要质量体系，通过了热处理（包括真空炉热处理）、磁粉（MT）、渗透（PT）、超声波（UT）、测量和检测等特种工艺国际认证以及ISO/TS22163标准认证、EJ/T9001标准认证。同时，公司拥有自营进出口权，不仅为国内市场提供优质的锻铸件，还与波音、空客、UTC、赛峰起落架、GE、罗罗等世界著名民用航空公司建立了长期稳定的贸易合作关系。

二、生产经营情况

航空工业宏远弘扬“航空报国，航空强国”宗旨，聚焦锻造主业，加强技术研发，全方位提升企业核心竞争力，努力向“引领中国锻造，打造世界一流航空锻件优秀供应商”的企业愿景目标奋勇前进。2020年公司工业总产值20.77亿元，营业收入实现20.09亿元，同比增长6.58%，利润2.11亿元，同比增长12.23%。

三、主要产品

公司是大型航空锻铸件生产基地，拥有锻铸件成形、模具制造、机械加工、理化检测、热处理等多项生产制造能力，主要产品有发动机盘轴件、环轧件、飞机起落架、大型火电叶片、整体模锻件、精密模锻件及各类航空结构件等；产品涉及飞机、发动机、民用航空、航天、风电、火电、船舶燃气轮机等多个专业领域，广泛涉及结构钢、合金钢、不锈钢、钛合金、高温合金、铝合金、镁合金、铜合金等多种材料，民用航空客户遍布国内外。

四、产品开发与技术进步

航空工业宏远作为国内大型专业化先进锻造企业，始终致力于技术创新和新品研制。通过自主研发、校企合作等方式不断进行技术创新，多项科技创新成果先后获得国家、省部级奖励，例如:《先进航空发动机FGH96粉末高温合金涡轮盘技术》获工业和信息化部国防科技进步奖一等奖、《TC21钛合金大规格制件在大飞机上的应用技术研究》获陕西省国防科学技术奖三等奖、《飞机用TC18钛合金大规格棒材与锻件研制及应用》获航空工业科技进步奖一等奖等，沉淀了丰厚的技术底蕴，开创了航空难变形材料热工艺、大型等温模锻和热模锻精密成形、小型精密模锻、高效制坯、精密环轧、锻造工艺仿真模拟等航空产品制造多项先进技术，整体技术水平国内领先，部分技术媲美国际先进水平，并在民用航空领域得到应用，为民用航空产品开发提供了有力保障。尤其2020年新冠疫情在全球蔓延，国际民用航空业受到重创，波音、空客等国际大型企业各机型生产速率均下调30% ~ 50%，加之中美贸易摩擦不断加剧，航空工业宏远的民航业务遭受重大冲击，面对民用航空业务大幅下滑不利局面，公司高度关注国际市场新产品开发，携手合作，成功开发了赛峰起落架公司T形锻件，并实现了首件发货、批量生产，获得2700万元的订单；霍尼韦尔两项发动机锻件通过了现场首件认证，首次拿到外贸发动机订单，在未来将形成批量交付，形成新的经济增长点；开发了波音公司系列新品，为产品市场增长提供了有力支撑。同时，紧盯国内民机研发进程，稳定ARJ21批产产品，积极参研大飞机C919的进程，为占有国内民用航空产品未来市场奠定了坚实基础。

公司作为省级高新技术企业，建成有“国家认可实验室”。通过不断加大研发投入，加强科研能力建设，注重专业化人才培养，2020年实现了从“省级企业技术中心”到“国家企业技术中心”的升华，并获批陕西省博士后创新基地，科技创新工作取得长足进步，年度获得专利授权19项，申请专利45项，其中发明专利37项。在民用航空领域，依托先进生产技术，瞄准开拓国际高端民机市场，综合竞争实力不断提升，连续3年获得赛峰起落架系统“全球最佳供应商奖”，2020年并再次荣获“亚洲最佳合作伙伴奖”。

五、国际经济技术合作

航空工业宏远自20世纪80年代开始与波音建立合作关系，依托先进生产技术，充分利用合作契机，抓住国际民机产品升级换代加速的机遇，进军国际高端民机市场，相继与空客、罗罗、GE、霍尼韦尔、福伊特、赛峰等国外大型航空发动机及起落架厂商建立了稳定的合作关系，经过前期市场培育，新品转批后批量生产满足了客户换代需求，国外民用航空领域年出口超过2000万美元。

公司先后取得多项生产资质认证并多次获奖。其中获得的特种工艺资质国际认证包括：超声波项目获得波音、空客、罗罗的国际认证，渗透检验获得空客、UTAS的国际认证，磁粉检验获得UTAS、赛峰的国际认证，钛合金热处理获得波音、空客、赛峰的国际认证，铝合金热处理获得UTAS的国际认证，理化检测获得金相、化学分析、力学性能的国际认证；近年来多次获得空客公司和赛峰公司的奖励，2020年获得赛峰亚洲最佳表现供应商奖。

六、重大设施建设

公司以“航空报国，航空强国”为己任，着力加强能力建设。围绕涡扇发动机、大运等航空重点型号，公司先后争取到技改建设投资项目10余项，通过国家投资、公司自筹资金等多种渠道筹措资金，进一步加强公司生产能力建设。目前公司老区航空中小型模锻件生产线、环轧件生产线、小型精密锻造生产线、航空精密铸造生产线通过技术改造，产能得到大幅提升；公司新区先进锻造基地加快建设进度，160MN油压机已投入使用并达成量产，200MN电动螺旋压力机已投入使用。

七、企业改革改制

贯彻“六稳”要求，落实二十字方针，推动高质量发展。2020年公司以习近平新时代中国特色社会主义思想为指导，秉承“航空报国，航空强国”的宗旨和使命，全面贯彻落实航空工业集团、航空工业通飞和中航重机年度工作会议精神，以及疫情防控各项要求，坚持“党建领航、市场牵引、同频共振、精益提升、价值创造”二十字方针，以“五看”（党建领航看作用，市场牵引看客户，同频共振看作风，精益提升看班组，价值创造看增效）为抓手，以满足用户需求为核心，坚决打赢疫情防控、市场开发、质量提升、技术研发、有效交付攻坚战。聚焦主责主业，多措并举，推进稳就业、稳金融、稳外贸、稳外资、稳投资、稳预期等各项工作落到实处，为公司高质量发展奠定了基础。

贵州安大航空锻造有限责任公司

一、企业基本情况

贵州安大航空锻造有限责任公司（简称航空工业安大）始建于1966年9月，2000年3月改制成立贵州安大航空锻造有限责任公司，注册地为贵州省安顺市西秀区东郊。经过50余年的发展，航空工业安大已成为能够为航空、航天、兵器、船舶、石油化工、工程机械、汽车、电力等行业提供各类锻件的锻造专业化企业，主要产品为各类金属材料的环锻件、等温/近等温锻件、模锻件和自由锻件。

公司建立了“国家级企业技术中心”“贵州省院士工作站”“全国博士后工作站”等创新平台；成为“全国第一批制造业单项冠军示范（培育）企业”“国家高新技术企业”“贵州省千企改造工程装备制造行业龙头企业”等；主持或参加制定国家标准或行业标准34项；累计承担国家、国防、省部级、预研、横向等科研项目200余项，获得省部级以上科研成果73项；获得发明专利106项，其中美国发明专利1项。

公司总资产42.54亿元，占地65.95万m^2，其中科研生产场所占地面积48.16万m^2，科研生产场所建筑面积12.56万m^2。拥有锻压类设备67台（套），建设了完整的辗环、自由锻、模锻、等温/近等温锻、模具制造、机械加工等系列生产线，具备先进的理化检测手段和质量保证体系，年生产优质锻件能力达到2万t。现有员工1212人，本科及以上学历425人，其中正高级职称8人，高级职称35人，高级技师10人，享受国务院政府特殊津贴4人，省管专家1名，贵州省高层次创新人才百层次1人，千层次1人，航空工业集团首席技能专家1人，特级技能专家6人，特级技术专家1人，航空工业技术能手2人。

二、生产经营情况

2020年航空工业安大以精细化管理、均衡生产管理为抓手，持续推进各项生产经营管理工作，各项经营指标完成情况较好，均有不同幅度增长。2020年完成工业总产值18.56亿元，同比增长6.5%；营业收入18.01亿元，同比增长8.4%；利润总额2.19亿元，同比增长13.3%。

三、主要产品

航空工业安大主要产品为钛合金、高温合金、耐热不锈钢等航空特种难变形材料的辗轧环形件、闪光焊环件、等温锻件、整体模锻件、轧盘件、精密模锻件。主要客户为航空、航天、船舶、汽车、燃气轮机、高铁等行业的主机制造商，产品客户分布广泛，国外客户主要分布在北美、西欧、东亚等涉及十几个国家和地区。

四、产品开发和技术进步

航空工业安大开创了中国航空锻造史上的多个第一并刷新了多项企业新纪录：率先生产出了国内第一件TC11钛合金双性能压气机盘，采用整体锻造工艺研制出了国内第一根GH4169低压涡轮轴和TC17整体盘轴，采用一次模锻整体成形工艺生产了地面燃气轮机安装边，首次研制出了TC4钛合金飞机结构件，首次轧制出了中国最大的盘形锻件，在国内首次研制成功了钛合金近β锻造工艺、环形锻件精确辗轧技术、近等温锻技术等新技术和新工艺。

航空工业安大作为中国航空锻造行业的领军企业，一直致力于发展特色产品，如钛合金、高温合金、铝合金、不锈钢、粉末合金、超高强时效钢等材料锻件的研制与生产，追踪世界锻造行业的新技术、新工艺、新材料，大力发展环件胀形、闪光焊新技术、等温/近等温锻、精密环轧、精密模锻、粉末锻造等先进锻压技术。

在新材料的工程化应用研究方面，航空工业安大与钢铁研究总院、北京航空材料研究院、中科院金属所、西北工业大学、贵州大学等国内材料研究单位和高等院校结成了良好的联盟关系，初步形成了以安大为中心的航空新材料工程化应用研究基地。在锻件近净成形技术研究中，航空工业安大集中优势开展了高温合金、钛合金、铝合金等新材料的环形锻件精密轧制、胀形、闪光焊研究，面向国内重大技术装备的需求大力开展了钛合金等温 / 近等温锻造、粉末锻造研，以及难变形材料盘形锻件的辗扎技术研究。其技术水平处于国内领先水平，部分技术已达国际先进水平。

基于在航空锻造基础应用领域的研究积累，制定了锻造领域关键的国内行业标准，解决了部分锻造技术对国外标准的依赖问题，实现了锻造技术的推广应用和产业化生产。公司主持或参加了《GH4169 合金棒材、锻件和环形件》（GB/ T 30566—2014）、《锆及锆合金锻件》（GB/ T 30568—2014）、《镁合金锻件》（GB/ T 26637—2011）、《低膨胀高温合金棒材规范》（GJB 5261—2003）、《航空用高温合金环形件规范》（GJB 5301—2004）、《钛合金锻造工艺》（HB/Z 199—2005）、《低膨胀 GH907 环坯及环形件》（HB 7682—2000）、《航空锻件试制定型规范》（HB 5402—1997）、《热轧环形件机械加工余量及公差》（JB/ T 10478—2004）等 34 项国标、航标、国军标、机标等标准的编制工作。2020 年，公司主持或参加制定了《高可靠性齿轮毛坯技术要求》（GB/ T 39340—2020）、《钛合金等温锻造工艺规范》（GB/ T 38964—2020）两项国家标准。

公司建立了省科技创新人才团队基地：贵州省材料加工工程研究生教育创新基地；贵州省难变形材料锻造人才培养基地。与贵州大学合作共建贵州省材料加工专业研究生培养基地，公司 5 名技术专家被聘任为贵州大学校外兼职教授。

五、国际经济技术合作

2000 年以来，公司开始积极拓展国际航空转包领域业务，是第一批进入民用航空领域的企业之一。2004 年开始与罗罗公司形成正式合作，2005 年成为 GEAE 中国的第一家锻件供应商，2007 年开始为 ITP 公司提供批产锻件，2015 年获得罗罗公司全球最佳新供应商提名。企业在国际民用航空市场有着深厚的市场基础，同罗罗、赛峰、ITP 等世界几大民用航空发动机制造商建立了良好的合作关系。产品远销英国、比利时、加拿大、日本、西班牙、意大利、德国和美国等国家。2013 年，公司根据国内国际航空锻件市场的发展情况，结合公司的战略规划，聘请国际上知名的锻造领域专家，不断提升公司的技术实力，开拓国际航空市场。2017 年获得罗罗公司颁发的极具竞争力公司奖。近年来企业通过国际合作，不断引入零缺陷管理、罗罗公司数字化制造管理等管理理念及方法，持续提升管理水平。2016—2019 年民用航空国际转包业务年平均增长 30% 以上，2020 年受疫情影响，国际民用航空业务出现大幅下滑，2020 年国际出口及转包业务实现销售收入 9654 万元。公司在 2020 年获罗罗公司年度首席采购官奖（CPO）。

六、重大设施建设

航空工业安大紧密围绕国家融合发展战略，依托在环锻件制造技术领域方面取得的科技成果，参照国际先进技术，针对国际航空环锻件产品结构、特点，从工艺布局、设备工艺适用性、辅助配套功能性等方面，进口国际先进锻压设备，建立专业化程度高，且能够参与国际高端环锻件竞争的民用航空环锻件生产线。

该生产线建设项目总投资 45000 万元，新建建筑面积 24320m^2，新增三工位数控压机、数字精密辗环机、锻造机器人等工艺设备 28 台（套），建立航空发动机环件智能化生产线，形成民用航空中小型环锻件 24000 件 / 年的生产能力，达产年可实现营业收入 42000 万元。

该项目对带动民用航空产业发展融入国际供应链，实现产业升级有着重要意义。同时，公司在与国际领军企业的合作中通过吸收其技术、能力、资金、管理理念，能显著提高现有航空锻造技术，特别在高温合金、钛合金等难变形航空材料产品批次间性能波动较大和大规格环锻件性能不均匀问题，全面提升产品质量，并实现产业化突破，对推动我国航空新型高性能轻质高温材料研制与应用具有重要意义。

目前，该项目新建厂房已完工验收，设备采购完成 80%，其中进口的数字精密辗环机和锻造机器人已完成冷调试，加热炉和三工位数控压机安装工作完成 90%；项目总体进度完成 70%，已完成投资 3.2 亿元。

中国航发成都发动机有限公司

一、企业基本情况

中国航发成都发动机有限公司（简称中国航发成发）创建于1958年，是国家“一五”期间156个重点工程项目之一，是以研制生产航空发动机及其衍生产品为主的大型国有骨干企业。主营航空发动机研发、制造、销售、修理、服务和外贸转包生产。建厂60多年来，中国航发成发经历了“开创辉煌、改革脱困、转型升级”的发展历程，研制生产了1.4万余台航空发动机，为我国航空装备建设做出了历史性贡献。

中国航发成发位于四川省成都市新都区成发工业园，占地面积63万m^2，资产总额84.5亿元，在职员工5200余人。下辖15个业务管理部门、8个业务中心、10个专业制造分厂。拥有1个控股子公司、1个分公司、1个全资子公司、2个参股子公司。

中国航发成发坚持源于航空、专于航空、志在航空，坚持走专业化发展道路，致力于打造以“国家认定企业技术中心、专业化加工制造平台、航空制造关键核心技术”三位一体的核心竞争力。构建了以国家认定企业技术中心、国防二级区域计量站、四川省院士（专家）工作站为核心的技术创新平台。

二、生产经营情况

2020年，中国航发成发实现营业收入36.2亿元，其中实现转包生产销售收入1.38亿美元。

三、主要产品

中国航发成发民用航空产品主要有各类机匣件、环形件、蜂窝密封件、钣金件、吊挂件，产品应用机型包括GE航空的LEAP系列、GE9X系列、GEnx系列、GP7200、Passport20、CF-34，罗罗公司的遄达XWB、遄达1000、遄达7000、遄达700、RB211、BR700及BR700NG系列，霍尼韦尔公司的HTF7000系列和HTS900系列，以及国内商用发动机系列零部件。

四、产品开发与技术进步

（一）产品开发

2020年，受新冠疫情影响，全球民用发动机市场大幅萎缩，转包业务主要客户普遍推迟或取消其研发和转移项目以节约现金流。中国航发成发全年计划完成新品零件试制项次共计13项，实际完成13项，完成率100%。积极参与国内民机项目的产品开发，完成AES100和商发长江系列发动机型号的多项产品研制任务，其中商发项目共完成38项产品试制，产品类型涵盖风扇增压级单元体、涡轮级间机匣、安装系统和工艺喷管组件等，为后续扩大份额奠定了基础。

（二）技术进步

2020年，中国航发成发加强核心能力建设，新增高压压气机机匣生产线、数控卧式高速侧拉床、硫酸阳极化生产线改造、钛合金阳极化生产线改造等设备。探索开展设计制造协同试点，完成了设计制造协同的生产试制、首件鉴定等工作；持续开展关键核心技术攻关，并取得压气机转子动平衡技术等11项关键核心技术新突破，其中，空心变厚度钛合金中介机匣双层一次电子束焊技术获国防科技进步奖三等奖。全年发明专利申报38项，获得往年授权发明专利20项。

五、国际经济技术合作

经过近20年的发展，中国航发成发已成长为GE航空、罗罗、霍尼韦尔、GE能源、菱重航改（原普惠动力）等公司在亚太区的重要供应商，业务合作持续深入，产品层级不断提升，实现了从一般供应商到战略供应商的转变。2020年，与GE航空、罗罗和霍尼韦尔均成功签署了长期供货协议，锁定了未来多年的合作关系与市场份额，奠定了公司未来航空外贸转包业务规模的基本盘。

六、重大设施建设

为提高商用航空发动机零部件研制生产能力，中国航发成发持续加大工艺设备和厂房投资，新增车铣复合加工中心、镗铣加工中心、真空炉、X 射线机、平衡机等工艺设备 33 台，2020 年已全部投入使用。

七、企业改革改制

2020 年，中国航发成发持续深化改革，高质量完成“三供一业”分离移交清算工作，提前完成厂办大集体改革年度目标任务，全面完成退休人员移交社会化管理工作，实现了快速剥离国有企业办社会职能及优化资源配置的双重目标。持续优化资产结构，完成增资扩股工作，优化了股权结构，有效地降低了公司资产负债率。

中国航发沈阳黎明航空发动机有限责任公司

一、企业基本情况

中国航发沈阳黎明航空发动机有限责任公司（简称中国航发黎明）始建于1954年，是国家“一五”时期建立的新中国第一家航空涡轮喷气发动机制造企业，2013年5月，为满足航空发动机板块整体上市要求，分立为“中国航发黎明”（上市部分）和“中国航发黎明科技”（存续部分），现隶属于中国航空发动机集团有限公司。中国航发黎明位于辽宁省沈阳市大东区东塔街，占地面积100多万 m^2，资产总额247.56亿元，现有员工11387人，下设17个业务部门、5个业务中心、12个生产单位，拥有2家分公司、3家全资及控股子公司。

自成立以来，中国航发黎明共修理、改型、研制了数十种型号的发动机，生产、修理了数万台航空发动机，承制生产了我国第一台拥有自主知识产权的涡喷发动机——“昆仑”发动机，第一台自主研发的大推力涡轮风扇发动机——“太行”发动机，承担诸多科研型号研制任务，被誉为“航空涡轮喷气发动机的摇篮”。

二、生产经营情况

2020年，中国航发黎明实现营业收入160.64亿元，实现转包出口交付额4744万美元。

三、主要产品

中国航发黎明主要业务涵盖航空发动机、燃气轮机、民用航空及国际转包产品的研制与生产。在民用航空方面，主要包括大型客机发动机项目和国际转包业务。

四、产品开发与技术进步

中国航发黎明的国际转包业务始于1981年，最初和美国通用电气航空发动机公司（GEAE）合作。2007年，成立国际业务与民机事业部，2014年国际业务与民机事业部全面改革，成立国际业务分公司。目前，国际转包主要产品供应GE航空、GE发电、GE油气、罗罗、斯奈克玛公司及西门子公司等，产品出口美、英、德、法等十余个国家和地区，具备环形件、结构件、钣金件、机匣件、盘轴件、鼓筒件等多种类型零件的成熟加工经验以及喷涂、喷丸、荧光、电子束焊等特种工艺能力，掌握了机匣的高效加工、变形控制，承力环的叠加投影检测技术、新材料电子束焊加工及防护技术，以及封严环的蜂窝磨加工及检测技术，建立了钣金件护罩的自动辊压生产线，实现了LEAP、RB3043新机型高、低压涡轮机匣、承力环、封严环及护罩等新件研制与转批交付。

2020年，中国航发黎明坚持国际转包“有所为、有所不为”的原则，终止了与普惠和赛峰两个项目的合作业务，面对全球疫情、市场整体缩减的营销困境，逐步将主力产品过渡转型，有序调整产品规划层级以及市场开发方向，集中主要研发力量、生产能力向高技术含量转包零件的承揽、加工转型。加强商务管理工作，严控承揽订单交付节点，减少订单流失，全面完成既定指标任务，不断提升客户服务水平。

五、国际经济技术合作

中国航发黎明大力发展特种工艺技术，将其作为国际合作的核心能力，建立了外贸产品特种工艺专业化生产线。喷涂、喷漆、焊接、腐蚀、无损检测等特种工艺通过第三方特种工艺国际宇航（NADCAP）的审核认证，在全球航空产品竞标中形成强有力的竞争优势。其中，电子束焊、喷漆、硝酸腐蚀工艺在同行业中处于领先地位，铝合金硫酸绿色阳极化、硅橡胶等工艺成为国内首家通过客户认证的单位。

2020 年，中国航发黎明各系统团结合作，形成合力，克服了全球疫情带来的诸多困难，实现产品保质保量交付，获得客户肯定与信任。

六、企业改革改制

2020 年，中国航发黎明持续推进投资清理，顺利完成中航动力国际物流有限公司吸收合并项目。

中国航发贵州黎阳航空动力有限公司

一、企业基本情况

中国航发贵州黎阳航空动力有限公司（简称中国航发黎阳动力）创建于 1965 年，是我国中小推力涡喷、涡扇发动机研制、生产、修理、服务基地和先进航空发动机关键零部件重要供应商。2010 年，贵州黎阳航空发动机（集团）有限公司（存续公司）、贵州黎阳航空动力有限公司（主业公司）正式挂牌成立。中国航发成立后，贵州黎阳航空发动机有限公司更名为“中国航发贵州黎阳航空发动机有限公司”；贵州黎阳航空动力有限公司更名为“中国航发贵州黎阳航空动力有限公司”。

中国航发黎阳动力位于贵州省贵阳市白云区，新区占地 1449 亩（约 96.6 万 m^2），资产总额 115.74 亿元，在册员工 4375 人。下设 17 个业务部门、10 个生产制造单元，拥有 1 家控股子公司。拥有国家级企业技术中心，以及各种国内先进的冷、热加工设备和计量测试设备。

中国航发黎阳动力是法国斯奈克玛亚太最大的供应商、全球 5 个 A 级供应商之一，是美国 GE 航空的核心零件供应商，是美国联合技术公司全球 8 个核心供应商之一，民用航空业务主要涵盖民用飞机产品制造、国内航空科研产品及国家型号攻关产品研制等。建立了符合国际航空产品制造质量管理体系 AS9100，获得必维国际检验集团（BV）审核认证证书，获得国际认证机构 NADCAP 多项工艺审核批准证书。

二、生产经营情况

2020 年，中国航发黎阳动力实现营业收入 22.67 亿元，其中外贸转包收入 3533 万美元。

三、主要产品

中国航发黎阳动力民用航空产品主要有 LEAP 发动机转动环，GE9X 发动机机匣，波音 787、A350、普惠公司飞机短舱环件，涡轮后机匣单元体，风扇轴组件等。

四、产品开发与技术进步

（一）产品开发

2020 年，赛峰公司 AE 项目获得 LEAP 锥轴、CMF 等零件新品订单，GE 项目 GE9X 新品任务高质量完成。美国柯林斯公司项目完成长杆零件研制工作，有望与客户签订订单。美捷特项目顺利完成首个环形件生产，获得三个件号新品订单，有望与客户在环形件方面展开更多合作。ITP 项目完成锥形环、密封圈新品试制，与贵州安大航空锻造有限责任公司就该项目签订长期合作协议，试制开发普惠加拿大公司该项目零件。贝克休斯项目完成客户现场审核，确定了 19 个可加工零件。与华为签订 3 年合作协议，合同金额 3200 万元，占市场份额 35%，已完成 7 个新品试制，四类承压筒密封面问题得到根本解决。成功向中国航发商发交付风扇轴组件和涡轮后机匣单元体，实现了公司从零件级加工向单元体级加工的升级跨越。大力开拓航天项目，成功实现首件加工到批产交付，预计 2021 年航天项目加工费收入可突破 1000 万元。获得中科院 2 套 3 ~ 9 级鼓筒轴订单，以及中国航发南方 10 套涡轴零组件试制订单。

（二）技术进步

2020 年，中国航发黎阳动力实现可磨削直径 ϕ100 ~ 500mm、长度大于 1000mm 的零件。通过工艺改进，LEAP 发动机转动环孔位置合格率由 70% 提高到 95%。赛峰公司 AE 项目的涂层检测实验室，GE 项目普通热处理和超声波清洗，以及罗罗公司 ITP 项目的镍钛腐蚀特种工艺获得国外客户验收认可。全年申报专利 15 项，授权专利 13 项，其中发明专利 3 项，实用新型专利10项。

五、国际经济技术合作

经过20年的努力，中国航发黎阳动力国际客户群不断拓展，已成为赛峰、GE航空、柯林斯公司、哈里伯顿、罗罗等世界500强企业的重要供应商。

六、重大设施建设

建立赛峰公司项目涂层检测实验室，有效提升金相检测、IGA和EGP镀层厚度及焊缝组织检测能力。

七、企业改革改制

2020年，中国航发黎阳动力所属黎阳国际（民用航空产品业务板块）完成国有资产增资摘牌交易手续，实现股权转让，由贵州金控集团投资控股，实现了黎阳国际控股人的转变以及业务转型发展。

中国航发北京航空材料研究院

一、企业基本情况

中国航发北京航空材料研究院（简称中国航发航材院）创建于1956年（国家“一五”156项重点工程之一），是我国航空工业唯一的综合性材料研究机构，是国内最大的材料工程研究中心之一。中国航发航材院主要从事航空工业在研和未来飞机、发动机、直升机先进材料、工艺、检测评价技术研究，同时还承担其他国防科技工业和民用领域先进材料的科研与开发，并将研究成果工程化和产业化，为国家现代化建设服务。

中国航发航材院位于北京市海淀区温泉镇，现有员工2248人，其中中国科学院院士1人、中国工程院院士2人，研究员及高级工程师618名，博士310名，硕士765名；科研生产设备15955台（套），2020年度固定资产总值31亿元。

中国航发航材院建院以来，共取得科研成果2500余项，其中国家级成果150余项、部级科研成果1100余项。截至2020年，共计申请专利3000余项，授权1500余项；计算机软件著作权登记50余项；注册商标93个。荣获国家管理创新成果奖一等奖、国防管理创新成果奖二等奖，以及“知识产权先进单位”“知识产权示范单位”等荣誉称号。

二、生产经营情况

2020年，中国航发航材院实现营业收入63.59亿元，其中民品收入9.84亿元。

三、主要产品

中国航发航材院生产开发高温合金及铸件、铝合金及铸件、贵金属制品、钛合金及铸件、航空透明件、母合金、预浸料、蜂窝、复合材料制品、密封材料、橡胶胶料及制品、涂料、航空焊条、吸波材料、油料、胶黏剂、锻造加工及产品等17类主要产品，其中高温合金母合金、高温合金铸件、铝合金、钛合金、航空透明件、橡胶胶料及制品等产品实现了亿元规模批生产。

四、产品开发与技术进步

在航空发动机领域，中国航发航材院主要承担长江系列航空发动机高压涡轮工作叶片、导向叶片、钛合金机匣等整机和核心机关键制件试制工作，以及民用涡轴发动机燃气涡轮工作叶片、导向叶片等关键制件试制工作。2020年，重点开展长江系列发动机零组件关键工艺攻关，全面打通了高、低压涡轮叶片工艺路线，实现了型号产品批量交付；与中国航发商发协同开展材料工艺业务，成立了11个专业技术团队，强化设计制造协同，实现业务互通。在民用涡轴发动机方面，AES100材料适航专项工作顺利开展，以二代单晶合金（DD6）及其铸件作为该型号的领先示例，与中国航发动研所协同开展PCD文件编审、首件鉴定、质量稳定性验证等工作。

在飞机领域，稳步推进大客材料专项相关工作。其中，低密度密封剂继2019年进入中国商飞合格产品目录后，于2020年5月开始供货，并在C919和ARJ21两型飞机实现装机应用；抗静电涂料、航空润滑脂等材料完成规范符合性验证试验，进入中国商飞合格产品目录。

五、国际经济技术合作

在国际科技合作方面，中国航发航材院保持与国外大学、科研院所的友好合作关系，大力推进材料领域中俄合作试点项目，组织召开美国、英国海外联合技术中心视频研讨会，稳步推进乌克兰、白俄罗斯合作项目，深化与欧盟、西班牙、法国、德国的合作，积极培育粤港澳大湾区科技合作。

在开拓国际市场方面，全力克服疫情不利影响，大力推进GE公司、罗罗公司、赛峰集团、凯普斯通等合作项目，重点开拓钛合金机匣、高温合金铸件、涡轮叶片、3D打印零件、涂层技术等方面的国际市场，取得了较好进展。2020年，全面完成微型燃机的热端高温合金转动部件生产任务，拓展钛合金叶轮锻件领域合作；与南方斯奈克玛公司合作开展基于增材制造技术的高温合金叶片开发，签署了首个合作协议。

六、企业改革改制

2020年，中国航发航材院积极推进厂办大集体改革，完成了全部在职员工和退休员工安置移交手续，并持续推进百慕进出口公司破产清算工作。对北京石墨烯技术研究院有限公司进行增资，打造石墨烯产业集群，培育创新经济增长点；对贵阳航发精密铸造有限公司进行增资，全面提升其产品质量、批生产等能力水平。全力推动北京航空材料研究院有限公司相关工作，开展划转资产的梳理与审计，取得了国防科工局关于资产划转的军工事项审查批复和财政部、中国航发关于资产划转经济行为的批复，完成了划转资产交割，为下一步进入资本市场创造有利条件。

中国航发南方工业有限公司

一、企业基本情况

中国航发南方工业有限公司（简称中国航发南方）始建于1951年，是国家"一五"期间156个重点建设项目之一、国家首批试点的57家企业之一和我国早期六大航空企业之一。中国航发南方位于湖南省株洲市芦淞区董家塅，占地面积303.1万 m^2，总资产150.96亿元，在册员工6589人，下设20个机关业务部门、14个直属生产中心，拥有4个分公司和7个子公司。

中国航发南方是我国中小航空发动机研制生产基地，主要研制生产航空发动机、航空转包生产、燃气轮机、光机电等产品。公司坚持航空为本、创新驱动、开放合作的思路，坚定不移走自主发展的产业化、市场化、国际化道路，全力发展领先的核心技术体系，致力成为世界一流的中小航空发动机供应商。

二、生产经营情况

2020年，中国航发南方实现营业收入70.1亿元，其中航空民品收入9657万元。

三、主要产品

中国航发南方民用航空产品主要有涡轴8A/D、涡桨6、HS9、AES100、AEP500等发动机产品，其中AES100和AEP500发动机尚处于研制阶段。

四、产品开发与技术进步

（一）产品开发

在民用航空发动机方面，为满足民用直升机的动力需求，中国航发南方开展了民用涡轴发动机AES100的研制，发动机整体性能达到国际先进水平。2020年，AES100各项研制工作稳步推进，并与中国航发动研所完成厂所顶层适航协议签订。针对中型客货运涡桨飞机等平台对动力装置的需求，开展民用涡桨发动机AEP500的研制，燃气发生器和技术验证机均实现突破。在民机型号研制中，参照国际转包模式开展零组件外包工作，与中国航发航空科技股份有限公司等5家单位签订了零件外包合同，交付零件经过考核试车。在外贸转包方面，为国际先进的中小型航空发动机及辅助动力装置提供零件产品。

（二）技术进步

目前，中国航发南方掌握了中小型航空发动机零件及部分组件、部件和单元体的加工工艺，以及焊接、化学表面处理、热处理、无损检测、喷涂、喷丸等特种工艺认证，认证范围和能力位居国内同行业前列。在AES100型号研制中，首次开展了低成本工艺开发及目标成本制定工作，完成了以火焰筒厚板料成形制造、制造集约化与复合加工等多项低成本制造技术最佳实践应用，基本形成了民机型号低成本工艺设计及制造思路。

五、国际经济技术合作

2020年，中国航发南方充分利用自身优势，调整转包产业格局，逐步放弃"低技术含量、低附加值、与主业无关"的转包订单，努力承接高附加值、高技术含量的零组件及单元体订单。通过推进转包产品升级，逐步实现转包业务转型升级，维持好国际合作窗口。与赛峰、普惠、霍尼韦尔等国际知名航空发动机企业建立长期稳定战略合作关系的同时，积极调整对外合作战略，加强产品研发、性能改进、技术质量提升，以更加优质的产品服务客户，参与国际市场竞争，塑造良好企业形象。

六、企业改革改制

2020年，中国航发南方坚持聚焦主业，坚持深化改革，根据内外部环境变化和运营需求，对内设机构进行了优化调整，实施基于流程的组织机构优化项目，由职能型运营模式逐步向流程型运营模式转变，按照流程框架重新设计组织结构，定义组织机构的各级职责。完成“三供一业”分离移交项目的清算申请上报工作，厂办大集体企业人员安置顺利完成。深化市场化经营机制，开展子企业功能界定与分类调整工作，对商业一类和商业二类子企业名单进行了重新梳理。

中国航发贵州红林航空动力控制科技有限公司

一、企业基本情况

中国航发贵州红林航空动力控制科技有限公司（简称中国航发红林）创建于1966年。2000年3月改制为国有独资公司，即贵州红林机械有限公司；2009年以整体资产注入中航动控。2016年8月，更名为中国航发贵州红林航空动力控制科技有限公司。

中国航发红林位于贵州省贵阳市经济技术开发区松花江路111号，占地面积468亩（约31.2万m^2），总资产22.14亿元，在册员工2000余人。下设17个职能部门，3个生产分厂、1个辅助分厂，4个产品事业部、1个辅助事业部。

经过20多年的努力，中国航发红林不断进行专项技术改造，申请并通过AS9100、ISO140001、ISO180001体系认证以及38项特种工艺标准的NADCAP、波音及第三方的认证，并成为亚洲唯一一家波音批准的可加工440C材料热处理的供应商，有效推动了技术改进和管理革新。先后获得GE航空“最有潜力优秀供应商”“质量明星”“卓越团队合作奖”、CAP公司“质量保障突出贡献奖”、柯林斯公司供应商前十强等荣誉，客户满意度逐年提升，企业形象不断提高。截至2020年底，与CAP公司、伍德沃德公司、柯斯林公司、凯旋公司、霍尼韦尔公司、穆格公司、AVIO公司、伊顿公司签订了长期合作协议，建立了战略合作伙伴关系，产品出口到美国、法国、英国、意大利、菲律宾等国家，逐步向与客户成为风险共担的利益共同体目标迈进。

二、生产经营情况

2020年，中国航发红林全年实现营业收入11.85亿元。

三、主要产品

中国航发红林航空转包业务以民用飞机控制系统、液压滑阀组件、活塞、作动系统零组件壳体、精密异形零件为主，产品主要包括空客A320、A330、A380机型和波音737、波音787机型等商务飞机配套航空零部件或组件产品，市场占有率高，订单相对稳定。

四、产品开发与技术进步

中国航发红林国际转包业务开始于2000年，最早合作客户是CAP公司，主要以工业产品为主。2014年，中国航发红林专门成立外贸市场部，开始进入民用飞机控制系统零组件的转包生产，不断积累并具备了液压滑阀组件、活塞、壳体、精密结构异形件、轴类件的先进加工经验和方法。2020年，受新冠肺炎疫情影响，国际民用航空市场持续萧条，中国航发红林加快国内市场的开发，与航空工业自控所在滑阀、非滑阀和作动筒项目上建立合作业务；与航空工业南京机电建立业务合作关系，完成8项新品滑阀项目的开发，并顺利通过质量体系审核和验收；此外，还与武汉航达、航空工业枫阳也建立起良好的业务合作关系。

五、管理和技术革新

2020年，中国航发红林持续实施供应商一体化管理，在不增加人员、设备的情况下进一步扩充了公司转包的生产产能，确保销售逐年增长。实行材料采购长协管理，与供应商签订长期合作协议，供应商进行材料备货存储，降低了采购成本，缩减了采购周期，提升了材料采购效率。持续完善信息化建设，订单计划、数字检测、过程控制、质量信息技术、材料采购、新品开发、预警等多方面都实现了信息化管理。

海宁红狮宝盛科技有限公司

一、本企业基本情况

海宁红狮宝盛科技有限公司成立于2005年11月20日，位于浙江海宁经济开发区硖川路399号，是主要从事航空、航天器精密钣金件及机加工制造、结构件组装、钣金结构件和电子器件组装与测试的高端装备制造企业。业务覆盖航空内饰零部件、航空结构件、发动机及短舱零部件、航空管路管件、航空电子控制系统零部件。

公司被认定为国家高新技术企业、浙江省企业技术中心、浙江省AA级“守合同重信用”企业、浙江省中小科技型企业、隐形冠军培育企业、嘉兴市企业研发中心。公司拥有39项自主研发设计的相关授权专利。公司已取得AS9100D、NADCAP、ISO9001、ISO14001、两化融合管理体系认证，同时公司具有6项航空制造特种工艺已通过NADCAP认证，分别为焊接、非常规加工、热处理、无损检测、化学处理、材料检测实验室，是国内具备NADCAP资质最多的民营企业。

二、生产经营情况

公司占地面积80亩（约5.3万m^2），厂房面积38000m^2，分别有钣金车间、机加工车间、发动机车间、焊接车间、表处车间、装配车间和材料检测实验室。

公司具有业内先进的航空数字化制造、精密钣金成形、橡皮囊成形、三维五轴激光切割、五轴联动数控机加工、表面处理、热处理等航空高精密零部件加工技术。拥有国外先进的橡皮囊成形机、五轴加工中心、磁悬浮高速光纤激光切割机、数控多工位冲床、数控伺服折弯机等航空高精密零部件加工设备。

客户主要分布在美国、欧洲、东南亚地区，主要客户有美国柯林斯宇航、美国克瑞、美国埃斯特林、英国罗罗航空、英国美捷特，法国赛峰，以及中国商飞等。

截至2020年底员工人数520人，2020年销售收入1.4亿元。

三、主要产品

公司的主要产品为发动机及短舱零部件（主要应用于A350），航电飞控面板零部件（主要应用于波音737），氧气系统零部件（主要应用于A350），厨房系统零部件，包括烤箱、冰箱内胆、水槽、桌板等（应用于波音、空客大部分机型），座椅系统零部件，包括座椅支架、扶手等（应用于波音、空客大部分机型）。

四、产品开发与技术进步

公司每年加大科技投入，研发费用投入占比5%以上，开发了一系列省级、国家级高新技术产品，实现科技成果向生产力的转化。利用新技术、新工艺从研发和设计两个方面着手加强新产品开发，始终坚持产品“质量第一、信誉至上“的原则，用品质打造一切。

公司具有发动机部件激光切割、薄板充液成形、薄板密闭容器环焊、铝合金微变形电阻焊、变形铝半液态铸锻复合加工、铝蜂窝板多层高温黏合、化学处理生产线自动控制，以及激光切割重铸层检测等多项关键核心技术，部分飞机零部件的加工技术属国内首创，并达到国际先进水平。

五、国际经济技术合作

2018年5月18日，公司和罗罗公司合作的KITE（风筝）项目正式启动。KITE项目作为飞机发动机外部系统的重要组成部分，主要用于XWB飞机发动机，涉及航空钛合金、航空高温镍合金以及十几种航空制造领域的特种加工工艺。作为高端装备制造项目，公司与罗罗公司签订了 5 年的长期合作协议，项目第一期总价将超过 600 万英镑。2019 年 2 月，公司被正式批准为罗罗公司的一级供应商，可以直接为罗罗公司配套生产航空发动机零部件，成为国内首家也是目前国内唯一与其合作的民营企业，代表着企业正式进军航空发动机制造领域。KITE 项目既体现企业在技术、工艺和管理上的实力，又为企业的未来发展打开了上升空间。KITE 项目对于公司乃至海宁装备制造业的发展都具有重要的促进作用。

六、重大设施建设

公司未来将入驻海宁经济开发区牵头建设的海宁航空产业园，以航空产业园主要入驻方全程参与该项目前期规划设计以及建设。该项目拟征地 110438m^2（折合 165.6 亩），新增建筑面积 168180m^2，选购国内外高端制造设备、生产管理智能化系统及配套公用工程系统共 259 套（其中喷漆线 3 套、喷塑线 3 套，氧化、磷化、钝化线生产线 18 套，化学镀 / 电镀生产线 13 套），采用国际先进的航空数字化制造、精密钣金成形（超塑成形、橡皮囊成形、热成形）及三维五轴激光加工等技术，形成年产 1020 万件高精密航空零部件产品的生产能力，为将海宁航空产业园打造成浙江省航空产业航材精密加工中心和浙江省航空产业联动发展示范基地奠定坚实基础。

天津波音复合材料有限责任公司

一、企业基本情况

天津波音复合材料有限责任公司（简称天津波音）位于天津市塘沽区海洋高新技术开发区河北路4566号，注册资本5600万美元，是由波音公司和中国航空工业集团有限公司共同投资兴建的合资企业，投资总额为9700万美元，美国波音公司和中国航空工业集团分别拥有公司88.10%和11.90%的股权。公司成立于1999年7月8日，占地面积近60000m^2，一期厂房面积约23000m^2，二期厂房于2011年4月竣工，厂房总占地面积增加到48000m^2。

二、生产经营情况

2020年底在职员工600人，2020年企业主营业务收入3.4亿元。

三、主要产品

天津波音主要为商用飞机生产高质量的复合材料次结构件和内装饰件，涵盖波音公司目前所有正在运营的机型（737、747、767、777、787）。产品和特种工艺通过包括波音公司在内的所有客户的认证，并符合AS9100和NAD-CAP标准。

四、产品开发与技术进步

天津波音拥有当今世界先进的航空复合材料生产设备、车间和实验室，通过应用ERP、IQS等先进管理体系，对财务、采购、生产计划、质量、文件、订单等工作进行高效运营管理。天津波音拥有连续超过1000万工时“无损失工时伤害事故”的安全生产纪录，提供高质量航空复合材料零部件及装配业务，其中包括主结构件、次受力结构件与内饰件，月均产能高达13000多件。

五、国际经济技术合作

天津波音致力于与本土同行业供应商携手提升中国航空复合材料制造业，与中方股东航空工业集团的多家子公司开展了密切合作，包括定期的技术支持和专有技术指导及现场参观学习。公司还向波音在中国的其他供应商提供专业支持，包括无损探伤三级的认证培训、复合材料部件维修等；支持波音中国创新中心项目管理实践分享。现阶段，天津波音正着手将从北美的原材料采购转移到中国市场。这不仅实现了成本节约，同时也帮助公司与本土供应商建立良好的合作关系，并实现公司业务在中国区的集中发展，积极为中国本土的经济发展做出更大的贡献。

六、重大设施建设

天津波音三期新建及一、二期改扩建工程，包括三期新建厂房建筑面积共25901m^2，原一期厂房改扩建建筑面积共5321m^2，原二期厂房改扩建建筑面积共4463m^2，新建办公楼建筑面积为4800m^2，新建工装存储区建筑面积为1150m^2，新建废料棚建筑面积为302m^2，新建及改建辅助用房建筑面积为560.3m^2，新建地下车库建筑面积8800m^2。

成都富凯飞机工程服务有限公司

一、企业基本情况

成都富凯飞机工程服务有限公司（简称成都富凯）成立于 2001 年 7 月，位于成都高新技术产业开发区，注册资金 8000 万元，是中国国际航空股份有限公司（30%）、北京飞机维修工程有限公司（30%）、美国三角洲国际航空技术有限公司（25%）、四川海特高新技术股份有限公司（15%）共同创建的中外合资企业，也是国内极具竞争优势的国家级高新技术企业。2020 年 4 月，作为中航集团旗下企业，成都富凯入选国务院国有企业改革“科改示范企业”全国 204 户企业名单，为自身持续健康发展再添活力。随着中国民航业的发展，经过多年辛勤耕耘，成都富凯在初始适航和持续适航持证能力上取得了长足的进步。在持续适航方面已取得 CAAC 维修许可证（MP）、美国联邦航空局（FAA）、欧洲航空安全局（EASA）、大陆港澳联合维修管理认可（JMM）等多个国家或地区颁发的维修许可。在初始适航方面，成都富凯已发展成为国内领先、具备设计与制造资质完备的改装设计站，先后取得飞机改装委任单位代表证书（DMDOR）、零部件制造人批准书（PMA）、技术标准批准书（CTSOA）、生产许可证（PC），成都富凯也是中国民航为数不多具备生产许可证（PC）的公司。公司占地面积 24 亩（约 1.6 万 m^2），截至 2020 年底拥有员工 126 人，其中专业技术从业人员 97 人。

二、生产经营情况

成都富凯自成立以来，一直保持持续、健康、快速发展的良好经营态势，除 2020 年外，公司的收入与利润每年都在稳步增涨。2020 年在全球遭受新冠疫情袭击，民航业出现断崖式下降的情况下，仍然能保持盈利。

根据行业内公开的数据显示，2020 年中国民航维修市场规模对比 2019 年下降 40%。成都富凯飞机改装业务在疫情期间逆势上涨，目前在国内飞机改装领域占有约 30% 的市场份额。年度内拿下了多家客运航空公司多个重要改装项目，签署了波音 737NG 飞机的海事卫星改装项目、EFB 支架升级项目等合同，并且成功与国内多家货运航空签署高原技改项目合同。2020 年在保证原有附件维修客户业务稳步增长的同时，围绕特定族系产品附件维修“卓越中心”的定位，积极向三方市场推广核心能力附件维修项目，三方客户附件维修业务持续增长。截至 2020 年底，富凯附件维修市场规模约占整个行业的 2%，占可竞争市场的市场规模约 18%。

三、主要产品

成都富凯主要产品有两大板块：飞机部附件修理与飞机加改装。飞机部附件修理在行业的细分领域名列前茅，富凯先后从国外引进了 AVTRON 公司制造的整体驱动发电机（IDG）、发电机（GEN）测试台、液压综合测试台，BAUER 公司制造的燃气结合的燃油综合测试台，以及最新燃油控制组件（FCU）专用测试台、滑油泵专用测试台，2020 年新增飞机娱乐系统终端维修能力与飞机座椅维修双证能力。附件维修涵盖了主流机型的电源附件、液压 / 滑油附件、电气附件、燃油（发动机 /APU）附件、气动附件、娱乐系统附件等多个系统部附件修理能力。截至 2020 年底，成都富凯已有 CAAC 能力 591 项，共计约 4349 个件号；FAA 能力 68 项，共计约 405 个件号；EASA 能力 4 项，共计 24 个件号。

成都富凯作为国内领先的初始适航改装设计单位，具备成熟的 DMDOR 适航体系，为加改装工程设计与适航取证提供完备的质量保障。创新性提出“一站式”服务理念，打造“交钥匙”工程，始终致力于提供飞机加改装全链条解决方案服务，在飞机加改装领域开展了多年的探索，是国内为数不多同时具备包含方案设计、适航取证、改装施工、器材包生产制造，以及供应商集成与管理的一体化解决方案供应商。富凯拥有业内领先的大型项目集成、机载导航系统改装、通信系统改装、氧气系统改装、娱乐系统改装、客舱改装和PC/PMA器材生产的能力，加改装能力覆盖波音、空客主流机型，主要的改装能力/产品包括：波音757-200飞机气象雷达改装；民航运输类飞机地空宽带通信系统及机载无线局域网系统改装；波音737NG飞机海事卫星通信系统加装；民航运输类飞机广播式自动-相关监视ADS-B Out系统改装；民航运输类飞机驾驶舱电子飞行包（EFB）支架改装；加装通航飞机驾驶舱音视频及飞机数据记录系统（QACDR）；加装飞机地面燃油交输系统（ACFS）；飞机客舱改装，包括客舱布局调整，衣帽柜改装设计，隔帘支架、间隔板改装设计，厨房改装等；飞机客舱娱乐系统改装；驾驶舱USB电源加装。

四、产品研发和技术进步

成都富凯深谙创新是航空科技企业发展的源动力，秉承以创新引领的企业核心价值观，秉承研究开发与技术成果转化的理念，坚定不移聚力创新发展，激发企业科创活力。发展规划聚焦行业未来趋势和前沿技术，进行前瞻性的技术研发，建立了“0-1”基础性研发和“1-N”技术升级及市场化推广的研发创新模式。通过制定改装项目及航空产品的短中长期研发方向的甄选制度，建立完善的技术发展和产品开发综合评估体系，2020年重点开发了高高原运行飞机机组增补用氧系统、5G ATG、机载无线充电设备等新产品。在产品开发全周期，完成关键核心技术攻关，拥有自主知识产权，配合完善民航局标准制定，从而做到技术引领以及规范引领，全方位实现高质量的“0-1”基础性研发。

成都富凯持续加强在飞机加改装、附件维修、零部件PMA产品自主研发工作，以突破OEM厂商的垄断。在深度修理工艺以及PMA的工艺制定、适航审定、取证测试等方面取得了实质性进展，开发了多项附件维修深度修理工艺，研发出某型娱乐系统终端显示器前壳组件、触摸屏组件等多款PMA产品。全面提升了自身的核心竞争力，为公司降本增效提供新的途径，为公司持续、快速、健康发展作重要支撑，为未来国产大飞机的维修及生产国产化助力。

五、国际经济技术合作

成都富凯飞机改装业务主要面向波音、空客、中国商飞制造的飞机，主要从事机载导航系统、通信系统、氧气系统、娱乐系统、客舱等改装业务。而这些系统的改装设计必然需要与现在全球最顶尖的航空业产品的供应商进行深度合作，诸如航空座椅厂家B/E宇航，瑞卡罗等；航电设备供应商：柯林斯宇航，霍尼韦尔，泰雷兹，Kid系统，特利丹科技等；娱乐系统供应商：松下，泰雷兹等。

2020年成都富凯致力于推动波音737NG飞机海事卫星改装项目成为中美双边互认的第一个中国民航批准的STC，力争打破国外对航空标准垄断的局面，开创行业先河，助力推动新时代航空强国建设。

六、重大设施建设

2019年成都富凯与成都市高新东区管委会签署投资协议，在天府机场旁高新东区未来科学城建设世界一流飞机加改装研发中心、飞机附件、零部件修理制造基地。2020年，筹备近两年的娱乐系统终端附件维修项目在疫情期间顺利投产，该项目前景广阔，是公司新的收入与利润增长点，将为公司发展注入新的活力。

七、企业改革改制

2020年4月，成都富凯作为中航集团旗下企业，入选国务院国有企业改革“科改示范企业”全国204户企业名单。成都富凯秉承引领中国飞机加改装行业发展，打造国内知名附件维修品牌的企业愿景，作为改革创新的领航员、信号兵，实践管理创新、技术创新，打造国航机务系统的创新平台。

成都富凯“科改示范行动”改革方案按照高质量发展要求，以加强党对企业的全面领导、坚决防止国有资产流失为前提，明确完善“公司治理体制机制，健全市场化选人用人机制，健全市场化激励约束机制，激发科技创新动能，坚持党的领导、加强党的建设”五方面重点改革任务，提出 2020—2022 三年内要完成的具体改革举措，既符合国企改革政策要求，又具有鲜明的行业企业特点，既能高质量、高标准完成“规定动作”，又能探索创新出灵活机动、务实高效的“自选动作”。未来三年，成都富凯将以此次“科改示范行动”为契机，在完善公司治理、健全市场化经营体制、强化激励约束机制、激发科技创新动能、全面加强党的领导等方面形成标志性成果，推动中央精神和决策部署落地见效，为自身持续稳健发展再添活力，为中航集团高质量发展做出新的贡献。

通用电气航空系统（苏州）有限公司

一、企业基本情况

通用电气航空系统（苏州）有限公司（简称通用电气航空苏州）成立于2007年1月，位于中国苏州，投资总额6000多万美元，注册资本2200万美元。现有员工280人，是通用电气（GE）航空下属的全资子公司。

通用电气（GE）航空业务为飞机发动机和飞机系统提供维护、修理和大修理服务以及部件修理服务。总部位于美国俄亥俄州的辛辛那提。通用电气航空（苏州）有限公司属于航空业务，主要从事生产、组装、测试各类民用航空用零部件、组装部件、系统等产品以及售后服务。

二、生产经营情况

公司正式投产以来，业务量不断提升，生产产品的种类，产品的附加价值、产品的复杂性、生产工艺的难度和广度、产品生产所涉及的物料品种的计划性和复杂性也有大幅度的提高。公司拥有先进的飞机零部件机械加工技术及人员。2020年受疫情以及国际航空形势的影响，订单大幅下降，影响销售收入，在困难面前企业积极地引进工艺复杂难度大的新产品开发，为企业今后提升核心竞争力做准备。

截至2020年底，通用电气航空苏州总资产70157万元，2020年实现销售收入31660万元，比去年同期减少60%，2020利润总额7236万元，比2019年同期减少60%。2020年公司着重在飞机发动机部件产线，整合设备，节省成本，开发新产品。

三、主要产品

通用电气航空系统（苏州）有限公司主要从事以下产品的生产和制造：飞机发动机零部件产品包括飞机发动机用叶片和前段保持架、燃烧室机匣，以及支撑环、环形圈、连接件、密封圈等，这些零部件运用于CF34，CFM，Passport，GEnx和Leap发动机；飞机复合材料产品包括飞机机翼机构板、装配件、密封板、飞机整流罩以及组件等，这些零件运用于A320、A350的机身和机翼部分。产品的主要订单客户是集团内部企业。

四、产品开发与技术进步

目前苏州公司没有单独的专利，但是公司的生产技术具有国际领先水平。公司重视技术进步和产品的质量，引进六西格玛、精益生产等管理工具，对产品质量流程进行改进，促进了公司质量管理体系、内部流程体系完善，不断提高产品质量和提升工作效率，同时更重视安全生产。

五、重大基础设施建设

2020年公司固定资产投入5559万元，其中90%是用于生产的设备投入，主要是投入飞机发动机零件产品LEAP和Passport项目，以及复合材料A350/A320项目。

新宇航空制造（苏州）有限公司

一、企业基本情况

新宇航空制造（苏州）有限公司是新加坡宇航制造集团（SAM）的全资子公司，新加坡宇航制造集团成立于 1981 年，通过在新加坡、中国、马来西亚、泰国和德国的工厂向世界上主要的航空企业供应各类航空机械制造产品。新宇航空制造（苏州）有限公司前身是 1995 年成立于苏州工业园区的新达精密机械（苏州）有限公司。2002 年 12 月，SAM 增加了在苏州的投资，在苏州园区出口加工区注册成立了新宇航空制造（苏州）有限公司，注册资本为 1200 万美元，总投资额超过 3600 万美元。公司占地面积 24000m^2，厂房面积 13500m^2，现有员工 342 人。在设备装备方面，公司拥有 4 条集排产、编程、加工和检验于一身的数控柔性制造系统；在加工工艺方面，具备多种无损探伤检测能力和特殊工艺处理技术；在制造方面，对如镍合金、钛合金、铝合金，以及高强度的不锈钢等硬质高温合金材料进行精密加工。核心产品是飞机发动机叶片、发动机部件、发动机连接件和其他机械零部件。公司已经积累了相关的专业技术，能够满足客户的严格要求，提供一站式服务。

二、生产经营情况

公司位于苏州园区出口加工区 A 区，除个别原材料在国内经客户认证的供应商处采购外，其余的原材料均采购自国外，所有的产品都销往欧美。2020 年，受全球疫情影响，销售收入为 3.3 亿元，比去年同期下降了 52.8%。公司正处于稳步恢复生产的阶段。

三、主要产品

公司的主要产品可分为两大类：一类是飞机发动机叶片及叶片隔框，有铝合金和镍合金叶片，用于普惠 PW4000 发动机及通用电气 CF34-8C/E 发动机；另一类是飞机发动机吊架类机械产品，其主要材质是钛合金和镍合金，成熟吊架产品应用于 A320、A330、A340，波音 747/777/787，庞巴迪公司挑战者 300、环球快车 5000 和环球快车 XRS 等机型。

四、产品开发与技术进步

公司非常注重产品的开发与技术进步。近几年来按照顾客的产品要求生产、检验、装配成套飞机发动机的吊架和吊架主要部件，对产品的制造工艺拥有知识产权。在明确顾客对产品要求的基础上，通过运用自身的技术力量，研发出产品的生产流程和各个流程的制造工艺，结合公司的先进制造技术，独特的检验方法，确保飞机发动机吊架顺利通过顾客的各种首件检验要求，实现顾客对产品的设计要求。

公司工艺部积极参与了 A350XWB 吊架和空客 A320Neo 吊架产品的并行研发，从产品的工艺性和经济性方面提出了大量改进意见，为缩短产品研发周期和降低产品成本做出了贡献。

五、国际经济技术合作

公司为新加坡独资公司，所有客户均为海外客户，所有产品均销往国外，目前暂无与中国相关方进行技术合作的机会和计划。

六、重大设施建设

2020 年公司固定资产投入约 2824 万元，购买了一系列大型机器设备用于研发新产品，满足客户需求。

无锡透平叶片有限公司

一、企业基本情况

无锡透平叶片有限公司始建于1979年，是上海电气（集团）总公司旗下核心上市企业上海集优机械股份公司的全资子公司，主导产业聚焦航空、能源装备领域，主要产品包括航空发动机、燃气轮机、飞机、舰船动力、火电汽轮机（核电常规岛汽轮机）等动力装备所需的叶片、盘轴、结构件等关键动力部件。

公司位于无锡惠山经济开发区，占地面积23万m^2，注册资金7.13亿元，资产总额25亿元，企业信用等级AAA。建有国家级企业技术中心、企业院士工作站、博士后工作站等重大研发载体，以先进装备和精湛工艺满足客户的定制化需求，优质服务于全球航空和能源装备市场。截至2020年底，公司共有从业人员800人，其中技术人员181名，占总人数的23%。

二、生产经营情况

近年来，公司始终将航空发动机高端部件作为转型升级的重点，并不断加大科研投入力度，“两机”业务销售收入及其占比逐年攀升（2020年，在海外民航业务受疫情影响遭遇腰斩的情况下，“两机”业务占比达到58%，航空业务占比达到34%），形成了成熟的民用航空发动机关键部件的制造体系和能力，产业结构呈现良好的发展态势。

2020年公司实现营业收入89615万元（其中主营业务收入86417万元），净利润3388万元。交付民用航空发动机零部件33643万元，其中出口7826万元。年内工业总产值90968万元，其中民用航空发动机零部件产品产值37109万元。

三、主要产品

公司航空业务主导产品覆盖航空发动机各类叶片、盘轴、结构件等关键部件，产品材料涉及钛合金、高温合金、铝合金和特种钢。

在民用航空发动机领域，通过多年的耐心培育，公司成为了GE、罗罗和中国商发等商用发动机主制造商供应链的重要一员，为GE提供各类叶片、吊挂、整流罩等部件，用于装配GE90/9X/NX/CF6等发动机，最终应用于波音787、波音777等民航飞机上；为罗罗提供压气机转子叶片、吊挂、涡轮盘和短轴等零部件，主要装配遄达系列和XWB系列发动机，并最终应用于A330、A350、波音787等民航飞机，以及湾流等公务机上；为中国商发提供大型压气机叶片、压气机盘、涡轮盘和涡轮叶片等。

近年来，公司先后荣膺GE航空和斯奈克玛卓越质量奖、罗罗至诚至信精益求精奖，以及中国航发的最佳交付和最佳质量奖、中国商发的优秀供应商。2019年，公司获得德国西门子2019年优秀服务供应商奖、罗罗公司2018年度可信赖卓越交付奖，以及中国航发2018年度最佳交付奖。

四、产品开发与技术进步

1. 公司坚持“科技创新引领，专业化高端制造”的发展战略，搭建了科技创新“三个运行”体系：

（1）以“国家能源大型涡轮叶片研发中心、国家级博士后科研工作站、江苏省高端动力部件制造工程技术研究中心、江苏省企业院士工作站”为一体化的“国家认定企业技术中心”科技创新组织体系；

（2）以产品与项目为依托，以技术人员为主体的科技创新持续改进体系；

（3）以产学研用模式为主体的合作创新体系。

公司高度重视科技创新，近三年的研发经费投入始终保持平均4%，属同行业较高水平。通过自主研发，当前有效的专利累计达244项

（其中发明专利 158 项）、软件著作权 8 项。2020 年申报国家、省市、行业科技项目及成果奖项 18 项次，获得省科技成果转化专项支持 1 项，省科技进步奖二等奖 1 项。

2. 在新产品开发方面，公司 2020 年顺利完成新品开发 1076 项，创造了历史新高峰，其中航空、特殊材料高温合金和钛合金等要求较高、难度大的新品占比明显增加。民用航空重要开发项目有中国商发长江系列航空发动机高压涡轮动叶和导叶、低压涡轮二级动叶和三至七级导叶。

3. 在科技项目攻关方面取得较大技术进步。

（1）通过有色金属盘件和结构件小余量锻造工艺技术研究，在钛合金和高温合金盘件、钛合金喷管类锻件上验证了小余量设计的可行性。

（2）通过钛合金锻件组织性能改善项目，掌握了 TA15 工艺参数与组织性能关系，彻底解决了 TC25 合金准 β 锻低倍组织不均匀的技术难点。

（3）通过福鞍涡轮盘榫槽拉削和铣削工艺能力研究及应用项目，掌握复杂结构涡轮盘精加工能力。

（4）通过“两机”热部件全工序工艺能力提升项目，在热部件瓶颈工序攻关、热部件加工新工艺能力建设、特种工艺前沿技术预研三大方面持续推进，完成了涡轮叶片复合机加、电加工、焊接、涂层制备工艺能力的建设及提升。

五、国际经济技术合作

2020 年，新冠肺炎疫情对全球航空业造成了史无前例的沉重打击，全球航空产业进入“至寒期”，波音、空客公司面临困境，压力向下传导至零部件产业链，公司海外航空业务合同遭遇腰斩，同比下滑 10298 万元。

六、重大设施建设

2020 年，公司技改投入 4800 万元，立项 73 项，投资建设和升级了酸洗生产线、五轴数控强力磨床、电火花成形加工设备、数控立车等设备及生产线，“航空发动机与燃气轮机”用 2500tf（约 2500 × 9.8kN）螺旋压力机锻造生产线，难变形合金小叶片锻造喷涂工序等航空产品生产工艺设备线实现正常运行。

在基础设施建设方面，预算总投资 1600 万元，于 2019 年四季度开工建设的“航空发动机 OGV 叶片和新型压气机叶片制造工艺技术改造项目表面处理车间”工程建设进入收尾阶段，建成后将有效提升公司在航空工业产品表面处理方面的工艺水平，扩大公司在各类航空零部件产品方面的工艺能力和生产产能，提高公司一体化工艺与交付的竞争能力。

武汉航达航空科技发展有限公司

一、企业基本情况

武汉航达航空科技发展有限公司（简称武汉航达）创建于2000年，是主要从事飞机附件研制、开发、生产、维修、服务的高新技术企业，是我国规模最大的民用飞机附件维修企业，是为国产大飞机C919配套的少数几家民营企业之一。

武汉航达占地约150亩（约10万m^2），厂房面积约10万m^2。近年来，由于业务拓展需要，武汉航达先后在长沙、昆明等地建立了分、子公司，初步形成以武汉为总部的集团化格局。

武汉航达现有员工700多人，有国家级研究员2名，先后聘请外籍专家和高层管理人员10名，具备高级工程师资格的员工60多名，毕业于大专院校的员工占员工总数近70%，具有丰富的航空附件研发经验和工程技术能力。

武汉航达保持与时俱进，不断开拓新能力，目前已取得各类专利39项，自主开发大型试验设备近百台（套），建立各种飞机附件维修能力超过7267项，在国内同类型企业中，维修能力处于领先位置，在气动、液压、机电等附件的维修方面积累了丰富的经验，业务范围涉及波音系列、空客系列、多尼尔、CRJ、ERJ和俄制飞机等各种在用机型的各类附件以及各种飞机发动机附件。

武汉航达获得了中国民航局（CAAC）、美国联邦航空局（FAA）、欧洲航空安全局（EASA）批准的维修许可证（MP），并获得了美国、欧盟、印尼（145/43200）、越南（VN-245NN/CAAV）、泰国（398/2550）、韩国、印度、马来西亚等国家批准以及中港澳民航当局三地联合认可（JMM010），达到国际一流维修企业的标准，国内业务稳步发展，海外业务不断扩大。

武汉航达在努力巩固、开发国内市场的同时，积极寻求与国外先进飞机制造商合作的机会，目前已与国际知名OEM厂家合作，与联合技术、霍尼韦尔、美捷特、赛峰、利勃海尔、优尼森、派克、伊顿、波音等OEM厂商分别建立了备件供应与技术支持，以及授权维修等全方位的合作关系，为武汉航达进一步提升技术实力、提高发展速度提供了良好的行业基础。

二、生产经营情况

2020年，武汉航达飞机附件承修51211余件，起落架大修厂承修229余套。2020年产值20亿元，创利税2.7亿元。

三、主要产品

（一）研制能力

武汉航达同中国商飞及其下属的上海飞机设计研究院、上海飞机制造公司，以及北研中心开展多方位的合作，目前已成为多型国产飞机的系统供应商，为ARJ21、C919、C929（预研）等各型运输机提供系统及零部件，主要研制的产品有驾驶舱门系统、水/废水系统、厨房设备、飞机客货舱地板、风挡雨刷、制冷组件/应急通风冲压空气风门、结构拉杆、干燥器、250kVA主交流起动发电系统、225kVA交流起动发电机、150kW直流起动发电机等。

1. ARJ21配套相关产品

（1）驾驶舱门系统

武汉航达已成功研制出驾驶舱门核心零件防弹板，目前驾驶舱门系统已完成整体组装和枪击试验，正在开展其他各类鉴定试验。

（2）水/废水系统

武汉航达经过不断技术攻关和不懈努力，该系统已通过台架试验验证，各项功能和性能可以达到甚至优于进口设备。该系统的成功研制，尚属国内首次。

（3）厨房设备

武汉航达完成了烤箱内胆设计、电机设计、程序设计、数据通信集成、加热管和隔热材料设计等开发工作，目前已完成样件组成和性能调试，与同类产品相比具有体积小、重量轻等优点。目前产品正在进行鉴定试验。

（4）客货舱地板

武汉航达已开发出客货舱地板，在同等强度的前提下，重量比进口件低 20%，客货舱地板正在进行性能验证工作，预计 2021 年底完成所有性能试验，2022 年实现量产。

2. C919 飞机相关配套产品

（1）风挡雨刷

正在开展同步功能风挡雨刷的研制工作，其主要核心部件为风挡雨刷控制器，已开发出原理电路板，正在进行调试工作。

（2）飞机拉杆

共承担了 7 种 C919 飞机拉杆项目，单机 158 件，包括空调拉杆、燃油拉杆、惰化拉杆、电源拉杆、高升力拉杆、襟副翼拉杆、应急离机扶手拉杆。目前正在持续为 C919 飞机配套相关拉杆。该拉杆在国内市场上暂无相关研制技术及成熟供应商。

（3）干燥器

完成了电动离心风扇、电动机构、控制器、过滤器组件、加热器组件和转轮组件等设计工作。目前，干燥器已通过性能试验、高低温试验、振动试验等，正在进行其他鉴定试验，产品性能已达到国际水平。

（4）制冷组件 / 应急通风冲压空气风门

已完成了产品研制、装配和性能试验，正在进行鉴定试验，预计 2021 年年中完成所有试验及适航批准。

（5）防冰伸缩管

完成了产品的制造加工、性能试验、振动试验等，正在进行其他鉴定试验。该部件在国内市场上暂无相关研制技术及成熟供应商。

3. C929 项目配套大功率系列发电机（预研）

（1）250kVA 交流起动发电机

目前产品已完成了性能试验、振动试验。

（2）225kVA 恒频交流起动发电机

电机进入样机试验阶段，试验结果满足原始设计，各项性能参数均正常实现，电机已完成交付。基于 225kVA 电机外形、尺寸、重量等基本参数与国外知名公司同类产品相比，同等条件下效率更高。

（3）150kW 直流起动发电机

150kW/540V 三级式无刷高压直流起动发电机作为新型飞机电源供电系统，具有工作可靠、重量轻、安全，输出直流电压稳定，输出电压脉动小等特点，具备成为新一代飞机的直流电源系统首选方案。

（二）维修能力

武汉航达在液压、气动、电气、燃油、飞行操纵、机载应急设备、起落架、复合材料、直升机旋翼和旋翼传动部件、通航发动机，以及螺旋桨等附件的维修方面积累了丰富的经验，业务范围涉及波音系列、空客系列、CRJ、ERJ 和俄制飞机等多个机型的各类附件。主要项目有：

1. 起落架维修业务

为国内航空公司（含香港航空、香港快运、澳门航空、台湾华航）提供起落架大修及起落架在翼支援服务。海外客户主要有俄罗斯航空、冰岛航空、韩国济州航空、韩国 T-Way、印度 Go Air、印度 Jet Airway、GMF、Sriwijaya Air。

同时，为波音提供起落架大修服务，可以开展波音 777 宽体机起落架大修，目前正在开发波音 787 起落架的大修能力，预计 2022 年获批。

2. 复合材料维修业务

武汉航达拥有国际一流的复合材料车间，车间设施设备的选型综合了波音、空客以及中国商飞的相关标准，同时修理过程中所需的无尘修理间、打磨间、烘干间、喷漆间均按国内最高标准进行配套建设。目前武汉航达已取得 CAAC 维修能力、AS9100 等资质认定，相关设施设备及部分工艺能力已获得中国商飞批准。

武汉航达具备欧美主流成熟机型波音 737/757/777/787，A320，A330，ARJ21 的维修能力，包括雷达罩，襟、缝翼，进气道，尾喷，尾锥，反推组件，风扇整流罩，操作舵面等；维修设备如热压罐、透波率测试台、蜂窝拉伸机、三坐标切割机、大修模具等设备一应齐全。

武汉航达拥有雷达罩透波率测试设备，可以提供雷达罩一站式维修服务和CFM56-5B/V2500短舱部件、A320/波音777雷达罩等部件的以坏换新服务。

武汉航达与武汉市多所高校建立长期合作关系，救援绞车外罩壳体、引射消声器壳体、飞机加热地板、空调组件风门壳体、机舱内防弹面板等项目已研发成功并实现批量装机。

3. 通航维修业务

武汉航达在直升机旋翼和旋翼传动部件、通航发动机及附件、螺旋桨等领域具有很强的维修实力，其中飞机螺旋桨、发动机能力已分别取得MT-propeller、哈泽尔以及莱康明授权。

武汉航达的主要旋翼和尾桨叶修理能力涵盖269C/S300、S76、S92、贝尔206、贝尔407、AS350、H225（EC225）、AS332等主流机型，能够执行超声波、荧光渗透、磁粉及电涡流等检查工作和静平衡调整、复材蒙皮及蜂窝芯修理、前缘防磨条更换、聚氨酯防磨带更换、调整片更换等修理工作。同时具备贝尔407和贝尔206直升机主减速器、主轴、尾减速器及自由轮维修能力。

武汉航达能够执行O/IO/HIO/IVO-360系列，O/IO/TIO-540系列，IO-390系列，莱康明发动机和汉密尔顿247F-3型、MT系列，麦考利系列，以及哈泽尔系列螺旋桨翻修，同时具备燃油调节器、磁电机和螺旋桨调速器等相关附件的翻修能力。

4. 其他业务

武汉航达研制了FR系列栓式机场地面加油设备，包括成套的地井、地井阀、软管接头和飞机压力加油接嘴等系列产品，产品性能已达到了国际先进水平。

贵州航宇科技发展股份有限公司

一、企业基本情况

贵州航宇科技发展股份有限公司（简称贵州航宇）成立于2006年9月，注册资金10500万元，位于贵州省贵阳国家高新区上坝山路5号，是一家专门从事先进锻压技术应用研究与工程化应用研究的国家高新技术企业，产品应用于国内外航空发动机、燃气轮机、航天运载火箭、导弹、新能源等高端装备领域。

十余年来，公司通过产学研+自主创新、不断完善和优化研发体系、搭建多层次研发平台，不断提升企业研发实力，企业的核心竞争力不断增强。贵州航宇从一家名不见经传的民营企业发展成为国内航空锻造领域的骨干企业，成为全球民用航空发动机前六大制造商美国GE、英国罗罗、美国普惠、法国赛峰、美国霍尼韦尔、德国MTU在亚太地区的核心供应商；承担了我国大飞机C919用发动机长江1000系列70%以上环锻件的研制任务。贵州航宇先后荣获国家高新技术企业、贵州省首批创新型领军企业、国家级企业技术中心、国家知识产权优势企业、全国工业品牌培育示范企业、国家级智能制造试点示范企业、国家首批“专精特新”小巨人企业、全国中小企业“十大”创新之星等荣誉称号。“十三五”期间，贵州航宇经营规模年均以45.75%的速度快速增长，行业地位日益凸显。

二、生产经营情况

2020年公司实现产值7.78亿元，同比增长33.67%；实现销售收入6.71亿元，同比增长13.92%；实现利润0.73亿元，同比增长35.19%；2020年公司总资产13.2亿元，同比增长15.28%。

三、主要产品

公司主要面向航空、航天、新能源、轨道交通、高端工程机械、石油化工领域提供各种金属材料的环形锻件、自由锻件，主导产品材料有高温合金、钛合金、铝合金等。

四、产品开发与技术进步

自公司成立以来，持续保持较大的研发投入。十余年来，公司研发投入年均6%以上，远远高于行业平均水平。围绕国家重大高端装备，瞄准全球行业技术发展方向，聚焦影响高端装备制造的关键性、前瞻性的技术开展技术创新。

“十三”五期间，公司结合自身技术积淀，投入大量资金搭建了新材料应用研究、近净成形技术应用研究、数字化制造过程控制研究、民用航空发动机锻件集成制造技术研究共四大研发平台。依托上述技术创新平台研发成功了十大系列核心技术，其中两大核心技术在全球领先，八项国内领先，并在C919大飞机发动机长江1000系列上得以应用。期间公司先后获授权有效发明专利53件（其中国际发明专利1件），实用新型专利14件；主持编制了国家标准3项、行业标准1项，参与国家标准编制7项；公司依托大数据+智能制造，率先在国内实现航空锻造数字化过程控制。

五、国际经济技术合作

贵州航宇依托自身的技术先进性，已全面参与国内所有现役、在研、预研航空型号的研制与生产；是C919航空发动机长江1000、长江2000环锻件主研制单位；成为全球五大商用航空发动机公司（美国GE公司、美国普惠公司、法国赛峰集团、德国MTU公司、美国霍尼韦尔公司）全系金属材料的锻件主要供应商，是英国罗罗公司大型航空发动机大中型环锻件亚太区主要供应商。贵州航宇已与上述公司分别签订了 5 ~ 10 年的长期供货协议，共获得约 4.85 亿美元订单。

六、重大设施建设

2020 年 11 月，贵州航宇启动航空航天关键零部件智能制造协同平台建设项目，以生产精益化服务平台、研发创新服务平台、供应链保障服务平台三大业务发展为核心，融合新信息技术，实现业务模式创新，打造基于“新商业、新管理、新平台”的“三新”数字航宇，实现财务、人力、生产与综合办公一体化协同。项目建成后预计新增销售收入 5000 万元。项目总投资 1140 万元，建设周期 2020 年 11 月—2022 年 12 月。目前项目前期需求调研、建设方案蓝图及部分硬件设施改造已完成，正处于系统开发阶段。

七、企业改制

2011 年完成股份制改造，2020 年 6 月公司向上海证券交易所报送了科创板上市材料。

广州航新航空科技股份有限公司

一、企业基本情况

广州航新航空科技股份有限公司（简称航新科技）是一家在深圳证券交易所上市的高新技术企业（股票代码：300424），创立于1994年，注册地为广州市经济技术开发区科学城光宝路1号，注册资本23998万元，在职员工人数1020人。

航新科技致力于机载设备研制、测试设备研制、航空维修保障、数据分析应用与服务、飞机加改装等，目前主要产品有通用飞行参数记录系统、综合数据采集与振动监测系统、直升机健康与使用监测系统（HUMS）、直升机仪电设备综合维修检测系统等。公司自2008年以来相继获得授权近30余项专利，90多项软件著作权，曾荣获“年度亚太区最佳独立MRO供应商”荣誉。

二、企业经营情况

2020年，航新科技实现营业收入12.24亿元（–18.13%），归母净利润–3.89亿元（–693.79%）。

设备研制进展顺利，驱动公司成长。公司围绕机载设备及自动检测设备（ATE）两大方面进行研发，目前在研项目进展顺利。ATE获得客户订单，新一代产品飞参系统持续迭代出多种型号，驱动公司业绩增长。

疫情对公司航空维修业务影响有限。新冠疫情冲击使得航空公司客座率下滑及飞机日利用率降低，减少了维修业务量。但“客改货”在一定程度上增加了对货机的需求，相应地增加了公司的维修业务量，可以对冲客航通勤减少的送修量。

三、主要产品

目前，航新科技主导产品包括综合维修检测系统和飞行参数记录系统，其中综合维修检测系统的市场占有率达60%，飞行参数记录系统的市场占有率达近20%，全国排名领先。从核心技术角度看，航新科技在该行业领域处于领先地位。

（一）航空维修

航新科技提倡知识共享、信息共享、智慧共享，建设有共同价值观和行为规范的团队。其管理和核心技术人员均来自主机厂所和大型航空企业，从事过飞机设计、维护等工作，掌握了先进的航空产品技术和管理知识，并积累了丰富的技术经验和设备保障经验。

航新科技在通航飞机维修领域有十多年的维修经验，凭借维修航空机载设备起家的优势，拥有覆盖各种通航飞机电子、机械部附件的维修能力。凭借机载设备研制和维修的雄厚实力，航新科技为多家用户完成了空中防撞计算机、近地警告计算机、应答机、甚高频电台、应急定位发射机、飞行参数记录系统等加改装任务，可为用户提供整套工程解决方案。

（二）机载设备和检测设备

航新科技是国内优秀的机载设备研制商之一，通用型飞行参数记录系统总师单位，在各类飞行参数记录系统、飞行管理数据打印机、闭锁铰链控制盒、音频控制面板等机载设备方面具备很强的研发和生产优势。

作为国内生产规模最大、覆盖机型和产品种类最多的ATE研制基地，航新科技在ATE产品研制方面已成功开发了上百套高性能的专用测试设备、综合测试设备、自动测试设备、原位检测设备、通用检测设备及测试程序集。

四、产品开发与技术进步

航新科技始终坚持技术创新战略，把开发一代、经营一代、储备一代作为公司的技术发展指导思想。成功回购法国航空公司股份之后，公司大力加强技术创新投入力度和强度，近三年，研发投入占销售收入的 8.5% 以上。

（一）研究开发人员

航新科技拥有强大的技术研发团队，现有大专学历以上的研发人员 580 余人，其中 80 余人具有高级职称，160 余人具有中级职称。公司技术研发团队结构合理、知识全面、学术水平高，富有创造性和活力，是公司产品不断创新的有力技术保障。公司先后与华南理工大学、中山大学、北京航空航天大学、南京航空航天大学等高校单位合作，从重点航空院校的优秀毕业生中招录优秀的大学毕业生，并对各类专业工种实行可持续的人才培养计划。

（二）研究设备

航新科技具有雄厚的技术基础。多年来，公司一直从事航空部附件的维修，机载电子设备、自动检测设备的研制和产品的制造生产。公司自主研发了多种国内先进的自动检测设备，成功研制了飞行数据打印机、音频控制板、飞行参数记录系统、高压电源组件、振动测量仪、音频记录器、娱乐系统液晶监视器等机载设备。

（三）研发经费投入

近 3 年，公司大力加强了技术创新投入力度和强度，研发投入均占销售收入 8.5% 以上。航新科技成功在创业板上市，通过发行股票上市融资为项目的研发经费投入提供了资金保障。

珠海保税区摩天宇航空发动机维修有限公司

一、企业基本情况

珠海保税区摩天宇航空发动机维修有限公司（简称珠海摩天宇）成立于2001年4月，由中国南方航空股份有限公司与德国MTU航空发动机公司各出资50%组建。公司合资期限50年，注册资金1.63亿美元，总投资1.89亿美元。公司的经营范围包括民用飞机发动机的修理、翻修、维护以及各种辅助服务，并提供工程支持、安装和拆卸飞机发动机的技术支持，以及为修理、翻修和维护服务而提供的飞机发动机和部件的租赁。自2003年1月正式运营以来，公司已先后获得中国民航局、欧洲航空安全局、美国联邦航空局等26个国家和地区民航管理局颁发的适航维修许可证。目前公司在册员工1041人。

自成立以来，珠海摩天宇依托双方股东的资源，积极探索符合自身发展需要的合资模式，在发动机维修销售、服务、安全、质量和效益等方面保持着健康的发展态势，向成为亚洲领先的民用航空发动机维修企业的目标稳步迈进，先后获得了"亚太地区独立MRO企业年度奖""全国五一劳动奖状""中国外商投资协会优秀外商投资企业""高新技术企业""技术先进型服务企业""广东省服务外包示范企业""广东省政府直通车服务重点企业""珠海外商投资协会最佳外国投资企业"、珠海市"十百千计划"百亿级龙头企业等荣誉称号。

二、生产经营情况

2003年，珠海摩天宇正式投产营运；2006年，公司具备了维修CFM全系列发动机的能力；2016年，第2000台发动机进厂维修；2020年，第3000台发动机进厂维修。投产17年间，珠海摩天宇的营业收入复合增长率高达36%。2019年共维修发动机325台，总产值达98.46亿元。2020年的发动机总维修量为273台，营业收入69.2亿元；虽然受到疫情的影响，但公司的营业收入仍然排名在亚洲同类企业第三位。

三、主要产品

珠海摩天宇是目前亚洲最大的窄体机发动机维护、修理和大修服务供应商，是中国民用航空发动机维护、修理和大修服务市场的领军企业，是国内维修等级最高、维修能力最强及产量最大的航空发动机维修基地。珠海摩天宇为全球运营V2500-A5、CFM56-3/-5B/-7B、LEAP-1A/-1B发动机的客户提供了优质、高效以及便利的维修服务。除了发动机的修理和翻修外，还提供备用发动机租赁、现场及在翼维修、航线可更换件支持（LRU）和24h航线应急支援（AOG）等多种附加服务。

四、产品开发和技术进步

珠海摩天宇积极推进PW1100G-JM和LEAP-1A/-1B等新型航空发动机维修能力的开发工作，目前已获得PW1100G-JM发动机原生产厂家的维修授权，经中国民航局许可开展LEAP-1A/-1B发动机的检测、修理、改装以及现场支援服务。

珠海摩天宇拥有一支优秀的研发团队，研发人员总数达200余人，设有珠海市重点企业技术中心，每年投入2亿多元研发费用用于科技项目研发，目前已获得7项发明专利，31项实用新型专利以及17项计算机软件著作权。如今珠海摩天宇在高压水剥离、无损探伤检测、表面处理、焊接、机加工、等离子喷涂、热处理、电镀、涂层剥离和高速磨削等方面具备了行业内最高标准和技术能力。此外，珠海摩天宇先后与北京航空航天大学、南京航空航天大学、西北工业大学和中国民航大学等国内高校进行技术人才培养合作，并开展了多个产学研合作项目。

五、国际经济技术合作

近年来，珠海摩天宇不断深化全球化市场布局和资源整合，关注中东、美洲、东亚和东南亚等市场的扩张机会。除了在香港成立分公司以外，公司还在欧洲、美洲及东南亚设立办事处，快速有序地推进市场布局和销售网络建设，有助于实现与客户的无缝对接。公司与股东之一的德国 MTU 联盟下的成员企业通过 SMAP 销售平台，共享各自的产品及能力、年度计划、市场预测、销售情况、生产动态、客户调查及反馈、行业展会、客户会议，以及正在进行中的竞标等信息，形成了各有特色、相互融合的标准 MTU 销售流程。通过这样的沟通分享，在德国 MTU 的统一销售策略及市场区域细分下，公司与德国 MTU 其他下属维修企业在全球范围内展开多种发动机机型的销售合作。

为突破发动机维修的技术壁垒，提高维修能力，公司与 MTU 集团旗下的 6 家企业在资源、能力、技术、管理、营销、服务、人力资源等方面开展广泛的合作，通过与 MTU 各维修基地之间进行全面的技术交流和技术项目转让，珠海摩天宇在零部件清洗、高压水剥离、无损探伤检测、表面处理、焊接、机加工、等离子喷涂、热处理、电镀、涂层剥离和高速磨削等方面具备了行业内最高标准的技术能力，能够为客户提供 MTU 全球标准的维修质量和创新服务。

六、重大设施建设

基于发动机维修业务增量的市场预期，公司将加快在珠海的再投资，近几年将投资 20 多亿元用于拓展维修规模和服务范围：一是投资 1.5 亿元用于保税区厂区产能扩建。项目基本已完成，扩建后公司年维修发动机产能可达 450 台。二是投资 3.5 亿元用于建立新发动机维修能力。其中 2 亿元用于建立 LEAP 发动机维修能力，1.5 亿元用于建立 PW1100G 发动机维修能力。三是投资 12 亿元设立金湾分公司，首期建设设计年产能 250 台。四是投资 7000 万元在保税厂区建设面向社会的发动机维修培训中心。五是投资 1 亿元提升管理智能化水平，在保税区厂区和金湾厂区进行基于 SAP 的 ERP 管理软件和数字化建设。六是支持国产飞机的运营，公司正与中国商飞洽谈 ARJ21（CF34）和 C919（LEAP-1C）国产客机发动机的维修合作。七是继续与中国民航大学等国内航空院校开展技术人才培训和产学研合作。

广州飞机维修工程有限公司

一、企业基本情况

广州飞机维修工程有限公司（GAMECO）是目前国内排名前列的大型综合性民航维修企业，公司成立于 1989 年 10 月 28 日，总部位于广州白云国际机场，注册资本 6500 万美元，是由中国南方航空股份有限公司、和记黄埔飞机维修投资（香港）有限公司以及南华国际飞机工程（香港）有限公司共同合资经营，其中中国南方航空股份有限公司持有 50% 的股份，南华国际飞机工程有限公司、香港和记黄埔飞机维修投资有限公司各持 25% 的股份。公司现有员工逾 6000 人，拥有一支技术精湛的骨干队伍。公司每年还从全国各地著名高校吸纳大批优秀毕业生，人才队伍日益壮大。

GAMECO 拥有中国民用航空局（CAAC）、美国联邦航空局（FAA）、欧洲航空安全局（EASA）在内的超过 25 种的民用航空器维修许可证，具备飞机大修及改装、航线维修、附件维修、工程技术服务、航材管理服务，以及培训服务等全面的维修服务能力。

公司在广州的维修设施主要分成三个部分：一是位于广州白云国际机场北区约 16.2 万 m^2 的公司总部设施，包括两座飞机大修机库及相关设施；二是位于广州市区（旧机场）2 万多 m^2 的附件维修中心；三是位于广州白云国际机场候机楼约 2000m^2 的航线维修设施。

一期飞机维修机库总跨度 350m，总建筑面积 9.6 万 m^2，可同时容纳 4 架宽体飞机（波音 747、空客 A380）和 5 架窄体飞机（波音 737/757 和空客 A320）在内维修；同时拥有一个独立的全天候喷漆机库，可容纳一架 A380 或波音 747 飞机。另外，还包括约 4000m^2 拥有先进环境控制系统的航材仓库和 2000m^2 的公共保税仓。二期机库建筑面积 6.6 万 m^2，可以同时为 8 架窄体飞机开展定检维修。

除广州总部以外，GAMECO 还在重庆市、广东省清远市设立了分公司，在上海市浦东机场设立了维修站，开展飞机航线维修、飞机机载设备（起落架）维修业务；在北京大兴国际机场设立外站，为客户提供飞机大修、航线维护、全天候 AOG 紧急支援、航材支援、保税航材仓储等服务；在新西兰和澳大利亚分别注册分公司，在澳大利亚及新西兰的三个机场开展航线维修业务。

公司是高新技术企业、广东省飞机维修工程技术研究中心企业、广州海关 AEO 企业、广州市劳动关系和谐 AAA 级企业，在美国《航空周刊》2019 年度机体维修工时排名中，位居全球前十位。获得 CAAC 颁发的《改装设计委任单位代表》DMDOR 证书，获得 EASA 21 部 J 分部 DOA（设计单位批准）证书。获得 CAAC 颁发的《零部件制造人批准书》CAAC-PMA 证书，获得 EASA 21 部 G 分部 POA（生产单位批准）证书。通过了 AS9100、AS9110、ISO9001、ISO14000、ISO18000、Nadcap 等国际标准认证。被空客授予“A380 卓越中心”称号。荣获 2020 年中国航空维修“年度 MRO”红冠奖等。

二、生产经营情况

2020 年，GAMECO 实现营业收入 27.23 亿元。完成近 200 架次 C 检，全年平均准时出厂率达到 94.5%。通过持续关注和监控飞机吻合率、完成率，为 APS 的“施工有序”“工作有标准”服务，实现对整架飞机定检工作的全程跟踪和效率控制。

三、主要产品

GAMECO 的主要业务是为中外航空公司提供高质量、快捷及经济的飞机维修服务，服务内容包括：航线维护、飞机大修、结构改装和修理、客机改装货机、客舱内部翻新与改造、机身外部退漆与整机喷漆、附件维修与翻新、复合材料修理、起落架维修与翻新、工程服务、航材管理、技术培训、零部件制造、地面保障设备和 AOG 紧急支援等。

GAMECO 具有全面的飞机维修能力，包括波音与空客全系列、巴西 EMB145/190，以及国产 ARJ21 等飞机。

GAMECO 附件维修能力覆盖液压、气动、燃油、飞行操纵、机载应急设备、起落架、机轮 / 刹车、无线电、机载计算机、仪表、娱乐系统、发电机、电气附件等几乎全部附件种类，拥有国内最完备的飞机附件维修能力。

清远分公司的起落架大修基地具备全能力的起落架修理和翻修，包括机加工、NDT、电镀以及测试在内的完整能力。

四、产品开发与技术进步

GAMECO是国家“高新技术企业” 及广东省飞机维修工程技术研究中心企业。 目前，公司每年开展科技创新项目 100 余项。公司拥有发明专利 35 项、有效的实用新型专利 155 项，有效的外观专利 3 项，每年还新增专利申报 20 多项，是国内拥有知识产权数量最多的航空维修企业。为了适应当前新机型、新技术发展，GAMECO 以大数据分析、智能机器人、移动信息化等技术为基础，积极探索智能维修。

五、重大基础设施建设

GAMECO 三期机库于 2019 年 5 月奠基，进入施工阶段，总建筑面积约 9.57 万 m^2，设有 6 个宽体和 5 个窄体维修机位，将于 2021 年底完工并投入运行。GAMECO 飞机附件维修基地的建设工作正在有序推进中，计划 2022 年投产。

北京飞机维修工程有限公司

一、企业基本情况

北京飞机维修工程有限公司（简称 Ameco）是中国国际航空股份有限公司（简称国航）和德国汉莎航空公司（简称汉莎）于 1989 年合资建立的飞机维修企业。2015 年 6 月 1 日，经过股东双方对 Ameco 股权的重组，原 Ameco 与原国航工程技术分公司资源整合组成新的北京飞机维修工程有限公司（简称新 Ameco），由国航和汉莎合资经营，其中，国航持股 75%，汉莎持股 25%。

新 Ameco 总部设在北京，下辖华北航线中心、成都分公司、西南航线中心、飞机大修产品事业部、附件 / 起落架大修产品事业部、发动机 /APU 大修产品事业部、飞机客舱产品事业部 7 个事业部，17 个运行和管理支持部门，以及重庆、杭州、天津、呼和浩特、上海、武汉、贵阳、大连、广州、温州等航线分公司，拥有 200 多个国内维修站点和国际维修站点，形成了辐射国内外的维修服务网络。

新 Ameco 持有中国民用航空局（CAAC）、美国联邦航空局（FAA）、欧洲航空安全局（EASA）等在内的近 30 个国家或地区颁发的维修执照，是中国民用航空局授权的民用航空器改装设计委任单位代表（DMDOR），并获得 EASA 设计机构批准。

新 Ameco 现有员工 11000 余名，拥有一支作风严谨、技术过硬、士气高昂、保障有力的工程技术人员队伍。在确保股东国航全部机队的正常运营外，还为百余家国内外用户提供维修服务。公司注重科技创新工作，上百项科技研发项目先后获得国家或中国民航局的科技奖。

二、生产经营情况

2020 年公司实现营业收入 85.57 亿元，比上年度下降 4.18 亿元，降幅 4.7%；经营亏损 0.84 亿元，较上年下降 5.01 亿元，降幅达到 120.0%；税前利润为亏损 1.69 亿元，比上年度下降 5.27 亿元，降幅 147.0%。受到疫情影响，经营收入与经营利润较去年同期均有所下降。

三、主要产品

新 Ameco 可为航空公司提供机队包修服务，以及航线维护、飞机大修和喷漆、反推和进气道大修、发动机大修、APU 大修、附件大修、起落架大修、公务机改装和维修、工程和资产技术服务、教育和培训，以及计量检测等方面的服务。

面向未来，新 Ameco 启动长期战略发展规划，有效整合机务维修资源，推动机务板块的结构性优化，实现专业化、产业化发展，以更高品质的维修产品向国内外用户提供优质服务，赢得客户的满意和信赖。

四、国际经济技术合作

2020 年新冠疫情下，国际航空市场受到严重冲击。公司加强了与重点客户、战略客户的沟通，寻求更多合作机会，实现了 IAE V2500 发动机大修项目、韩亚航空 V2500 发动机大修项目、汉莎航空波音 748 定检项目、DHL RB211 发动机大修项目等多家国际客户项目的顺利实施，推动了多产品服务模式，加强了国际航司间的合作，实现共同发展。

五、重大设施建设

2020 年根据公司生产战略，需要对附件维修扩大产能。为实现公司要求，启动舵机维修试验工段改造项目，将原气瓶间改造为舵机修理车间；为满足发动机超声速火焰喷涂修理工艺研发项目需要，对原有厂房进行改造和场地的重新布局，以便安装新购置的热喷涂设备设施；为提升A380机库、A350和波音787机型飞机供电负载能力，对机库400Hz电源进行升级改造。新型的电源经过验证，满足现有“纯电”飞机要求，且新的ITW GSE2400系列电源预留可升级USB接口，能够满足未来后续新机型的升级要求。

厦门太古飞机工程有限公司

一、企业基本情况

厦门太古飞机工程有限公司（简称厦门太古）是香港飞机工程有限公司（简称港机）于1993年7月在厦门设立的大型民用飞机维修工程企业，是亚太地区领先的飞机维修及大修服务提供商。目前拥有约4500名员工。主要股东包括香港飞机工程有限公司、厦门航空工业公司、香港国泰航空公司、日本航空公司、波音商用飞机集团等。

二、生产经营情况

2020年受全球新冠疫情影响，厦门太古业务下降明显。截至2020年底，厦门太古累计进场维修飞机超过3700架次。

三、主要产品

厦门太古提供全面的飞机工程服务，涵盖机身服务、航线服务、零部件制造、公务机设计整装方案、技术培训等五大核心业务。

（一）机身服务

厦门太古拥有6座双宽体机位机库，提供包括所有主流民航机型的维修检查、客舱整装、客改货等维修工作。其中，维修检查可为波音及空客飞机提供全面的维修服务，主要技术能力涵盖D检、大型维修检查（HMV）及根据客户需求的补充检查。多项机身工程可与维修同时进行，包括客舱翻新、客舱改装和整装、发动机孔探、发动机拆装及更换、起落架拆装及更换、飞机称重和外部喷漆等。整装和客舱内饰安装方面，厦门太古可提供包括项目管理、工程设计、供应商管理、零部件制造、安装以及取证（FAA/EASA/HKCAD/CAAC）在内的完整全套的客舱改装方案。厦门太古在整装和客舱内饰安装方面拥有丰富的经验，迄今为止，厦门太古已经完成超过530个涵盖空客和波音主要机型的客舱改装项目，主要客户包括国泰航空公司等欧亚地区知名航空公司。客改货方面，厦门太古是全球范围内经验最丰富的客改货中心之一，客改货涉及主要机型为波音747-400、波音737、波音757等。

（二）航线服务

厦门太古是为中国大陆重点航线运营站提供领先航线服务的供应商之一，目前已在中国大陆的15个国际机场开展业务。提供包括过站检查、过夜、日检、周检、故障排除、技术放行、客舱娱乐系统维护、客舱可靠性检查、飞机清洗服务。服务的机型包括A380、A350和波音787在内的所有主流民航机型。

（三）零部件制造

得益于港机长久以来卓越的工程成就及与航空原始设备制造商的良好合作关系，厦门太古同时发展了零部件制造的能力，其中包括机加部件、钣金部件、捆装电线、波音747-400BCF客改货复式地板梁制造等涵盖超过4000个零部件编号（PN），逐渐形成集航空零部件开发、数控加工、钣金加工、热表处理加工、复合材料加工、零部件装配、航空线束电缆组装、无损探伤检测与专业人才培训、计量与校准服务、航空维修及改装制造能力配套为一体的飞机零部件制造产业基地。

（四）公务机设计整装方案

厦门太古公务机设计整装中心（方案）能为私人飞机及公务机提供一站式服务，服务内容涵盖工业设计、工程设计和认证、客舱整装、售后服务以及机身维修。它是亚太地区唯一获得空中客车公司核准及波音公司授权的公务机及私人飞机客舱设计整装中心。

（五）培训中心

厦门太古培训中心是国内唯一一家同时获得中国民航局、香港民航处和欧洲航空安全局共同批准的147部维修培训机构和66部维修人员基础执照考点。厦门太古培训中心已经由针对单个学员的培训扩大到与飞机制造公司合作、与航空公司签约为新机型维修提供团队培训。

四、产品开发与技术进步

客改货开发：厦门太古与美国波音公司紧密合作，攻克了众多技术难关，取得美国联帮航空局（FAA）和波音 BQMS 的认证。和合作伙伴一起参与了波音 737–700/–800 和波音 767–300 等新的改装机型的开发。客改货科研成果主要有：地板梁整装、货舱门口定位、货舱门整装、改装流程的改进等，至今共完成了 70 架次的改装工作。

客舱整装：厦门太古客舱整装服务可以提供完整的一揽子客舱解决方案，包括项目管理、工程设计、供应商管理、零部件制造、安装以及取证（FAA/EASA/HKCAD/CAAC）。到目前为止，客舱整装科研成果主要有：波音 737/A319 客舱构型设计改装、波音 747–400 PTV 改装、波音 747–400 LOPA 设计等。

四川国际航空发动机维修有限公司

一、企业基本情况

四川国际航空发动机维修有限公司（简称SSAMC）成立于1999年，前身为四川斯奈克玛航空发动机维修有限公司，是国内第一家致力于CFM56发动机维修和修理的中外合资企业，主要从事CFM56航空发动机的维修、修理、检修和其他相关服务，相关零部件的制造和维修；为加工复出口产品所需的航空器材、外商在国内暂存的航空器材以及经海关批准的其他航空器材提供仓储和报关服务等。SSAMC位于四川省成都市中国（四川）自由贸易试验区内，注册资本为8800万美元。公司的股东结构为：中国国际航空公司占股份60%，CFMI公司占股份40%。

SSAMC现持有中国民用航空局、美国联邦航空局、欧洲航空安全局、新加坡、泰国、尼泊尔、越南、印尼等国航空安全局颁发的维修许可证及多家航空公司的合格维修商证书；通过了ISO9001/AS9110质量体系认证、ISO14001和OHSAS18001环境安全体系认证；通过了国家安全生产标准3级认证；获得了赛峰集团在环境、健康与安全方面的银牌认证；累计拥有国家专利20项，并连续4年成为技术先进型服务企业。

SSAMC的生产经营始终遵循国家法律和行业法规要求，发动机的进出口严格遵守《两用物项和技术出口通用许可管理办法》《民用航空零部件出口分类管理办法》《中华人民共和国导弹及相关物项和技术出口管制条例》和《中华人民共和国对外贸易法》。发动机的维修质量严格按照中国民航局、美国联邦航空局、欧洲航空安全局等维修质量要求，长期保证了民航维修安全。

SSAMC现有员工468人，大专以上424人，大专以上学历占90.6%，硕士26人。年龄分布上，30岁以下占43%，40岁以下占78%，平均年龄35岁。整体来看，公司的队伍呈现出年轻化、高学历化的趋势。

二、生产经营情况

2020年公司完成149台航空发动机修理，全年实现营业收入369123万元。2020年SSAMC荣获成都市双流区抗疫情促发展先进集体、亩均税收30强、全口径税收50强、地方税收50强、地方税收同比增长量50强、工业产值50强。

三、主要产品

SSAMC是中国唯一的CFM56系列发动机OEM（原始设备制造商）修理厂，也是全球唯一的CFMI授权的维修站。其维修的CFM56系列发动机安装于目前全球最先进、技术水平最高、使用可靠性最强、民用客机市场份额最大的两款机型A320系列和波音737系列客机上。作为中国最具CFM56 MRO经验的航空发动机维修企业，SSAMC能及时分享所有OEM的发动机设计、制造、技术改进信息及其有关CFM56系列发动机维修和车间修理积累的经验，中国客户在国内就能便利地享受到世界顶尖级修理站提供的CFM56系列发动机MRO服务。SSAMC在巩固国内已有客户群的同时，积极开拓国际市场，现在公司的境外服务不断增加，国内外客户达到60家以上，累计大修完成了超1000台航空发动机。SSAMC还承担了航空发动机在翼维修和其他服务，其中在成都双流国际机场完成的该业务量占到40%。SSAMC自成立以来，所修理的发动机没有发生过责任原因的空中停车。SSAMC成功地将中国国际航空公司与CFM公司应用广泛的专业技术相结合，使之成为世界一流的航空发动机维修工厂。

四、产品开发和技术进步

为适应国内民用航空维修业的发展，提高SSAMC航空发动机修理产能，提升公司国际竞争力，SSAMC已新建并投产的世界领先的发动机维修厂房（包括世界先进的软硬件设施如发动机滑轨系统、全自动清洗线、全自动集件系统、高速磨床和立式磨床等），做好了基础设施资源的配置，为客户提供高质量、高效率、低成本的服务提供了强大的保障。新厂房可达到300SV/年的产量，从而可以在未来15年满足国航集团内部对CFM发动机的维修需求。

同时，SSAMC也成为国内第一家LEAP发动机修理厂。LEAP系列发动机是由发动机制造商CFM国际公司生产制造的新一代发动机，主要应用于空客A320 neo，波音737Max和中国商飞的C919。SSAMC凭借自身过硬的维修品质，在中国领先承接这种新型发动机在中国的运营服役及售后维修服务工作，并成为全球为数不多的能承接这种新型发动机维修工作的维修站。截至2020年底，SSAMC组建的LEAP在翼支援（OSS）队伍已向国内客户提供了超百次的LEAP发动机在翼修理服务；同时已成功完成LEAP-1A/1B试车台升级改造，成为了中国第一家获得LEAP-1B发动机试车资格的企业。未来，随着LEAP发动机在国内外市场的持续服役和不断引入，SSAMC将逐步拓宽服务范围，为LEAP用户适时提供全面的MRO服务，助力新一代LEAP机队的顺利运营。

五、国际经济技术合作

2020年，SSAMC持续整合企业技术、资金、人才，积极与国内外企业合作，共同致力于新产品的开发、新技术的引进和新工艺的改良等创新工作，目前已有150余项工艺改进在生产中应用，保障公司的技术水平始终处于行业领先地位。其中发动机燃烧室修理能力开发，处于国内领先，不仅能够增加公司收益，也能够增加公司的技术储备，丰富公司的修理种类。

SSAMC的愿景是成为世界领先的CFM发动机维修服务商，以实现“为客户提供优质解决方案、为股东实现良好业绩、为员工提供最适宜的工作环境和发展机会”为公司使命，秉承“质量可靠、客户优先、改进创新、以人为本、尽职守诺、团队协作”的价值观。未来，随着航空发动机在国内、国际市场运营的不断增长，SSAMC将按计划逐步拓宽服务范围，为客户提供更加全面的MRO服务，助力中国民用航空业的发展。

中国航发西安航空发动机有限公司

一、企业基本情况

中国航发西安航空发动机有限公司（简称中国航发西航）始建于1958年，是以资产为纽带、母子公司体制的企业。1998年，经批准进行了现代企业制度改革，成立了国家独资的西安航空发动机（集团）有限公司。2001年，实行债转股，组建了以原中国航空工业第一集团公司和华融资产管理公司为股东的有限责任公司。2007年，中国航发西航抓住中国粮油集团公司实施战略业务调整的机遇，借壳吉生化实现了主营业务上市。2008年11月20日，控股子公司“西安航空动力股份有限公司”正式成立，成为国内首家航空动力装置整体上市的公司。2013年1月23日，启动重大资产重组事项，经过一年多的筹备，于2014年4月16日获得中国证监会上市公司并购重组委员会无条件通过，并于2014年下半年更名为“中航动力股份有限公司”，2017年更名为“中国航发动力股份有限公司”，重组更名后的中航动力股份有限公司成为我国最大的航空发动机及其衍生产品生产制造、维修基地。中国航发成立后，“西安航空发动机（集团）有限公司”正式更名为“中国航发西安航空发动机有限公司”。

中国航发西航位于陕西省西安市未央区凤城十路，占地面积348万 m^2，资产总额188亿元，拥有从业人员11000余名，下设21个职能部门、19个生产制造中心，拥有6个子公司。

中国航发西航是国内大中型航空发动机研发生产基地，大型舰船用燃气轮机动力装置生产修理基地，新型环保能源领域研发基地，国内领先、国际一流的航空发动机高技术加工制造中心。我国第一台具有完全自主知识产权的最先进的航空发动机核心机、第一台大功率舰用燃气轮机发生器均在此诞生。

二、生产经营情况

2020年，中国航发西航实现营业收入73.66亿元，其中民用航空出口交付额1.25亿美元。

三、主要产品

中国航发西航拥有超过上千种产品零件，为全球20多型发动机提供零件配套。在民用航空领域，主要以航空发动机及其衍生产品的零部件转包生产为主，产品涉及发动机压气机、燃烧室、涡轮、机匣等关键部件，包括盘类零件、环类零件、封严类零件、轴类零件、机匣类零件、涡轮叶片和压气机叶片，以及其他结构类零件等。

四、产品开发与技术进步

（一）产品开发

2020年，中国航发西航完成外贸新品试制任务25项，主要产品类型为低压涡轮盘、低压压气机盘；国内客户新品试制任务7个项目共计52个零件号，主要产品类型为涡轮盘、整体叶环、机匣等。

（二）技术进步

通过国家科研课题、自主技术攻关等技术改进工作，加速喷涂、喷丸、钎焊、电子束焊、电火花磨削等技术能力提升，进一步巩固盘、环、机匣、复杂结构件等产品技术领先地位。开展了47项技术课题研究和4项专利申报工作。增加五轴无极定位旋转测头体系，测量效率提升3倍以上，具备整体叶盘/整体叶轮类零件测量、评价功能。

五、国际经济技术合作

2020年，为应对复杂国际形势带来的挑战，中国航发西航积极调整对外合作战略，充分发掘内部潜力，加强新品研发、产能改进、技术和质量提升等工作，以更加优质的产品和服务参与国际市场竞争。通过参与全球竞标、与客户签订长期协议等方式，开发新市场，加快订单承揽。围绕客户、能力、合作、成本、速度五个方面，打造优质项目团队，提升交付表现，积极参与新型航空发动机研制，成为多家国际航空发动机制造商的重要合作伙伴。

经过几十年的发展，中国航发西航外贸航空零部件转包生产取得突破性进展，客户遍布全球，先后与GE航空、罗罗、普惠、赛峰等世界主要航空发动机制造巨头建立了长期稳定的战略合作关系。

六、企业改革改制

2020年，中国航发西航坚持聚焦主业，加强外部市场拓展与内部潜力提升，不断巩固外贸转包业务国内领先地位。一方面，进一步优化生产线布局，提升外贸产品质量交付表现，加强转包生产管理水平。另一方面，启动国内商用航空发动机零部件生产，充分发挥公司转包生产优势，借鉴国际先进标准和控制要求，提升国产民用航空发动机制造水平，有效助力民机业务专业化发展。

中航成飞民用飞机有限责任公司

一、企业基本情况

中航成飞民用飞机有限责任公司位于四川省成都市青羊区工业集中发展区，占地面积 440 亩（约 29.3 万 m^2），注册资本 82830.75 万元，现有员工 2000 余人。

公司前身为成飞公司民机装配厂。2007 年 8 月，由中航飞机股份有限公司、成都飞机工业（集团）有限责任公司和中航投资控股有限公司投资组建成立成飞民用飞机有限责任公司，初始注册资本 5 亿元，控股股东为中航飞机股份有限公司。2015 年，中航飞机有限责任公司（简称中航飞机）增资 3000 万元，成为公司新的股东。2017 年，公司增资扩股，四川发展（控股）有限责任公司（简称四川发展）、成都先进制造产业投资有限公司（简称成都产投）两家国有独资政府平台公司分别增资 2.5 亿元、1.5 亿元，成飞集团同步增资 0.9 亿元，公司注册资本变更为 82830.75 万元，控股股东由中航飞机变更为成飞集团。

二、生产经营情况

2020 年公司实现营业收入 197483 万元，利润总额 827 万元，工业总产值 188446 万元。

三、主要产品

公司主要产品为飞机机头及机身、舱门、翼面三大类，产品覆盖波音 737/747/767/787 和空客 A320、A350 等国际主流大型客机，法国达索等国际主流大中型公务机，以及国内 ARJ21、C919、新舟 700 客机和 AG600 水陆两栖飞机等。

公司以成为世界级、可信赖的飞机机体制造合作伙伴为愿景，致力于打造国内大飞机机头研制生产基地和世界级舱门中心及翼面制造中心，成为国际知名、国内一流的航空制造企业。

四、产品开发和技术进步

2020 年，公司按《CR929 飞机机头项目 2020 年联合设计技术协议》《ARJ21 货机联合设计技术协议》完成了相关工作。

公司研制试制项目按计划有序开展：完成了 A350-1000 下垂板零件首件交付，完成了 A350-1000 扰流片 2 号 FPQ 测试并开始了 FAI 零件生产；完成 A320 后登机门（3D）项目 001~005 架零件交付，完成首架试制 95%；完成 CR929 项目鸟撞 1/4 机头发运，启动长周期材料采购，启动首批装配工装骨架设计；完成新舟 700 项目鸟撞适航验证试验件发运；AG600 项目全面启动零组件制造。

2020 年，公司牵头组织申报了“面向国产大飞机批产项目的信息化协同制造平台的建设与应用研究”1 项四川省科技厅计划项目并预立项成功；牵头参与了“大飞机机头智能化研制平台及批产关键技术研究”1 项省中长期及“十四五”重大科技专项建议编写；参与了“自动钻铆技术高效集成创新应用及技术研究”等 3 项省“十四五”重大研发需求征集；完成“高端公务机机头制造技术研究与应用”1 项上级立项科研课题结题验收；完成“波音 737 组件自动喷涂应用研究”等 7 项自研科研课题结题验收；内部新立项“达索壁板含框组件在 G2000 自动钻铆机上的扩展应用研究”等 15 项自研科研课题，配套资金共计 202.4 余万元；获得发明专利授权 3 项，实用新型专利授权 5 项。

五、重大设施建设

公司 2020 年度投资工作主要围绕年度科研生产任务进行统筹安排，计划安排资金 2338.86 万元，实际完成 1214.96 万元，具体如下：

建安工程：计划安排资金 272.5 万元，修建包装发运场地以及停车棚，实际未开工。

工艺设备购置及安装：安排资金1366.66万元。

结转：计划安排资金215.25万元，实际完成投资136.68万元，完成机头生产区信息化安全网络平台建设、超声波探伤仪和3号厂房北二跨新增厕所及更衣间等3项任务交付使用。

新增：计划安排资金1151.11万元，实际完成投资712.57万元，完成加温固化间、气密试验台、橘皮仪、光泽及色彩仪等工艺设备18台（套）交付使用；完成3#厂房园区网（安全）改造、危险废物风机改造等2项改造开发任务，完成内网机房恒温恒湿机、计算机、工作站等173台（套）信息化设备的交付使用。

工程其他费用：安排资金200万元，实际完成2.06万元，用于支付城建档案馆服务费。

机动费：预留500万元，实际完成363.65万元，主要完成锅炉提标改造，商密网建设（一期），井式固溶炉采购，台车时效炉采购，大雁二手设备采购，3#厂房北二跨动力电源改造等。

菲舍尔航空部件（镇江）有限公司

一、企业基本情况

菲舍尔航空部件（镇江）有限公司是一家航空复合材料零部件专业化研制企业，于2011年9月注册成立，现坐落于镇江航空航天产业园。企业性质为港澳台合资，隶属航空工业集团客舱业务板块，股权由中航客舱系统有限公司（72.79%）和镇江新区高新技术产业投资有限公司（27.21%）构成。总投资14亿元，注册资金10.84亿元，规划用地300亩（约20万 m^2），现有员工近500人。主要产品为航空复合材料结构件和内饰件。企业通过了AS9100D航空航天质量管理体系认证、欧盟航空安全局适航认证，在无损检测、化学处理、复合材料、测量与检验4个方面取得NADCAP认证，拥有国内唯一同时通过空客、波音、庞巴迪、NADCAP、CNAS认证的复合材料实验室。企业是波音、空客、航空工业西飞民机、成飞民机、中国商飞合格供应商，庞巴迪A级供应商。企业获得“国家高新技术企业”“江苏省示范智能车间”“江苏省首台（套）重大装备及关键部件”“江苏省专精特新产品”和“江苏省科技小巨人”等荣誉称号。

二、生产经营情况

受新冠肺炎疫情对整个航空运输业带来的冲击，公司2020年出口收入降幅明显，相比2019年同期生产降低超过30%。自年初疫情爆发以来，航空运输尤其是客运需求大幅下降，不少航空公司面临破产清算或大幅裁员的选择。作为航空运输业的载体，国际主要航空器生产厂商也做出了调整，要求供应链上的企业减产或推迟交付。公司正是在这样的局面下，坚持充分利用现有生产加工能力，以优秀的航空复合材料生产技术，转换经营理念，充分开发国内市场和复合材料来料加工市场，通过将原有用于国际转包项目的产能转换给国内项目，确保了公司在疫情下的平稳运行。2020年实现收入2.08亿元，同比下降26%，累计产值为2.31亿元，同比降低18%。其中出口收入1.64亿元，同比降幅33%；国内销售收入0.59亿元，同比增幅75%；实现净利润 -8062.77万元。航空复合材料结构件累计销售3.52万件产品，主要涉及波音、空客、庞巴迪和航空工业集团新舟700等机型的机体结构件，实现营业收入1.48亿元，同比降低34%；航空复合材料内饰件累计销售0.43万件产品，主要涉及中国商飞公司ARJ21飞机行李箱、上下天花板及侧壁板等内饰产品，实现营业收入0.44亿元，同比降低9%；复合材料来料加工累计销售0.73万件产品，实现营业收入0.24亿元，同比增长75%。

三、主要产品

菲舍尔是国内首个以构建国际、国内大型民用飞机重要复合材料结构件和内饰件为目标的专业化企业。菲舍尔通过优化产品品质和完善服务体系，正源源不断地为世界顶级航空公司提供产品零部件。菲舍尔生产的结构件为三大类：操纵舵面、整流罩、机翼部件。目前菲舍尔主要承接了ARJ21、C919、A320、A350、“挑战者”300、“环球”7500、波音777/767以及国内主机厂研制的主流机型的整流罩、下翼板、扰流板、襟翼肋及连接角件等工作包，积累了丰富的结构件的制造工艺及生产经验。

菲舍尔内饰系统研制包括系列化生产的商业飞机和客户导向的商业飞机和私人飞机，已签署了ARJ21和C919内饰合同。负责新舟700、ARJ21、C919等国内主流民机机型的内饰制造，公司于2018年初顺利交付了ARJ21内饰的首件，已经实现月产4 ~ 6架次的批产速率。另外，菲舍尔的内饰设计能力逐步完善，目前已参与新舟700内饰设计、ARJ21/C919第二货源内饰设计，菲舍尔与FACC联合设计新舟700客舱、驾驶舱、登机区及后服务区的内饰，目前首件正在研制中。

四、产品开发与技术进步

从2020年2月份复工以来，设计研发人员克服疫情带来的种种困难，团结一致，不断改进完善课题设计文件。

五、国际经济技术合作

2009年航空工业西飞收购飞机复合材料零部件制造商FACC。2011年在镇江航空产业园投资设立菲舍尔航空部件（镇江）有限公司，并且与FACC联合开展波音、庞巴迪、空客及中国商飞的项目。

2018年，为了迎合市场需求以及吸引新的客户，AIM与空客签订合同，为空客的A320单通道飞机设计和制造客户定制化厨房。此项目的设计理念是提供厨房零件目录，为客户提供定制化服务，AIM目标是最终承担A320系列机型的厨房的50%市场份额。设计分为4个阶段，持续至2023年完成，每阶段CDR完成后，即进行HOV试生产以及批生产。

按照ACS的经营战略，AIM负责A320厨房工作包的设计工作以及研制批制造与交付；菲舍尔负责批产零件的制造与交付。AIM与菲舍尔于2019年4月10日签署MOU，定义了项目范围以及里程碑计划。主要用于此项目制造的二期内饰厂房已竣工，准备投入使用。

菲舍尔还与空客（中国）、波音（中国）在供应商管理、项目交付及技术方面建立了紧密联系和交流。空客（欧洲、中国）、波音（中国）多次来菲舍尔拜访，双方在未来项目合作和供应链管理展开交流。2020年参加了空客在天津召开的供应商管理大会。

六、重大设施建设

根据市场需求及公司未来更好的发展，菲舍尔于2019年10月启动建设年产555架份A320等飞机厨卫内饰项目，该项目总建筑面积约22000m^2，其中11号厨卫内饰厂房总长约165m，宽100m，占地面积16500m^2，建筑面积约20000m^2；9号动力中心长约56m，宽约34m，建筑面积约2000m^2。

截至2020年底已基本完成室内工程及部分室外工程的建设，具体为：11号厨卫内饰厂房已预验收，剩余工程量为弱电、环氧地坪施工及现场问题整改；9号动力中心的主体工程、二次结构已完工，剩余工作量为配电间设备安装；室外工程已完成11号厂房周边路基及雨污水管线施工，剩余工作量为其他厂区道路施工。

中国商飞上海飞机客户服务有限公司

一、企业基本情况

上海飞机客户服务有限公司（简称客服公司）成立于2008年10月7日，由中国商飞出资组建，截至2020年底注册资本为23.8亿元，注册地位于紫竹国家高新技术产业开发区，占地188亩（约12.5万 m^2）。2012年12月，被认定为国家高新技术企业。近年来，客服公司先后获得“中央企业先进集体”“中央企业思想政治工作先进单位”和“上海市文明单位”等荣誉称号。

客服公司作为中国商飞客户服务中心，承担着大型客机、支线客机及其他国产民用飞机国内外客户服务的科学研究、技术研究、体系建设和全寿命客户服务工作；面向国内外航空运输市场，创建有中国特色的客户服务体系，向客户提供更加安全、经济、舒适、环保的全寿命、全方位支持和服务，确保国产商用飞机发展的商业成功。

二、主要产品

（一）C919 大型客机项目

C919服务产品研制验证加速推进。创新采用“远程视频 + 现场操作”模式，完成首台飞行模拟机测试验收并投入使用。以试飞为第一用户，全力保障试飞取证。扎根外场开展攻关，运行试飞验证迎难而上。贯彻局方要求，开展航空器评审和运行支持工作，狠抓首家用户交付准备。

（二）ARJ21 新支线飞机项目

ARJ21项目持续改进优化。积极探索客服工程能力建设，核心能力获较大突破，实现ARJ21技术体系在中心的延伸。深入推进“好维修”工作，客服产品质量进一步提高。客服产品进一步完善，通过英文版型别等级测试，稳步推进公务机、货机等衍生型客服工程研制。

（三）CR929 宽体客机项目

CR929项目客服工程研制稳步开展。充分捕获客户需求，完成客服需求和客服总方案定义；为体现产品竞争力，实现数智化服务，完成E-Service功能需求定义和初步总体方案；开展初步设计方案维修 / 运行符合性评估和机体维修符合性评估，提升结构维修性设计水平；加强中俄合作，完成中俄合作模式与分工建议方案，并完成中俄G3转段客服交付物准备。

（四）客户服务

落实“以客户为中心”，建立“全科急诊室”，具备基本的全专业覆盖的运行支持能力。6月，ARJ21飞机顺利交付三大航，7月，国航、南航分别首航，标志着ARJ21飞机正式入编国际一流航空公司机队，接受全球行业最高水平、最严要求的检验。12月，中国商飞快线获取CCAR-91部运行资质并完成首航，正式启动运行。

三、产品开发与技术进步

2020年，新增课题8项。重点推进运行支持指挥大厅数据可视化、基于虚拟现实技术的机型培训等应用场景落地。《FLYWIN平台国产民机移动化实时监控及远程智能排故方案》获得了2020年全国工业APP和信息消费大赛“工业APP优秀解决方案奖”（第一名）；《基于工业互联网的国产商用飞机服务云平台》获得“2020年国有企业数字化转型典型案例”。

四、重大设施建设

完成中国商飞客户服务训练基地项目（嘉兴）建安工程并投入使用，完成单位租赁房项目建安工程并投入使用；完成ARJ21客户服务网络建设项目4号模拟机采购到货并投入使用，完成“民机运行支持试验验证项目航线安全与经济性分析试验验证”等工艺设备采购到货并试运行。

五、企业改革改制

全面推进设计组织变革工作，提高客服产品质量和研制效率；深化项目组织变革，推动型号研制，助力客服中心经营取得良好成效；推进内部机构改革，成立客户培训与运行事业部，积极推进商飞快线专项工作，中国商飞快线完成首航并正式启动运行；正式启用嘉兴客户服务训练基地；稳步推进激励约束机制改革和专业人才培养。

中电科航空电子有限公司

一、企业基本情况

中电科航空电子有限公司（简称电科航电）是以国家大飞机重大专项为契机，整合中国电子科技集团有限公司（简称中国电科）优势资源，联合四川省、成都市共同投资成立。电科航电以“支撑航空工业发展，引领民机航电事业”为主责，以民机电子、通用航空为主业，核心产品覆盖民机航电系统及设备、通用飞机、特种飞机、无人机及相关产品等。

电科航电成立于2009年，注册资本25亿元，总资产40亿元，现有员工1200余人，其中，享受国务院政府特殊津贴人员3人，全国劳动模范1人，省部级以上专家和高层次人才15人。拥有轻型通用飞机国家地方联合工程研究中心、院士工作站、博士后工作站等创新平台10余个，获得国内外专利授权250余项。

二、生产经营情况

2020年，电科航电实现收入5.63亿元，较去年同期增长20.5%；实现工业总产值5.69亿元，较去年同期增长36.4%。

三、主要产品

电科航电本部和下属两家中外合资公司承担民机电子业务，产品包括机载通信导航系统及设备、信息系统、客舱系统及航空互联相关产品；下属中电科芜湖钻石飞机制造有限公司和中电科特种飞机系统工程有限公司承担通用航空业务，产品包括通用飞机、特种飞机、无人机及复合材料等；同时，电科航电参股了成都华太航空科技股份有限公司和安徽通用航空有限公司，开展航空维修和通航运营业务，作为民机电子和通用航空业务的支撑和延伸。

四、产品开发和技术进步

2020年，电科航电全面完成了承担的C919、AG600、新舟700等国家重点民机型号任务；自主研制的通信导航系统成功保障了AG600海上首飞；iWO机载娱乐系统成功在成都航装机，并获得C919飞机机载娱乐系统订单；北斗位置追踪设备获得民航局颁发的零部件制造人批准书，并成功在国航波音飞机上加装，圆满完成民航局北斗在运输航空应用示范任务；国产钻石飞机CA42完成民航局的审定试飞，具备了型号合格证取证条件。

五、国际经济技术合作

电科航电成立后，通过国际合作高起点进入民用航空电子领域，先后与法国泰雷兹公司、美国柯林斯宇航公司成立两家合资公司，承担C919通信导航系统、机载娱乐系统任务；并与奥地利钻石公司、法国赛峰、英国国际海事卫星公司和以色列吉莱特等公司开展了国际合作。2020年，电科航电克服疫情和中美贸易摩擦双重影响，坚定国际合作战略，在继续夯实与泰雷兹、柯林斯、钻石公司等国际公司合作成果的基础上，加速自主创新，通过国际化视野在客舱系统、通信导航系统和航空互联系统等多领域，进行提前布局，争取弯道超车。

六、重大设施建设

电科航电在成都和芜湖分别建立了民机航电产业园和通用航空产业园，目前都已建设完成。其中，成都民机航电产业园占地150亩（约10万m^2），建筑面积10.5万m^2，主要用于民机航电系统与设备的研制与生产；芜湖通用航空产业园占地195亩（约13万m^2），建筑面积5.8万m^2，主要用于通用飞机、特种飞机、无人机和复合材料的研制生产。

PPG 航空材料（天津）有限公司

一、企业基本情况

PPG 航空材料（天津）有限公司于 2008 年 11 月 19 日取得营业执照，2010 年 11 月 4 日开业；注册资金 147 万美元，目前主要制造和销售航空航天用涂料、密封胶、玻璃及相关化学品等。PPG 航空材料（天津）有限公司在 2010 年 12 月底，通过了 AS9100 的审核，并于次年获得了由 BV 北美分部颁发的相关证书。在 2012 年底，通过了 BVQI 的 AS9100C 版质量体系的认证。根据中国民航局和《CCAR-53 部民用航空化学产品适航规定》的要求，公司于 2010 年获得了由民航总局颁发的相关产品证书。2013 年获得庞巴迪公司认证，获得波音天津 2013 年度最佳供应商称号。目前，在销售团队的不懈努力下，公司客户已涵盖空客（天津）、波音（天津）、成飞、哈飞、西飞、沈飞等。

二、生产经营情况

2020 年公司主营业务收入 0.73 亿元，2020 年底在职员工 24 人。

三、主要产品

公司主要业务为开发、生产、加工民用商用航空器用、汽车用、工业用的涂料、密封胶及相关产品（危险化学品除外）、民用航空器用风挡玻璃和客舱玻璃；销售自产产品，提供技术支持和售后服务。包括航空涂料、航空密封胶、航空透明材料、航空包装与应用产品与分装服务、航空化学品管理服务、透明装甲及特种产品等。

四、产品开发与技术进步

2020 年，PPG 航空材料（天津）有限公司重点开发完整的飞机涂料系列——用于各种机身基材的底漆和标准、金属和特殊效果云母颜色的面漆，具有卓越的应用特性、抗紫外线性和颜色稳定性。创新的选择性可剥离系统将长期性能与有效去除面漆相结合，以便重新涂漆。设计能力包括玻璃、高强度亚克力和聚碳酸酯基板，结合先进技术涂层和层压工艺、满足飞行要求的加热系统、具有承载能力的边缘附件以及黏附结构层的夹层。PPG 的技术领先优势让飞机风挡玻璃大幅减低重量及增加使用寿命。

五、国际经济技术合作

PPG 航空材料（天津）有限公司作为第一个中国国际贸易单一窗口申报试点企业，在市口岸办、中国数据中心天津分中心、天津海关加贸处、保税区海关服务指导下，通过国家“单一窗口”标准版特殊监管区域系统，完成了用户注册、委托授权、业务申报和数据查询等操作，实现首单申报。

六、重大设施建设

PPG 航空材料（天津）有限公司在经开区建设 PPG 全球涂料创新中心 TEDA 项目。项目占地 32000m^2，是除美国本土外全球首个涂料创新中心，将支持 PPG 公司包括中国、亚太地区以及全球业务的新产品新技术的设计、研发及应用工作。目前 PPG 全球涂料创新中心 TEDA 项目正式打桩开工。

浙江西子势必锐航空工业有限公司

一、企业基本情况

浙江西子势必锐航空工业有限公司（简称西子势必锐）是西子联合控股集团和美国势必锐宇航系统公司于 2019 年 11 月 1 日合资的中外合资企业，由中方控股 60%。西子势必锐由浙江西子航空工业有限公司整体转制而来。西子势必锐现有员工近 300 人，其中高工、博士及教授级高工共计 10 余人，大专及以上科技人员 140 余人。西子势必锐的产品定位是民用飞机金属结构大部件装配。得益于长期按质保量准时的交付表现，西子势必锐已经在空客 A320 飞机和 A220 飞机等机型部分结构件上成为其全球唯一供应商。同时，西子势必锐也是国产 C919 大型客机项目 9 家机体结构供应商中唯一的民营企业。

公司不断建立和健全航空制造能力，包括铝合金机加能力、钛合金机加能力、无损探伤能力、表面处理能力、表面强化能力、热处理能力、钣金能力以及装配能力，购置了世界先进的设备，集聚了一批航空制造业人才，建立了符合航空制造要求的技术和质量体系，并以此开启与世界级航空优秀企业的合作之路，成为欧洲空客、美国波音、加拿大庞巴迪宇航、中国商飞、航空工业集团的供应商，是浙江省唯一拥有这五大航空巨头供应商资质的企业，已累计获得 287 项特种工艺资质认证，同时也是国内企业参与航空制造的龙头企业。

二、生产经营情况

2020 年，航空产业是遭受疫情影响最为严重的行业之一，空客主要飞机交付量下降近 40%。即便如此，西子势必锐仍然保持逆势增长，所有财务指标数据均好于去年同期水平，全年共实现销售收入超过 1.2 亿元。西子势必锐被欧洲空客评为 2020 年度“挑战者供应商”，这也是有史以来空客第一次将此殊荣颁发给中国企业。

三、主要产品

西子势必锐主要产品包括 A320 飞机前起落架舱部件、货舱门框部件、机翼翼肋（小 / 大）；A220 飞机前起落架舱部件、地板梁部件、逃生门部件；环球公务机前起落架舱部件和 Q400 飞机腹鳍、飞机金属散件等。

四、产品开发和技术进步

2020 年，西子势必锐进一步与中国商飞加强合作，推进 ARJ21 和 C919 飞机国产化的相关工作，助力 C919 飞机型号取证相关试验件研制任务。公司完成了空客 A320 翼肋（大）工作包的首件转批产的开发工作。

2020 年，西子势必锐根据疫情形势及全球航空市场的变化情况，适时调整了企业的经营发展战略，加大了企业研发投入。与外部高校院所、其他领域的高端制造企业增强了技术合作。企业全年研发费用投入近 2500 万元。

五、国际经济技术合作

2020 年，西子势必锐承接了美国势必锐公司转移的 A320 飞机机翼前缘后缘零组件工作包转包业务，开展了相关的技术改造及工艺准备工作。预计达产后将新增销售额超过 1000 万美元。

六、重大设施建设

2020 年，西子势必锐的中方控股公司西子联合集团斥资超过 5 亿元完成了航空产业一期及二期厂房和土地的购置工作。

七、企业改革改制

2020年是西子势必锐合资的第一年，公司按照中外股东合资协议约定进行了组织机构调整，成立了董事会，并重新聘任了企业的高级管理人员，建立了以COO为首的工厂大运营管理模式。同时进一步结合EPR、PLM以及MES等软件，改善公司运营流程、增强在提质提效方面的深度应用。

安徽应流航空科技有限公司

一、企业基本情况

安徽应流航空科技有限公司成立于2016年6月，主要从事中小型航空动力、重载无人直升机和特种航空地面装备研发生产，力争成为相关领域特色明显、优势突出的关键技术研发和生产基地。公司2020年底总资产13.85亿元，员工总数125人，其中技术人员86人。

六安应流航空产业园由安徽应流集团投资、安徽应流航空科技有限公司建设运营，规划占地面积1368亩（约91.2万 m^2），一期总投资40亿元，规划建设航空发动机以及地面电源、无人机和地面装备等生产和试验设施，配套建设质量中心、研发中心、专家中心和职工宿舍，以及动力站房等设施。2020年底已完成投资12亿元。六安应流航空产业园重点发展航空发动机研发设计和装配制造、无人/有人直升机整机研发设计和装配制造、航空地面装备设计和制造等。以应流集团热部件优势为基础，以中小型涡轴发动机为牵引，通过资源整合和产业链协同，发展无人/有人直升机和航空地面装备。

二、生产经营情况

公司现阶段主要从事小微型涡轴航空发动机、无人直升机、航空地面装备研发。2020年实现销售收入226万元，研发投入3418万元，利润 -2964万元。

三、主要产品

公司主要产品为YLWZ130、YLWZ190两型涡轴发动机。

四、产品开发与技术进步

YLWZ130、YLWZ190两型涡轴发动机于2019年10月首台发动机总装下线，2019年11月首次点火成功。2020年实现装配，2020年11月，YLWZ 130发动机完成60h耐久试验，2020年12月，YLWZ 190发动机完成60h耐久试验，主要性能指标达到设计要求。2020年12月，两型发动机分别配装两型无人机实现首飞和重载升空，有效载荷达到目前国内领先水平。

“小型涡轮航空发动机及特种装备动力应用”项目列安徽省重大新兴产业专项，突破100hp（约74.6kW）、190hp（约141.7kW）地面动力系统、无人直升机涡轴发动机以及通用型涡轴发动机。

深圳中集天达空港设备有限公司

一、企业基本情况

深圳中集天达空港设备有限公司（简称天达空港）成立于1992年7月18日，注册资本1350万美元，隶属中国国际海运集装箱（集团）股份有限公司（简称中集集团），是一家专门从事空港设备和现代物流设备开发、设计、制造、咨询以及维修的专业化企业，同时也是全球空港设备制造领域的先行者和领跑者、全球行业内极具影响力的品牌。

技术创新带动了企业形象与产品品牌逐步提升，并得到政府及社会各界的高度认可：2020年获得宝安区区长质量奖，2019年被评为国家知识产权优势企业，2018年登机桥获得国家工信部“单项冠军产品”认定，2018年通过国家知识产权贯标认证，2015年被评为年广东省知识产权示范企业。天达空港的专利连续3年获得第16、17、18届中国专利奖优秀奖以及2014年度和2015年度广东专利奖金奖和优秀奖，产品也屡获国家重点新产品称号和2016年、2015年、2013年、2011年广东省、深圳市科学技术奖等荣誉。同时，公司还是国家高新技术企业、深圳市博士后创新基地、广东省自主创新100强企业。

在世界登机桥行业中，公司生产和技术研发能力最强、拥有知识产权数量最多。公司的登机桥产品在技术和产能方面排名综合实力第一，迄今为止，登机桥产品已销售至全球五大洲80个国家和地区近300个机场，被誉为“装备制造业的隐形冠军企业”，拥有超过95%以上的国内市场份额，全球市场份额近40%。在美国、欧洲、东南亚设有销售、制造、服务机构。

二、生产经营情况

2020年公司总资产30.66亿元，营业收入14.78亿元，净利润2.10亿元，纳税0.9亿元，资产负债率55.83%，财务情况良好。

三、主要产品

天达空港主要经营空港装备业务，主要产品为旅客登机桥、旅客登船桥、飞机引导系统等，产品所进入的客流及物流港口、公共场所等业务领域（机场空港、邮轮海港等领域与大型公共场所等）均具有工程项目性质，需要通过与顾客充分沟通协作后才能确定产品的最终形式。此外，不同国家、地区的机场、港口对需求的产品标准存在差异。因此，为了满足不同客户对登机桥产品个性化需求，公司需要按照客户订单实行“按需定制、以销定产”的生产模式。通过个性化定制的模式，构成每一个产品的特殊性，极大满足客户的不同需求。

四、产品开发与技术进步

（一）核心产品种类丰富，技术全球行业领先

天达空港具有丰富的开发经验和较强的技术创新能力，是全球唯一能提供机电桥、液压桥、混合桥的厂家，包含从小型支线飞机到空客A380飞机等全系列旅客登机桥。开发出多个全球技术领先的自主创新产品，如无人驾驶旅客登机桥、飞机泊位引导系统等。天达空港是国家火炬计划重点高新技术企业，被评定为深圳市企业技术中心。

（二）技术研发力量

技术研发中心职能包括结构设计、电气设计、软件设计、项目技术管理、新产品研发等，共有100多名专职技术研发人员，其中硕士以上59人，3位深圳市高层次人才，6位宝安区高层次人才，1名宝安区大工匠，1人享受深圳政府特殊津贴。

（三）充足的核心技术储备及技术标准引领

专利数量是衡量一个公司核心技术实力的重要指标，公司在世界同行业中，知识产权占有数量处于领先地位，其中旅客登机桥授权专利数量超过第二名以后竞争对手的总和。截至 2020 年 12 月，共申请专利 282 项（发明 216 项），已获授权专利 230 项（发明 167 项），其中海外申请专利 108 项，海外已获授权专利 96 项，多数以发明专利为主，并拥有多项达到业界领先水平的核心技术及自主知识产权。同时，天达空港注重软件著作权的积累，已累计取得 41 项软件著作权。另外，公司积极参与国家和行业标准的制定和完善，多项提案被采纳并发布，是旅客登机桥的标准主导及参与单位，参与登机桥等产品标准制定和修订 19 项，推动空港设备行业技术不断发展。

四、企业改革改制

公司股东中集天达控股有限公司拟申请首次公开发行股票并在深圳证券交易所创业板上市。目前处于上市辅导阶段，已与中国国际金融股份有限公司正式签订上市服务协议，计划于 2021 年 6 月完成辅导和报会。

第四部分

中国民用航空工业统计数据

1 综 合 情 况

1.1 全国民用航空工业企业综合情况（见表 1–1）

表 1–1 全国民用航空工业企业综合情况

指标	计量单位	2020 年	2019 年	指标	计量单位	2020 年	2019 年
单位数	**个**	**167**	**170**	**工业总产值**	**万元**	**34680259**	**34621107**
国有企业	个	29	31	**民用航空产品产值**	万元	7649638	8649559
有限责任公司	个	73	76	民用飞机（不含无人机）产品产值	万元	1217095	792291
股份有限公司	个	25	24	民用飞机零部件产品产值	万元	758746	1254284
私营公司	个	21	22	民用航空发动机产品产值	万元	798	8547
其他内资	个			民用航空发动机零部件产品产值	万元	379070	696575
港澳台商投资、外商投资	个	19	17	民用飞机机载系统和设备产值	万元	46147	23646
全部从业人员人数	万人	34.1	36.3	民用飞机机载系统和设备零部件产值	万元	36795	41470
民用飞机（不含无人机）累计交付数量	架	2144	1876	其他民用航空产品及零部件产值	万元	461261	457681
民用飞机（不含无人机）本年交付数量	架	268	233	民用飞机修理产值	万元	869938	1542297
民用飞机（不含无人机）本年交付金额	万元	583134	340734	民用航空发动机修理产值	万元	1314630	1610218
无人机本年交付数量	架	1098691	1331462	其他民用航空产品及零部件修理产值	万元	357599	416808
无人机本年交付金额	万元	883139	1051226	民用飞机机载系统和设备修理产值	万元	67248	116284
民用飞机（不含无人机）新增确认订单	架	263	130	无人机产品产值	万元	2140311	1689460
民用飞机（不含无人机）新增意向订单	架	49	29	资产合计	万元	73144009	72145235
无人机新增确认订单	架	4097931	2978275	营业收入	万元	37215081	36645115
无人机新增意向订单	架	1230029	896683	**民用航空产品收入**	万元	7839041	9138637

表 1-1（续）

指标	计量单位	2020 年	2019 年	指标	计量单位	2020 年	2019 年
民用飞机（不含无人机）储备确认订单	架	894	798	营业成本	万元	31347365	30120440
民用飞机（不含无人机）储备意向订单	架	785	798	利润总额	万元	1907009	1749861
无人机储备确认订单	架	1639113	1216283	总资产贡献率	%	4.1	3.9
无人机储备意向订单	架	492002	388803	资本保值增值率	%	105.9	129.0
民用航空产品转包生产	—	—	—	资产负债率	%	55.4	57.3
民用航空产品转包生产交付金额	万美元	153609	256151	流动资产周转次数	次 / 年	87.6	88.7
民用飞机零部件	万美元	79069	143833	成本费用利润率	%	6.1	5.8
民用发动机零部件	万美元	38876	70122	产品销售率	%	102.3	98.5
民用飞机机载系统和设备零部件	万美元	4891	10290	民用航空产品固定资产投资	万元	613545	611386
其他民用航空产品及零部件	万美元	30773	31906	民用航空产品（R&D）经费支出	万元	2287604	1940655
民用航空产品转包生产新增订单	万美元	103690	223291				
民用飞机零部件	万美元	42614	110686				
民用发动机零部件	万美元	37642	72837				
民用飞机机载系统和设备零部件	万美元	757	6873				
其他民用航空产品及零部件	万美元	22678	32895				
民用航空产品转包生产储备订单	万美元	398662	468307				
民用飞机零部件	万美元	320419	357626				
民用发动机零部件	万美元	46791	62423				
民用飞机机载系统和设备零部件	万美元	225	1045				
其他民用航空产品及零部件	万美元	31228	47213				

注：为保持统计延续性，将民用飞机和无人机数据分开统计，整套表中的民用飞机指不包含无人机的民用飞机。

1.2　2020 年全国民用航空工业企业主要经济指标（见表 1–2）

表 1–2　2020 年全国民用航空工业企业主要经济指标

指标	单位数（个）	全部从业人员人数（人）	民用航空产品产值（万元）	民用航空产品销售收入（万元）	利润总额（万元）
全国总计	167	340758	7649638	7839041	1907009
按注册登记类型分					
内资企业	148	301144	2851566	3120088	1171930
国有企业	29	62808	255813	570094	353623
有限责任公司	73	185074	1986353	1781119	513007
股份有限公司	25	49844	438321	605538	267815
私营企业	21	3418	171080	163337	37486
港澳台商投资企业	6	23967	2612196	2531014	703742
外商投资企业	13	15647	2185876	2187939	31338
按三大经济地带分					
东部地区	72	119277	6013413	6179145	884290
中部地区	43	79177	363079	429996	479276
西部地区	52	142304	1273146	1229899	543443
总计中					
中国航空工业集团有限公司	58	187666	1141785	1225276	1064147
中国商用飞机有限责任公司	6	15774	880057	983752	–316788
中国航空发动机集团有限公司	13	64794	256206	250648	267548
中国航天科工集团有限公司	1	202	16861	16861	2011
中国电子科技集团有限公司	1	980	56930	50463	–5200
地方民用航空工业企业	88	71342	5297799	5312041	895291

1.3　2020 年各地区民用航空工业企业主要经济指标（见表 1–3）

表 1–3　2020 年各地区民用航空工业企业主要经济指标

地区	单位数（个）	全部从业人员人数（人）	民用航空产品产值（万元）	民用航空产品销售收入（万元）	利润总额（万元）
全国总计	**167**	**340758**	**7649638**	**7839041**	**1907009**
北　京	12	20286	907840	940251	135274
天　津	7	3384	124194	149045	24328
河　北	2	2764	17002	25769	18923
辽　宁	5	31274	209202	224461	193519
黑龙江	2	13205	125739	196967	53734
上　海	9	22377	932754	1024829	–257025
江　苏	8	7554	111369	106472	34413
浙　江	13	2670	66859	72192	5444
安　徽	7	2519	3792	4410	19184
江　西	4	9179	27555	37736	98526
山　东	6	4223	196056	253299	48274
河　南	3	26478	5534	8951	201033
湖　北	7	7955	158253	132042	36918
湖　南	18	16300	41553	47780	59831
广　东	9	20271	3324320	3259508	673786
四　川	19	48312	816381	763453	268000
贵　州	12	21925	59252	61726	56241
陕　西	18	69729	392422	400554	211110
甘　肃	3	2338	5091	4165	8092
其他省份	3	8015	124469	125430	17404
总计中					
中国航空工业集团有限公司	58	187666	1141785	1225276	1064147
中国商用飞机有限责任公司	6	15774	880057	983752	–316788
中国航空发动机集团有限公司	13	64794	256206	250648	267548
中国航天科工集团有限公司	1	202	16861	16861	2011
中国电子科技集团有限公司	1	980	56930	50463	–5200
地方民用航空工业企业	88	71342	5297799	5312041	895291

2 产品交付、新增和储备订单及转包生产情况

2.1 全国民用航空产品交付情况（见表 2–1）

表 2–1　全国民用航空产品交付情况

产品名称	计量单位	2020 年	2019 年	2018 年	2017 年	2016 年	2020 年同比增长（%）
民用飞机交付金额总计	**万元**	**5510115**	**7202472**	**6714089**	**5326825**	**7160003**	**–23.5**
民用飞机（不含无人机）整机	万元	583134	340734	322742	131042	3446121	71.1
其中：引进总装线生产飞机	万元	50142	80249	74605	52485	3347269	–37.5
民用航空发动机整机	万元	412	305	409	7280	2338	35.1
民用飞机零部件	万元	981538	1114839	1219956	1080857	881104	–12.0
民用飞机机载系统和设备	万元	21626	9326	16986	24359	18854	131.9
民用航空发动机零部件	万元	339005	657215	581789	449311	432408	–48.4
其他民用航空产品及零部件	万元	455025	398538	315456	359191	215629	14.2
民用飞机机载系统和设备零部件	万元	37182	32140	20649	11856	3622	15.7
民用飞机修理（不含发动机）	万元	508077	1485976	1563647	1265980	699944	–65.8
民用航空发动机修理	万元	1313817	1610439	1156371	673509	503746	–18.4
民用飞机机载系统和设备修理	万元	84800	125725	18277	21116	5845	–32.6
其他民用航空产品及零部件修理	万元	302361	376010	329897	148412	113057	–19.6
无人机产品	万元	883139	1051226	1167910	1153911	837336	–16.0

2.2 各地区民用航空产品交付情况（见表 2–2）

表 2–2 各地区民用航空产品交付情况

万元

地区	2020 年交付金额	2019 年交付金额	2018 年交付金额	2017 年交付金额	2016 年交付金额	2020 年同比增长（%）
全国总计	**5510115**	**7202472**	**6714089**	**5326825**	**7160003**	**–23.5**
北　京	895205	1053204	850131	47661	31877	–15.0
天　津	90585	84104	88531	67959	3359202	7.7
河　北	19084	8592	13305	26097	48242	122.1
辽　宁	220414	356742	263175	257154	202216	–38.2
黑龙江	121361	90862	10095	7693	27462	33.6
上　海	400376	275783	233914	88243	50451	45.2
江　苏	104722	149316	171696	140991	60771	–29.9
浙　江	70886	64926	58891	43465	46404	9.2
安　徽	4812	4060	2851	3270	778	18.5
江　西	14523	29396	54146	40562	10590	–50.6
山　东	238935	177504	167200	153108	107138	34.6
河　南	7299	8255	10033	10470	3598	–11.6
湖　北	143414	123943	103553	115417	112665	15.7
湖　南	35559	44493	65116	41320	65972	–20.1
广　东	1801751	2521941	2351209	2202701	1448458	–28.6
四　川	748039	981848	544422	561970	199919	–23.8
贵　州	58169	114340	91636	79225	59003	–49.1
陕　西	402592	465212	892906	755665	669665	–13.5
甘　肃	7947	12108	5040	7959	1040	–34.4
其他省份	124444	635843	736239	675895	654550	–80.4
总计中						
中国航空工业集团有限公司	1044150	1149989	1300870	1078316	926335	–9.2
中国商用飞机有限责任公司	397137	275320	229800	87933	50270	44.2
中国航空发动机集团有限公司	269875	519608	402175	358865	348839	–48.1
中国航天科工集团有限公司	16861	15194	16011	17430	11451	11.0
中国电子科技集团有限公司	20155	24842				–18.9
地方民用航空工业企业	3761936	5217519	4765233	3784281	5823108	–27.9

2.3　全国民用航空产品转包生产情况（见表 2–3）

表 2–3　全国民用航空产品转包生产情况

万美元

	2020 年	2019 年	2018 年	2017 年	2016 年	2020 年同比增长（%）
交付金额	**153609**	**256151**	**182308**	**196751**	**178969**	**–40.0**
民用飞机零部件	79069	143833	105797	125897	121403	–45.0
民用发动机零部件	38876	70122	68415	65347	52902	–44.6
民用飞机机载系统和设备零部件	4891	10290	845	495	0	–52.5
其他民用航空产品及零部件	30773	31906	7251	5011	4664	–3.6
新增订单金额	**103690**	**223291**	**220909**	**279960**	**218609**	**–53.6**
民用飞机零部件	42614	110686	137072	216903	170744	–61.5
民用发动机零部件	37642	72837	77770	59301	45338	–48.3
民用飞机机载系统和设备零部件	757	6873	736	548	0	–89.0
其他民用航空产品及零部件	22678	32895	5332	3207	2527	–31.1
储备订单金额	**398662**	**468307**	**541617**	**464342**	**414961**	**–14.9**
民用飞机零部件	320419	357626	477878	405932	387746	–10.4
民用发动机零部件	46791	62423	60723	55839	26225	–25.0
民用飞机机载系统和设备零部件	225	1045	425	210	0	–78.5
其他民用航空产品及零部件	31228	47213	2591	2361	991	–33.9

2.4 各地区民用航空产品转包生产交付情况（见表 2–4）

表 2–4 各地区民用航空产品转包生产交付情况

万美元

	2020 年	2019 年	2018 年	2017 年	2016 年	2020 年同比增长（%）
全国总计	**153609**	**256150**	**182308**	**196751**	**178966**	**–40.0**
北 京	3136	11551	4840	12007	1940	–72.9
天 津	0	0	109	102	34	
河 北	0					
辽 宁	29671	50641	42292	51474	44742	–41.4
黑龙江	7858	11151	10476	9316	5304	–29.5
上 海	2288	8309	9970	8458	7779	–72.5
江 苏	2797	3114	2253	748	1449	–10.2
浙 江	3795	7157	4771	3492	9936	–47.0
安 徽	27	81	48	109	37	–67.2
江 西	763	1213	2958	877	8307	–37.1
山 东	172	0	122	7439	5594	
河 南	174	332	304			–47.6
湖 北	21	0	0	9	20	
湖 南	4464	4255	8792	7379	5556	4.9
广 东	28054	23264	1652	3	6	20.6
四 川	31787	60052	32289	25427	23956	–47.1
贵 州	8254	16525	12383	15009	8680	–50.0
陕 西	30096	58052	48616	54373	55626	–48.2
甘 肃	252	453	433	529		–44.4
总计中						
中国航空工业集团有限公司	76888	135453	90561	104387	91996	–43.2
中国商用飞机有限责任公司	2288	8309	9679	8206	7592	–72.5
中国航空发动机集团有限公司	36034	68524	63551	62512	53089	–47.4
中国航天科工集团有限公司	0	0	109	102	34	
中国电子科技集团有限公司	0	0				
地方民用航空工业企业	38399	43864	18409	21544	26255	–12.5

2.5　各地区民用航空产品转包生产新增情况（见表 2–5）

表 2–5　各地区民用航空产品转包生产新增情况

万美元

	2020 年	2019 年	2018 年	2017 年	2016 年	2020 年同比增长（%）
全国总计	**103690**	**223290**	**220909**	**279960**	**218609**	**–53.6**
北　京	3355	11636	3612	9772	2384	–71.2
天　津	0	0	120	98	56	
河　北	0					
辽　宁	35203	38227	47217	38008	54658	–7.9
黑龙江	2205	0	1709	10421	10411	
上　海	0	0	46664	252	2411	
江　苏	550	112	1830	448	2761	391.1
浙　江	4066	7125	4771	1692	10345	–42.9
安　徽	0	21	0	80		–100.0
江　西	610	767	2287	748	2268	–20.5
山　东	112	0	436	10149	7451	
河　南	174	332	304			–47.6
湖　北	43	0	0	9	20	
湖　南	3774	4596	8034	7004	5664	–17.9
广　东	18796	28733	0	0	42	–34.6
四　川	9526	80577	23649	38237	70059	–88.2
贵　州	7865	10584	12482	8554	8030	–25.7
陕　西	17089	40052	67286	153818	42050	–57.3
甘　肃	322	528	508	669		–39.0
总计中						
中国航空工业集团有限公司	39561	104919	85836	204488	150562	–62.3
中国商用飞机有限责任公司	0	0	46497	0	2204	
中国航空发动机集团有限公司	35416	72888	73852	59000	41371	–51.4
中国航天科工集团有限公司	0	0	120	98	56	
中国电子科技集团有限公司	0	0				
地方民用航空工业企业	28713	45483	14604	16373	24416	–36.9

2.6 各地区民用航空产品转包生产储备情况（见表 2–6）

表 2–6 各地区民用航空产品转包生产储备情况

万美元

	2020 年	2019 年	2018 年	2017 年	2016 年	2020 年同比增长（%）
全国总计	**398662**	**468306**	**541617**	**464342**	**414961**	**–14.9**
北 京	1029.19	2230	2691	14379	444	–53.8
天 津	0	0	0	0	0	
河 北	0					
辽 宁	32510	28130	42276	37582	44341	15.6
黑龙江	6171	11824	13421	22188	21083	–47.8
上 海	60225	62513	70822	34004	42210	–3.7
江 苏	5200	0	3013	259	180	
浙 江	100	100	0	500	7890	0.0
安 徽	0	14	0	50		–100.0
江 西	100	103	782	253	6176	–2.9
山 东	0	0	320	4093	3100	
河 南	138	357	282			–61.3
湖 北	0	0	0	0	0	
湖 南	739.15	1724	4877	5284	205	–57.1
广 东	23569	44843	0	0	36	–47.4
四 川	47443.91	77446	153205	115409	172366	–38.7
贵 州	586	5146	387	979	219	–88.6
陕 西	220607	233212	248898	228449	116711	–5.4
甘 肃	244	664	643	913		–63.3
总计中						
中国航空工业集团有限公司	265913	294743	407702	365398	329314	–9.8
中国商用飞机有限责任公司	60225	62513	70822	34004	42210	–3.7
中国航空发动机集团有限公司	48408	59820	55803	55964	25965	–19.1
中国航天科工集团有限公司	0	0	0	0	0	
中国电子科技集团有限公司	0	0				
地方民用航空工业企业	24116	51230	7290	8976	17472	–52.9

3 生产销售总值

3.1　全国民用航空工业企业生产销售总值（见表 3–1）

表 3–1　全国民用航空工业企业生产销售总值

指标名称	计量单位	2020 年	2019 年	2018 年	2017 年	2016 年	2020 年同比增长（%）
工业总产值（当年价格）	万元	34680259	34621107	30151126	27440342	24783015	0.2
其中：新产品产值	万元	15096480	13599789	11245599	9133810	8711177	11.0
民用航空产品新产品产值	万元	1489447	1265810				17.7
民用航空产品产值	万元	7649638	8649559	7771108	6512511	8029467	–11.6
其中：民用飞机（不含无人机）产品产值	万元	1217095	792291	646207	515615	3809266	53.6
民用飞机零部件产品产值	万元	758746	1254284	1399495	1430625	1262215	–39.5
民用航空发动机产品产值	万元	798	8547	1045	1084	2338	–90.7
民用航空发动机零部件产品产值	万元	379070	696575	610114	408005	314832	–45.6
民用飞机机载系统和设备产值	万元	46147	23646	7733	40327	1230	95.2
民用飞机机载系统和设备零部件产值	万元	36795	41470	16420	7742	2916	–11.3
其他民用航空产品及零部件产值	万元	461261	457681	302279	287359	302747	0.8
民用飞机修理产值	万元	869938	1542297	1583810	1386091	768201	–43.6
民用航空发动机修理产值	万元	1314630	1610218	1159542	674070	503746	–18.4
其他民用航空产品及零部件修理产值	万元	357599	416808	355312	45961	36345	–14.2
民用飞机机载系统和设备修理产值	万元	67248	116284	28904	41472	14875	–42.2
无人机产品产值	万元	2140311	1689460	1660248	1674160	1010755	26.7
工业销售产值（当年价格）	万元	35491603	34085498	29051208	26486309	24490365	4.1
其中：出口交货值	万元	3653339	4990739	4690301	4335307	3026852	–26.8
民用航空产品出口交货值	万元	2729162	3038204				–10.2
全部从业人员年平均人数	人	342869	360014	353254	341771	319321	–4.8

3.2　2020 年各地区民用航空产品产值（见表 3–2）

表 3–2　2020 年各地区民用航空产品产值

地区	单位数/个	民用航空产品产值/万元	各地占总计/%	民用航空产品产值比上年增长/%	民用飞机产品产值（不含无人机）/万元	民用飞机零部件产品产值/万元	民用航空发动机产品产值/万元	民用航空发动机零部件产品产值/万元	民用飞机机载系统和设备产值/万元	民用飞机机载系统和设备零部件产值/万元	其他民用航空产品及零部件产值/万元	民用飞机修理产值（不含发动机）/万元	民用航空发动机修理产值/万元	其他民用航空产品及零部件修理产值/万元	民用飞机机载系统和设备修理产值/万元	无人机产品产值/万元
全国总计	**167**	**7649638**	**100.0**	**–1.6**	**1217095**	**758746**	**798**	**379070**	**46147**	**36795**	**461261**	**869938**	**1314630**	**357599**	**67248**	**2140311**
北　京	12	907840	11.9	6.9	0	2245	0	30180	0	224	20889	375160	252738	183624	42780	0
天　津	7	124194	1.6	20.4	50142	30492	0	0	0	5491	2534	0	0	22348	0	13187
河　北	2	17002	0.2	68.4	10300	703	0	0	0	0	4880	1071	0	48	0	0
辽　宁	5	209202	2.7	–19.8	55386	119553		34263								0
黑龙江	2	125739	1.6	55.7	45129	57566					23044					
上　海	9	932754	12.2	68.1	860955	18847	0	409	0	0	52543	0	0	0	0	0
江　苏	8	111369	1.5	–33.8	0	17422	0	69270	92	1300	21518	1767	0	0	0	0
浙　江	13	66859	0.9	–2.2	0	24920	0	34690	0	0	5841	0	0	0	0	1407
安　徽	7	3792	0.0	8.5	257	235	176	0	0	0	790	0	0	0	0	2334
江　西	4	27555	0.4	–61.6	14800	4155	0	0	0	0	8360	240	0	0	0	0
山　东	6	196056	2.6	16.8	0	3188	0	0	21	0	126478	53316	0	1941	11113	0
河　南	3	5534	0.1	–50.6						3429						2105
湖　北	7	158253	2.1	13.1	0	0	0	0	9411	5738	2639	24225	0	116116	124	0
湖　南	18	41553	0.5	–51.4	3916	11210	0	17455	271	545	3902	0	0	398	82	3775
广　东	9	3324320	43.5	14.8	96807	3351	0	0	3063	0	133869	290061	691867	0	0	2105302.09
四　川	19	816382	10.7	41.4	20155	274832	497	54716	32005	3746	10288	0	369123	27046	13061	10911
贵　州	12	59252	0.8	–29.2	0	241	0	47382	0	666	10963	0	0	0	0	0

表 3–2（续）

地区	单位数/个	民用航空产品产值/万元	各地占总计/%	民用航空产品产值比上年增长/%	民用飞机产品产值（不含无人机）/万元	民用飞机零部件产品产值/万元	民用航空发动机产品产值/万元	民用航空发动机零部件产品产值/万元	民用飞机机载系统和设备产值/万元	民用飞机机载系统和设备零部件产值/万元	其他民用航空产品及零部件产值/万元	民用飞机修理产值（不含发动机）/万元	民用航空发动机修理产值/万元	其他民用航空产品及零部件修理产值/万元	民用飞机机载系统和设备修理产值/万元	无人机产品产值/万元
陕　西	18	392422	5.1	−56.3	58227	188960	0	90561	1070	14338	32521	0	816	5929	0	0
甘　肃	3	5091	0.1	−23.2	1021	827	125	143	214	1012	122	75	86	89	88	1289
其他省份	3	124469	1.6	−83.1	0	0	0	0	0	306	80	124023	0	60	0	0
总计中																
中国航空工业集团有限公司	58	1141785	14.9	−18.9	279832	642510	0	6812	10406	34066	158371	1517	816	7331	124	0
中国商用飞机有限责任公司	6	880057	11.5	60.3	860955	18847					255					
中国航空发动机集团有限公司	13	256206	3.3	−39.7	0	15137	0	227874	0	0	13196	0	0	0	0	0
中国航天科工集团有限公司	1	16861	0.2	15.3	0	16861	0	0	0	0	0	0	0	0	0	0
中国电子科技集团有限公司	1	56930	0.7		20155				31905							4870
地方民用航空工业企业	88	5297800	69.3	−1.4	56153	65392	798	144383	3836	2729	289440	868421	1313814	350268	67124	2135441

3.3 2020 年各地区民用航空工业企业销售情况（见表 3–3）

表 3–3 2020 年各地区民用航空工业企业销售情况

地区	工业总产值/万元	工业销售产值/万元	同比增长/%	出口交货值/万元	同比增长/%	工业产品产销率/%
全国总计	**34680259**	**35491603**	**4.1**	**3653339**	**–26.8**	**102.3**
北 京	1927048	1891590	6.3	174485	–5.8	98.2
天 津	226779	226659	–37.6	87659	–49.3	99.9
河 北	110689	104630	339.0	0		94.5
辽 宁	1948300	4145508	16.5	123523	–45.1	212.8
黑龙江	2251126	2205983	32.2	52885	–31.8	98.0
上 海	1426331	1345846	22.0	27545	–60.7	94.4
江 苏	595431	605050	–21.9	86204	–63.4	101.6
浙 江	159290	155456	31.7	64400	34.8	97.6
安 徽	139397	118926	67.1	1205	30.5	85.3
江 西	2575895	2585268	–4.8	13331	–79.0	100.4
山 东	335334	319999	51.8	29335	–13.6	95.4
河 南	2105431	2048708	–15.5	87568	–22.3	97.3
湖 北	451771	463073	7.0	25026	–20.8	102.5
湖 南	1087144	1026988	7.4	21533	–58.1	94.5
广 东	3377507	3242190	4.4	1718169	2.5	96.0
四 川	8497263	8381145	22.4	702363	–19.3	98.6
贵 州	1381622	1261540	2.3	71321	–33.6	91.3
陕 西	5712560	5004402	–15.4	244756	–40.0	87.6
甘 肃	97732	94025	195.2	690		96.2
其他省份	273611	264617	–64.8	121341	–80.5	96.7
总计中						
中国航空工业集团有限公司	19863764	21222067	8.1	795651	–27.3	106.8
中国商用飞机有限责任公司	885048	817550	37.0	19366	–67.9	92.4
中国航空发动机集团有限公司	5108561	4858393	4.2	288507	–39.3	95.1
中国航天科工集团有限公司	21776	20017	–78.2	0	–100.0	91.9
中国电子科技集团有限公司	56930	56930	9.9	0		100.0
地方民用航空工业企业	8744180	8516646	–6.0	2549816	–24.1	97.4

4 主要经济指标

4.1　全国民用航空工业企业主要经济指标（见表 4–1）

表 4–1　全国民用航空工业企业主要经济指标

指标名称	计量单位	2016 年	2017 年	2018 年	2019 年	2020 年	2020 年同比增长 /%
一、年末资产负债							
流动资产合计	万元	31206034	32979137	36825006	45845959	48146331	5.0
流动资产年平均余额	万元	28364747	31222038	33784327	41701744	45565735	9.3
固定资产合计	万元	17675500	12727767	11716729	13046305	11443358	–12.3
固定资产原价	万元	17712260	16801270	18359330	22338554	21556486	–3.5
其中：生产经营用	万元	11316371	14350782	15770143	17490550	18731443	7.1
固定资产净值年平均余额	万元	8186263	9601070	9779222	11517384	10684843	–7.2
资产总计	万元	57394171	54405581	59109375	72145235	73144009	1.4
负债合计	万元	38131236	31065141	35213888	41347265	40555825	–1.9
所有权益合计	万元	19262936	23340438	23841404	30758914	32563860	5.9
其中：实收资本	万元	10841533	11238606	11960390	15362821	15188655	–1.1
二、损益及分配							
营业收入	万元	25469049	27938454	31139390	36645115	37215081	1.6
其中：民用航空产品收入	万元	6869652	5854359	7595315	9138637	7839041	–14.2
营业成本	万元	20803433	22748984	26244842	30120440	31347365	4.1
其中：民用航空产品成本	万元				6465051	5675470	–12.2
税金及附加	万元				156439	154029	–1.5
主营业务税金及附加	万元	166010	283309	129040			

表 4-1（续）

指标名称	计量单位	2016 年	2017 年	2018 年	2019 年	2020 年	2020 年同比增长 /%
其他业务利润	万元	161691	227079	116041			
营业利润	万元	990961	1310784	1401613	1751727	1873739	7.0
销售费用	万元				488877	464778	–4.9
营业费用	万元	273200	408985	550548			
管理费用	万元	1934556	2511116	2678249	2242149	2055157	–8.3
研发费用	万元				1366940	1349941	–1.2
财务费用	万元	333200	503357	271474	383601	316983	–17.4
其中：利息支出	万元	362401	398915	334469	409639	370762	–9.5
补贴收入	万元	184794	115046	115951	112520	171723	52.6
利润总额	万元	1202813	1395908	1464959	1749861	1907009	9.0
应交所得税	万元	144085	220867	226234	247989	301147	21.4
三、其他							
本年应交增值税	万元	242260	306112	268704	241448	293563	21.6
本年民用航空产品固定资产投资额	万元	521264	411469	439980	611386	613545	0.4
全部从业人员人数	人	326770	347871	355381	363233	340758	–6.2
其中：工程技术人员	人	79033	89078	86115	91018	86461	–5.0
其中：研究与实验发展人员	人	52799	65291	65070	70615	71992	2.0
本年民用航空产品研究与实验发展经费支出	万元	857305	1245271	1456894	1940655	2287604	17.9
拥有民用航空产品发明专利数	件				7561	9054	19.7
其中：当年民用航空产品发明专利授权数	件				1603	2066	28.9

4.2　2020年各地区民用航空产品收入（见表4–2）

表4–2　2020年各地区民用航空产品收入

地区	民用航空产品收入/万元	各地占总计/%	营业收入/万元	同比增长/%	民用航空产品销售收入占营业收入比重/%
全国总计	**7839041**	**100**	**37215081**	**1.6**	**21.1**
北　京	940251	12.0	2011094	8.4	46.8
天　津	149045	1.9	261239	–28.3	57.1
河　北	25769	0.3	117206	236.2	22.0
辽　宁	224461	2.9	4501647	15.4	5.0
黑龙江	196967	2.5	1564061	22.7	12.6
上　海	1024829	13.1	1899951	34.5	53.9
江　苏	106472	1.4	619110	–26.5	17.2
浙　江	72192	0.9	159190	15.9	45.3
安　徽	4410	0.1	131318	14.2	3.4
江　西	37736	0.5	2576929	–16.7	1.5
山　东	253299	3.2	378753	33.8	66.9
河　南	8951	0.1	1955138	–18.3	0.5
湖　北	132042	1.7	481859	11.3	27.4
湖　南	47780	0.6	1139239	19.1	4.2
广　东	3259508	41.6	3321708	2.8	98.1
四　川	763453	9.7	8994481	18.6	8.5
贵　州	61726	0.8	1211865	2.3	5.1
陕　西	400554	5.1	5528863	–18.2	7.2
甘　肃	4165	0.1	94914	155.4	4.4
其他省份	125430	1.6	266517	–64.7	47.1
总计中					
中国航空工业集团有限公司	1225276	15.6	20820996	0.3	5.9
中国商用飞机有限责任公司	983752	12.5	1062764	69.5	92.6
中国航空发动机集团有限公司	250648	3.2	5547954	13.0	4.5
中国航天科工集团有限公司	16861	0.2	20017	–76.4	84.2
中国电子科技集团有限公司	50463	0.6	50463		100.0
地方民用航空工业企业	5312041	67.8	9712887	–5.0	54.7

4.3 全国民用航空工业企业经济效益综合指数（见表 4–3）

表 4–3 全国民用航空工业企业经济效益综合指数

指标名称	单位	2020 年	2019 年	2018 年	2017 年	2016 年	2020 年比上年增减（+–）
总资产贡献率	%	4.1	3.9	3.9	4.3	3.9	0.2
资本保值增值率	%	105.9	129.0	102.1	121.2	117.7	–23.1
资产负债率	%	55.4	57.3	59.6	57.1	66.4	–1.9
流动资产周转率	次 / 年	87.6	88.7	89.2	87.1	87.6	–1.1
成本费用利润率	%	6.1	5.8	5.6	6.1	5.8	0.3
产品销售率	%	102.3	102.3	98.6	96.5	98.8	0.0

4.4　2020 年各地区民用航空工业企业收入成本及效益（见表 4–4）

表 4–4　2020 年各地区民用航空工业企业收入成本及效益　　万元

地区	营业收入	同比增长/%	营业成本	同比增长/%	利润总额	同比增长/%
全国总计	**37215081**	**1.6**	**31347365**	**4.1**	**1907009**	**9.0**
北　京	2011094	8.4	1682925	15.1	135274	–6.8
天　津	261239	–28.3	184641	–33.7	24328	1010.1
河　北	117206	236.2	97218	186.2	18923	90009.5
辽　宁	4501647	15.4	4115194	16.4	193519	44.0
黑龙江	1564061	22.7	1361323	27.1	53734	306.2
上　海	1899951	34.5	1892092	49.2	–257025	345.1
江　苏	619110	–26.5	479800	–24.1	34413	–58.6
浙　江	159190	15.9	102370	8.3	5444	–57.6
安　徽	131318	14.2	84634	7.2	19184	113.1
江　西	2576929	–16.7	2404053	–12.4	98526	8.1
山　东	378753	33.8	263034	39.7	48274	3.6
河　南	1955138	–18.3	1419838	–21.6	201033	17.3
湖　北	481859	11.3	368017	13.4	36918	14.4
湖　南	1139239	19.1	968543	21.6	59831	23.4
广　东	3321708	2.8	1369794	5.3	673786	36.8
四　川	8994481	18.6	8008198	15.9	268000	–10.3
贵　州	1211865	2.3	935470	0.8	56241	138.9
陕　西	5528863	–18.2	5352221	–10.2	211110	45.7
甘　肃	94914	155.4	67555	105.1	8092	267.0
其他省份	266517	–64.7	190449	–71.5	17404	–68.7
总计中						
中国航空工业集团有限公司	20820996	0.3	18613775	3.9	1064147	46.6
中国商用飞机有限责任公司	1062764	69.5	1225062	93.5	–316788	171.2
中国航空发动机集团有限公司	5547954	13.0	4778500	15.5	267548	9.2
中国航天科工集团有限公司	20017	–76.4	16781	–75.6	2011	–107.8
中国电子科技集团有限公司	50463	1.6	38914	11.5	–5200	–14.1
地方民用航空工业企业	9712887	–5.0	6674334	–9.0	895291	–3.5

4.5 2020 年各地区民用航空工业固定资产投资和研发投入（见表 4–5）

表 4–5 2020 年各地区民用航空工业固定资产投资和研发投入

地区	民用航空产品研究与试验发展经费支出 / 万元	同比增长 /%	民用航空产品固定资产投资 / 万元	同比增长 /%
全国总计	**2287604**	**17.9**	**613545**	**0.4**
北 京	52858	–22.4	26848	–54.0
天 津	9430	–9.2	12250	12.7
河 北	5712	170.3	1928	–86.8
辽 宁	21079	–13.7	8514	–26.8
黑龙江	23961	–3.8	2010	–84.6
上 海	1100577	4.8	229252	2.0
江 苏	14725	132.1	9377	–69.6
浙 江	7058	–25.1	8995	123.9
安 徽	13063	71.4	448	–99.1
江 西	410	–99.0	230	–95.2
山 东	14523	91.3	4970	–14.3
河 南	3415	11.7	100	–42.9
湖 北	290981	1248.6	126055	443.8
湖 南	45453	25.3	19423	14.6
广 东	395813	32.9	64400	31.4
四 川	101039	–6.8	24112	–35.4
贵 州	6564	–11.1	37694	182.3
陕 西	179889	–15.1	32038	–5.1
甘 肃	542	8.4	40	–98.9
其他省份	514	128.4	4862	–33.6
总计中				
中国航空工业集团有限公司	654692	54.4	178197	83.1
中国商用飞机有限责任公司	893997	3.9	149994	–25.2
中国航空发动机集团有限公司	319392	7.0	127158	54.2
中国航天科工集团有限公司	576	–50.1	361	0.0
中国电子科技集团有限公司	24434	–15.8	1958	–54.6
地方民用航空工业企业	394514	20.6	155877	–31.1

5 附　　录

2020年中国民用航空工业企业上报情况说明

附表

单位名称	所属集团	登记注册类型	控股情况	主要民用航空产品
全国（167）				
北京（12）				
北京北摩高科摩擦材料股份有限公司		股份有限公司	私人控股	波音737-700/800飞机粉末冶金刹车盘副；飞机机轮组件；飞机刹车组件；飞机货仓底板；飞机碳刹车盘；飞机钢刹车盘
北京安达维尔科技股份有限公司		股份有限公司	私人控股	机载电子部附件维修
北京飞机维修工程有限公司		中外合资经营	国有控股	飞机维修
北京科荣达航空科技股份有限公司		股份有限公司	私人控股	民用航空器机载系统和设备修理
泰雷兹航空电子（北京）有限公司		外资企业	外商控股	航空设备维修；机载娱乐设备维修
北京力威尔航空精密机械有限公司		其他有限责任公司	国有控股	民用飞机发动机摇臂组件；民用飞机发动机风扇锁块；民用飞机发动机支架；民用飞机发动机套件
北京安达泰克科技有限公司		私营有限责任公司	私人控股	金属蜂窝芯；金属蜂窝气封；金属载体
中航复合材料有限责任公司	航空工业	其他有限责任公司	国有控股	民用航空复合材料结构件用原材料
中航高科智能测控有限公司	航空工业	其他	国有控股	xcl32a滑油传感器
北京民用飞机技术研究中心	中国商飞	国有	国有控股	未来产品研究；关键技术攻关；新技术转化应用
中国航发北京航空材料研究院	中航航发	国有	国有控股	高温合金；橡胶制品；钛合金
中国航发北京航科发动机控制系统科技有限公司	中航航发	其他有限责任公司	国有控股	航空摇臂系列
天津（7）				
天津波音复合材料有限责任公司		中外合资经营	外商控股	航空复合材料主次受力件；飞机内饰件；相关售后服务
天津华翼蓝天科技有限公司		私营股份有限公司	私人控股	飞行模拟训练设备；工程模拟仿真设备；高端飞行体验产品
空中客车（天津）总装有限公司		与港澳台商合资经营	港澳台商控股	A320、A330飞机组装
PPG航空材料（天津）有限公司		港澳台商独资	港澳台商控股	航空涂料生产

附表（续）

单位名称	所属集团	登记注册类型	控股情况	主要民用航空产品
天津航天中为数据系统科技有限公司		其他有限责任公司	国有控股	无人机应用系统集成
天津航空机电有限公司	航空工业	国有独资公司	国有控股	继电器；断路器；传感器
古德里奇航空结构服务中国有限公司		有限责任公司（外国法人独资）	外商控股	飞机维修
河北（2）				
惠阳航空螺旋桨有限责任公司	航空工业	其他有限责任公司	国有控股	螺旋桨系统；直升机动部件；复合材料叶片
华北飞机工业有限公司	航空工业	其他有限责任公司	国有控股	运五 B 飞机；小鹰 500 飞机；赛斯纳 208B 飞机
山西（1）				
太原航空仪表有限公司	航空工业	其他有限责任公司	国有控股	航空仪表；敏感元件及补偿器；其他机载系统及设备等
辽宁（5）				
辽宁通用航空研究院		国有	国有控股	RX1E 双座电动飞机；RX1E–A 增程电动飞机
沈阳飞机工业（集团）有限公司	航空工业	国有	国有控股	波音 787 项目；C 系列；Q400 项目
沈飞民用飞机有限责任公司	航空工业	其他有限责任公司	国有控股	Q400 机身连接；波音 787 垂尾前缘；A320 机翼前缘；A220 机身段；ARJ21 大部件；C919 大部件
沈阳沈飞国际商用飞机有限公司	航空工业	其他有限责任公司	国有控股	A220 机身段
中国航发沈阳黎明航空发动机有限责任公司	中航航发	其他有限责任公司	国有控股	航空零部件转包生产
吉林（1）				
吉林航空维修有限责任公司	航空工业	其他有限责任公司	国有控股	民用飞机修理；其他民用航空产品及零备件
黑龙江（2）				
哈尔滨飞机工业集团有限责任公司	航空工业	其他有限责任公司	国有控股	直 9 民用直升机；运 12 飞机；运 12F 飞机
中国航发哈尔滨东安发动机有限公司	中航航发	其他有限责任公司	国有控股	直升机传动系统
上海（9）				
上海航空测控技术研究所	航空工业	国有	国有控股	C919 飞机客舱管理接口子系统；C919 飞机客舱娱乐系统；C919 飞机信息系统；ARJ21 飞机驾驶舱门监视系统；MA700 飞机视频监视系统
中国航空无线电电子研究所	航空工业	国有	国有控股	民用航空电子－显示系统；民用航空电子－核心处理系统；民用航空电子－飞管系统

附表（续）

单位名称	所属集团	登记注册类型	控股情况	主要民用航空产品
上海航空电器有限公司	航空工业	国有独资公司	国有控股	ELT 控制板；RPDU 远程配电装置
上海飞机制造有限公司	中国商飞	国有独资公司	国有控股	飞机制造；航空零部件转包生产
中国商飞上海飞机设计研究院	中国商飞	国有	国有控股	ARJ21 新型涡扇支线飞机；C919 大型客机；CR929 宽体客机
上海飞机客户服务有限公司	中国商飞	国有	国有控股	民用飞机飞行、机务、乘务和签派等有关方面的训练；民用飞机航材和设备进出口、国内外销售、仓储、租赁以及维修；民用飞机航空运输服务技术开发、技术咨询和技术服务；系统内民用飞机技术出版物的出版、发行和全寿命服务；飞机外表涂装工业设计；民用飞机维护维修和改装
上海航空工业（集团）有限公司	中国商飞	国有	国有控股	航空零配件、航空设备的销售；计算机软件；信息技术；技术服务；物业管理；信息系统集成服务
中国商用飞机有限公司（本部）	中国商飞	其他有限责任公司	国有控股	ARJ21-700 新支线飞机；C919 大型客机
中国航发商用航空发动机有限责任公司	中航航发	国有	国有控股	民用航空发动机研制
江苏（8）				
江苏航申航空科技有限公司		私营有限责任公司	私人控股	航空零部件
无锡透平叶片有限公司		其他有限责任公司	国有控股	铝合金叶片；发动机盘件
昆山新宇航航空器材有限公司		私营有限责任公司	私人控股	飞机机轮、刹车和应急滑梯维修
通用电气航空系统（苏州）有限公司		外资企业	外商控股	飞机引擎零部件加工；飞机复合材料
宏光空降装备有限公司	航空工业	国有	国有控股	热气球
金城南京机电液压工程研究中心	航空工业	国有	国有控股	液压系统、设备及零部件；环控系统、设备及零部件；燃油系统、设备及零部件；电源系统、设备及零部件；空气管理系统、设备及零部件；RAT
菲舍尔航空部件（镇江）有限公司	航空工业	其他有限责任公司	国有控股	民机内饰板及复材结构件
航天海鹰（镇江）特种材料有限公司	航天科工	其他有限责任公司	国有控股	C919 后机身后段；C919 后机身前段；C919 副翼；C919 垂尾壁板；翼身整流罩
浙江（13）				
新宇航空制造（苏州）有限公司		外资企业	外商控股	飞机发动机叶片及叶片隔框；飞机发动机吊架类机械产品
浙江金马逊机械有限公司		私营有限责任公司	私人控股	数控弯管机；管端缩口机；重型弯管机；智能生产线；金属导管；工装、模具

附表（续）

单位名称	所属集团	登记注册类型	控股情况	主要民用航空产品
宁波星箭航天机械厂		私营有限责任公司	私人控股	民用航空发动机零部件
杭州天扬机械有限公司		其他有限责任公司	私人控股	涡轮机匣中段；涡轮机匣前段；头部
浙江西子势必锐航空工业有限公司		中外合资经营	股份合作	A320 起落架舱；C 系列起落架舱；A220 底板梁；C 系列逃生门；腹鳍；CRI 服务门
宁波沥高复合材料有限公司		其他有限责任公司	私人控股	ARJ 零部件生产
浙江日发航空数字装备有限责任公司		私营有限责任公司	私人控股	飞机数字化装配生产线；复合材料加工专用设备；航空零部件
海宁红狮宝盛科技有限公司		其他有限责任公司	私人控股	航空设备配件
浙江圣翔机械有限公司		其他有限责任公司	私人控股	直升机停机坪
玉环天润航空机械制造有限公司		私营有限责任公司	私人控股	驾驶（滑动）舱门锁闭机构；动力舱整流罩锁闭机构等；折叠接头等；周期变距杆手柄等；牵引杆、液压千斤顶等；机身布罩、旋翼布罩等
浙江科比特科技有限公司		私营有限责任公司	私人控股	多旋翼无人机
嘉兴雅港复合材料有限公司		私营有限责任公司	私人控股	民用客舱地板；民用货舱地板；芳纶纸蜂窝
宁波永灵航空科技有限公司		私营有限责任公司	私人控股	软管金属连接件；聚酰亚胺衬套；机箱
安徽（7）				
芜湖航天特种电缆厂股份有限公司		股份有限公司	私人控股	线束组件；航空用特种电线电缆
合肥赛为智能有限公司		其他有限责任公司	集体控股	赛鹰 SY8KT 西留多旋翼无人机；赛鹰 SY450H 大载荷无人直升机；赛鹰 SY141HR 植保无人机；赛鹰 SY261H 无人直升机；赛鹰 SY121H 无人直升机；赛鹰 SY-30KG 油电混合旋翼无人机
安徽应流航空科技有限公司		其他有限责任公司	集体控股	YLWZ-130/190 系列涡轴发动机；YD70 地面电站
安徽云翼航空技术有限公司		私营独资	私人控股	大中型无人机（系留多旋翼、垂起固定翼）；2~3 人座载人旋翼机；飞机控制设备、机载仪器仪表、航空配套电子与机械产品；无人自转旋翼机
安徽佳讯皖之翼科技有限公司		其他有限责任公司	集体控股	六旋翼无人机；四旋翼无人机；八旋翼无人机；无人机照明设备；无人机系留设备
安徽航瑞航空动力装备有限公司		其他有限责任公司	国有控股	重油活塞发动机和中小功率涡轴发动机系列产品
中航工业合肥江航飞机装备有限公司	航空工业	其他有限责任公司	国有控股	波纹管；飞机副油箱；航空仪表

附表（续）

单位名称	所属集团	登记注册类型	控股情况	主要民用航空产品
福建（1）				
厦门太古飞机工程有限公司		与港澳台商合资经营	港澳台商控股	飞机维修
江西（4）				
江西昌兴航空装备股份有限公司		股份有限公司	私人控股	航空工装；航空零部件
江西洪都航空工业股份有限公司	航空工业	股份有限公司	国有控股	C919 机身段
昌河飞机工业（集团）有限责任公司	航空工业	国有	国有控股	AC313；AC311/AC311A；S76；S92 尾斜梁、备件
江西昌河航空工业有限公司	航空工业	国有	国有控股	AC313；AC311/AC311A；波音备件；C919
山东（6）				
山东艾诺仪器有限公司		私营有限责任公司	私人控股	飞机地面静变电源
山东太古飞机工程有限公司		与港澳台商合资经营	国有控股	飞机维修；航空服务；机型培训；部件制造
威海广泰空港设备股份有限公司		股份有限公司	私人控股	平台车；牵引车；电源车；加油车
山东翔宇航空技术服务有限责任公司		股份有限公司	国有控股	航空器部附件维修服务；航空器零部件；航空器机载设备
东方蓝天钛金科技有限公司		其他有限责任公司	国有控股	金属支架；保险销；钛合金平圆头高锁螺栓；钛合金 100° 沉头高锁螺栓；钛合金 100° 沉头十字槽螺栓；钛合金 100° 沉头偏心十字槽螺栓
济南特种结构研究所	航空工业	国有	国有控股	雷达罩；复合材料结构件
河南（3）				
安阳全丰航空植保科技股份有限公司		股份有限公司	私人控股	电动多旋翼植保无人机；油动单旋翼植保无人机
新乡航空工业（集团）有限公司	航空工业	国有独资公司	国有控股	散热器；燃油泵；压力油滤；引气阀门；启动控制活门；恒温调节活门
中航光电科技股份有限公司	航空工业	股份有限公司	国有控股	民用航空器机载系统和设备零部件
湖北（7）				
武汉航达航空科技发展有限公司		私营有限责任公司	私人控股	航空液压、气动、机电附件；飞机起落架维修；飞机复合材料结构件维修；机场加油设备；通用航空螺旋桨发动机附件
凌云科技集团有限责任公司		国有	国有控股	民用飞机修理；其他民用航空产品机零部件修理；维修培训
湖北超卓航空技术有限公司		股份有限公司	私人控股	航空部附件（不含发动机）的维修；起落架、承载梁维修

附表（续）

单位名称	所属集团	登记注册类型	控股情况	主要民用航空产品
航宇救生装备有限公司	航空工业	国有独资公司	国有控股	标准适航热气球
中国特种飞行器研究所	航空工业	国有	国有控股	SZ300 载人观光系留气球；空中单车
武汉航空仪表有限责任公司	航空工业	国有独资公司	国有控股	防除冰系列产品；压力表；传感器
湖北航宇嘉泰飞机设备有限公司	航空工业	国有	国有控股	民机座椅
湖南（18）				
湖南省博云新材料股份有限公司		股份有限公司	国有控股	M60 飞机用刹车副；波音 757 飞机用刹车副；波音 737 系列飞机用刹车副；A320 飞机用刹车副；TA 无人机用刹车副；TU-204 飞机用刹车副
湖南山河科技股份有限公司		股份有限公司	私人控股	轻型运动飞机；多旋翼无人机；无人直升机；固定翼无人机
长沙鑫航机轮刹车有限公司		国有	国有控股	飞机机轮；机轮刹车系统
湖南顶立科技有限公司		私营股份有限公司	私人控股	金属基 3D 打印粉体材料；真空水淬炉；真空气淬炉；真空热压炉；真空钎焊炉；真空扩散焊炉
株洲时代橡塑元件有限责任公司		国有独资公司	国有控股	电机转接花键；粘性阻尼器；涡壳组件
湖南金天钛业科技有限公司		国有	国有控股	钛板；钛棒；钛锻件
长沙航空职业技术学院		国有	国有控股	无
湖南航天捷诚电子装备有限责任公司		其他有限责任公司	国有控股	机载头盔、平显数字像源；机载头盔、平显图形图像驱动模块；机载液晶显示器；机载油量显示组件
湖南精飞智能科技有限公司		私营有限责任公司	私人控股	植保无人机
湖南华望科技股份有限公司		股份有限公司	私人控股	无伞空投简易空投
长沙艾森设备维护技术有限公司		其他有限责任公司	私人控股	ES-AIR-2 飞机清洗剂；ES-AIR-D 飞机地毯及舱内饰件清洗剂；ES-311 飞机防腐涂层清洗剂；ES-311-6 飞机防腐涂层清洗剂；ES-311-6G 飞机防腐涂层清洗剂；ES-AIR-L 飞机零部件清洗剂
湖南湘源金穗智能装备有限公司		私营有限责任公司	私人控股	植保无人机
湖南新韶光电器有限公司		其他有限责任公司	私人控股	航空动力滑油加热器
娄底市兴鑫合金有限公司		其他有限责任公司	私人控股	航空发动机用镁系列中间合金
中航飞机起落架有限责任公司	航空工业	其他有限责任公司	国有控股	防扭臂；锁链杆；刹车杆
中国航发长江动力有限公司	中航航发	国有	国有控股	民用航空发动机零部件
中国航发中传机械有限公司	中航航发	国有独资公司	国有控股	H175 尾传动系统；KC9 中尾减速器；KT868 附件传动

附表（续）

单位名称	所属集团	登记注册类型	控股情况	主要民用航空产品
中国航发南方工业有限公司	中航航发	其他有限责任公司	国有控股	航空零部件转包生产；民用航空发动机
广东（9）				
深圳中集天达空港设备有限公司		外资企业	外商控股	登机桥；摆渡车；行李传送设备
深圳市多尼卡电子技术有限公司		私营有限责任公司	私人控股	快速获取驾驶舱语音记录仪；机载无线局域网系统；机载音频播放器；机载视频播放器；机载驾驶舱视频监控
深圳市大疆创新科技有限公司		港澳台商独资	港澳台商控股	精灵 Phantom；御 Mavic；悟 Inspire；T20 农业植保机
广州飞机维修工程有限公司		与港澳台商合资经营	国有控股	飞机维修
广州航新航空科技股份有限公司		股份有限公司	私人控股	便携式维修设备
珠海保税区摩天宇航空发动机维修有限公司		中外合资经营	股份合作	V2500发动机机附件维修；CFM56-3发动机及附件维修；CFM56-5B 发动机及附件维修；CFM56-7B 发动机及附件维修；LEAP-1B 发动机快修
广东西北航空科技股份有限公司		股份有限公司	私人控股	民用航空飞机座椅；飞机碳 / 碳刹车副；飞机金属刹车副；高铁列车粉末冶金闸片；飞机内饰件；飞机安全带
中航通飞华南飞机工业有限公司	航空工业	其他有限责任公司	国有控股	大型灭火 / 水上救援水陆两栖飞机 AG600；SR20；SR22
珠海中航赛斯纳飞机有限公司	航空工业	中外合资经营	国有控股	赛斯纳奖状 XLS+ 飞机
四川（19）				
成都华太航空科技有限公司（四川省）		股份有限公司	股份合作	机载附件维修；电子舱通风系统空气滤芯；航空测试设备
四川海特高新技术股份有限公司		股份有限公司	私人控股	飞机控制计算机、雷达收发机、电台、发电机维修
四川长虹电源有限责任公司		其他有限责任公司	国有控股	20GNC27 镉镍蓄电池组
四川九洲电器集团有限责任公司		国有独资公司	国有控股	ADS-B 地面站；S 模式应答机
四川航泰航空装备有限公司		股份有限公司	集体控股	起落架；地面保障设备；飞机结构件；航空液压元件；航空维修；航空用液压试验台
中国第二重型机械集团（德阳）万航模锻厂（四川）		其他有限责任公司	国有控股	C919；CJ；9X9
四川明日宇航工业有限责任公司		其他有限责任公司	私人控股	飞行器零部件产品；钛合金件加工；钣金件加工；数控结构件加工
成都富凯飞机工程服务有限公司		中外合资经营	国有控股	飞机加改装工程服务；飞机部附件维修

附表（续）

单位名称	所属集团	登记注册类型	控股情况	主要民用航空产品
四川国际航空发动机维修有限公司		中外合资经营	国有控股	飞机发动机维修；
四川奥特附件维修责任有限责任公司		其他有限责任公司	私人控股	飞机空调、液压系统、应急滑梯、机轮、刹车等维修
四川腾盾科技有限公司		其他有限责任公司	私人控股	中空长航时无人机系统；无人直升机系统
成都凯天电子股份有限公司	航空工业	股份有限公司	国有控股	大气数据计算机；航空电子产品；传感器
成都飞机工业（集团）有限责任公司	航空工业	国有独资公司	国有控股	转包项目；C919 机头；ARJ 机头；“云影”无人机
四川凌峰航空液压机械有限公司	航空工业	国有	国有控股	起落架；阻尼器；作动筒；液压锁；蓄压器；
四川泛华航空仪表电器有限公司	航空工业	其他有限责任公司	国有控股	油耗量测控系统；发动机点火系统；通讯引线
宜宾三江机械有限责任公司	航空工业	国有	国有控股	压力加油阀放油开关燃油电磁阀
成飞民用飞机有限责任公司	航空工业	其他有限责任公司	国有控股	C919 机头；ARJ21 机头；A320 系列登机门
中电科航空电子有限公司	中国电科	国有	国有控股	DA42 飞机；航电系统
中国航发成都发动机有限公司	中航航发	其他有限责任公司	国有控股	航空发动机及其零部件
贵州（12）				
赛峰飞机发动机（贵阳）有限公司		外资企业	外商控股	飞机发动机叶片
贵州大东风机械股份有限公司		股份有限公司	私人控股	飞机发动机叶片
贵州航宇科技发展股份有限公司		股份有限公司	私人控股	航空发动机零部件；飞机起落架锻件
贵州精立航太科技有限公司		私营有限责任公司	私人控股	紧固件
贵州安大航空锻造有限责任公司	航空工业	其他有限责任公司	国有控股	锻件
贵州永红航空机械有限责任公司	航空工业	其他有限责任公司	国有控股	散热器；滑油箱
贵阳航空电机有限公司	航空工业	国有	国有控股	电力变换
中航力源液压股份有限公司	航空工业	股份有限公司	国有控股	转包零部件
中国航空工业标准件制造有限责任公司	航空工业	其他有限责任公司	国有控股	民用航空发动机零部件
中航贵州飞机有限责任公司	航空工业	其他有限责任公司	国有控股	波音 737 零部件转包等
中国航发贵州黎阳航空动力有限公司	中航航发	其他有限责任公司	国有控股	民用航空发动机零部件
中国航发贵州红林航空动力控制科技有限公司	中航航发	其他有限责任公司	国有控股	民用航空转包

附表（续）

单位名称	所属集团	登记注册类型	控股情况	主要民用航空产品
陕西（18）				
宝鸡市航宇光电显示技术开发有限责任公司		私营有限责任公司	私人控股	导光控制显示面板；信号灯控制盒；飞机乘务员观察系统；机载娱乐系统；LED 照明灯；航电控制盒
陕西长岭电子科技有限责任公司		其他有限责任公司	国有控股	机载电子设备
陕西烽火宏声科技有限责任公司		其他有限责任公司	国有控股	航空耳机 / 话筒组件
庆安集团有限公司	航空工业	国有	国有控股	高升力系统；货运系统；舱门作动系统；主飞控作动器；发动机作动系统；发动机反推力系统
西安航空制动科技有限公司	航空工业	其他有限责任公司	国有控股	新舟 60 飞机及刹车附件；波音 737. A320 碳刹车盘
陕西宝成航空仪表有限责任公司	航空工业	其他有限责任公司	国有控股	民用航空器机载系统和设备零部件
陕西东方航空仪表有限责任公司	航空工业	国有独资公司	国有控股	航空仪表
陕西飞机工业（集团）有限公司	航空工业	其他有限责任公司	国有控股	民机部件；民用航空产品零件
陕西宏远航空锻造有限责任公司	航空工业	其他有限责任公司	国有控股	航空锻铸件
中航工业西安飞行自动控制研究所	航空工业	国有	国有控股	飞控系统；导航系统；液压产品
西安飞机设计研究所	航空工业	国有	国有控股	民用飞机设计、民用飞机综合训练舱
陕西千山航空电子有限责任公司	航空工业	国有独资公司	国有控股	民机抛放式记录研究器；XFJ-52L 事故记录设备；XFJ-18L 发动机指示和告警系统；激励源转换盒；座舱音频记录系统；远程数据集中器
陕西航空电气有限责任公司	航空工业	股份有限公司	国有控股	转包零部件生产；民航修理
陕西华燕航空仪表有限公司	航空工业	其他有限责任公司	国有控股	光纤组合导航系统；速率陀螺组；磁航向传感器
中航西飞民用飞机有限责任公司	航空工业	其他有限责任公司	国有控股	新舟 60 系列飞机、新舟 700 系列飞机
中航西安飞机工业集团股份有限公司	航空工业	股份有限公司	国有控股	国际航空零部件转包、C919、AG600、ARJ 飞机等零部件
中国航发西安航空发动机有限公司	中航航发	其他有限责任公司	国有控股	航空发动机零部件
西安航空动力控制科技有限公司	中航航发	其他有限责任公司	国有控股	轴套类产品；异型件类产品；活门组件类产品；小壳体产品
甘肃（3）				
甘肃神龙航空科技有限公司		私营有限责任公司	私人控股	工程应用无人机旋翼机运动类通航飞机；
中航天水飞机工业有限责任公司	航空工业	国有独资公司	国有控股	ARJ 飞机零部件
兰州飞行控制有限责任公司	航空工业	国有独资公司	国有控股	AC311、AC312 等自动驾驶仪、驾驶舱操纵系统等